全国交通运输行业干部培训系列教材

Daolu Yunshu Guanli Gailun
道路运输管理概论

姜明虎　常连玉　主编

人民交通出版社股份有限公司
China Communications Press Co.,Ltd.

内 容 提 要

本书主要讲述了我国道路运输业发展概况、道路旅客运输及客运站场管理、道路货物运输及货运站场管理、危险货物道路运输管理、城市公共交通管理、出租汽车管理、汽车租赁管理、机动车维修管理、机动车驾驶员培训管理、国际道路运输管理、道路运输行政执法管理和国外发展经验介绍等相关内容。

本书是全国交通运输行业干部培训系列教材,也可供道路运输系统领导干部和从事道路运输管理工作的相关人员参考学习。

图书在版编目(CIP)数据

道路运输管理概论/姜明虎,常连玉主编.—北京:人民交通出版社股份有限公司,2017.1
ISBN 978-7-114-13574-3

Ⅰ.①道… Ⅱ.①姜… ②常… Ⅲ.①公路运输—交通运输管理 Ⅳ.①U491

中国版本图书馆 CIP 数据核字(2017)第 000802 号

书　名	道路运输管理概论
著 作 者	姜明虎　常连玉
责任编辑	李　斌　曹　静
出版发行	人民交通出版社股份有限公司
地　　址	(100011)北京市朝阳区安定门外馆斜街3号
网　　址	http://www.ccpress.com.cn
销售电话	(010)59757973
总 经 销	人民交通出版社股份有限公司发行部
经　　销	各地新华书店
印　　刷	北京市密东印刷有限公司
开　　本	787×1092　1/16
印　　张	14.25
字　　数	289 千
版　　次	2017 年 1 月　第 1 版
印　　次	2017 年 1 月　第 1 次印刷
书　　号	ISBN 978-7-114-13574-3
定　　价	35.00 元

(有印刷、装订质量问题的图书由本公司负责调换)

前言 PREFACE

干部教育培训是建设高素质干部队伍的先导性、基础性、战略性工程。交通运输行业干部教育培训是提高交通运输行业干部队伍素质，保障交通运输行业可持续发展的关键。"十三五"及未来一段时期将是交通运输行业贯彻五大发展理念、加强法治政府部门建设、加快供给侧改革、实现行业治理体系和治理能力现代化的重要时期。面临着转型升级、结构调整、提质增效、推进综合交通运输体系建设的艰巨任务，交通运输作为经济社会发展的先行官，迫切需要建设一支适应"四个交通"发展的高素质的干部队伍。交通运输部党组高度重视干部教育培训工作，强调要通过集中轮训、专题培训、岗位培训、网络培训等方式，突出重点，统筹推进各级各类干部教育培训。目前交通运输行业迫切需要一套体系完整的行业干部教育培训系列教材。

交通运输部管理干部学院按照交通运输部党组的要求，贯彻《干部教育培训工作条例》，"适应不同类别干部教育培训的需要，着眼于提高干部综合素质和能力，逐步建立开放的、形式多样的、具有时代特色的干部教育培训教材体系"，全面推进正规化建设，高度重视培训教材建设，在交通运输部人事教育司的大力指导下，与人民交通出版社签订了战略合作协议，组织开发了全国交通运输行业干部培训系列教材。《道路运输管理概论》是本系列教材中的一本。

本教材力求全面系统阐述道路运输行业发展的现状与趋势，厘清道路客运、道路货运、城市公共交通以及出租汽车与汽车租赁行政审批、市场监管、运政执法、服务质量考核等行政管理职能的法规依据、程序要求和权力责任及工作实务，以便道路运输系统领导干部和从事道路运输管理工作的相关人员参考学习。

本教材由姜明虎负责整个教材的架构设计，常连玉负责教材编写过程的组织协调工作，并完成教材统稿工作，刘浩学审定编写大纲。教材分为十二章，第一章由姜明虎编写，第二章、第四章由常连玉编写，第三章由高卫星编写，第五章、第十二章由陈海燕编写，第六章、第七章、第八章、第九章由李连升编写，第十章由王玉华编写，第十一章由狄志斌编写。

由于编写水平有限，存在不足之处，敬请批评指正。

编写组
2016 年 10 月

目录 CONTENTS

第一章　我国道路运输业发展概况 … 1
- 第一节　发展历程与历史经验 … 1
- 第二节　发展现状和存在的问题 … 3
- 第三节　改革方向与发展趋势 … 6

第二章　道路旅客运输及客运站场管理 … 13
- 第一节　概述 … 13
- 第二节　道路旅客运输经营许可管理 … 17
- 第三节　道路旅客运输管理 … 20
- 第四节　汽车客运站经营许可管理 … 29
- 第五节　汽车客运站管理 … 31

第三章　道路货物运输及货运站场管理 … 33
- 第一节　概述 … 33
- 第二节　道路货物运输经营许可管理 … 37
- 第三节　道路货运站场经营许可管理 … 40
- 第四节　道路货物运输管理 … 41
- 第五节　道路货运站场管理 … 45

第四章　危险货物道路运输管理 … 48
- 第一节　概述 … 48
- 第二节　危险货物道路运输经营条件 … 50
- 第三节　危险货物道路运输经营许可程序 … 52
- 第四节　危险货物道路运输日常监督管理 … 55
- 第五节　危险货物道路运输标志管理 … 58

第五章　城市公共交通管理 … 60
- 第一节　概述 … 60
- 第二节　城市公共交通运营管理 … 62
- 第三节　城市轨道交通运营管理 … 68

第六章 出租汽车管理 ·· 75
第一节 概述 ··· 75
第二节 出租汽车经营权 ·· 78
第三节 出租汽车经营模式 ·· 87
第四节 出租汽车经营服务方式 ···································· 92
第五节 出租汽车行业劳动关系 ···································· 95

第七章 汽车租赁管理 ·· 100
第一节 概述 ··· 100
第二节 汽车租赁经营 ··· 106

第八章 机动车维修管理 ··· 113
第一节 概述 ··· 113
第二节 机动车维修经营许可 ······································ 114
第三节 机动车维修业务管理 ······································ 120
第四节 机动车维修质量管理 ······································ 123
第五节 机动车维修执法检查 ······································ 125

第九章 机动车驾驶员培训管理 ······································ 127
第一节 概述 ··· 127
第二节 机动车驾驶员培训经营许可 ······························ 127
第三节 教练员管理 ·· 131
第四节 机动车驾驶员培训经营管理 ······························ 132
第五节 机动车驾驶人培训考试制度改革 ························· 134

第十章 国际道路运输管理 ·· 135
第一节 概述 ··· 135
第二节 国际道路运输经营许可 ···································· 137
第三节 国际道路运输市场管理 ···································· 145
第四节 外商投资道路运输业管理 ································· 153

第十一章 道路运输行政执法管理 ···································· 155
第一节 道路运输行政执法人员资格 ······························ 155
第二节 道路运输行政执法管辖与回避 ··························· 157
第三节 道路运输监督检查 ·· 158
第四节 道路运输行政执法证据 ···································· 161
第五节 道路运输行政强制程序 ···································· 169
第六节 道路运输行政处罚程序 ···································· 173
第七节 道路运输行政执法文书 ···································· 180

第八节	道路运输行政法制监督	186
第九节	道路运输行政复议	187
第十节	道路运输行政诉讼	192

第十二章 国外发展经验介绍 202
第一节	美国发展经验	202
第二节	日本发展经验	205
第三节	新加坡发展经验	207
第四节	德国发展经验	211
第五节	英国发展经验	212
第六节	法国发展经验	214

参考文献 217

第一章　我国道路运输业发展概况

第一节　发展历程与历史经验

一、发展历程

新中国成立以来,我国交通运输业大体经历了五个发展阶段:新中国成立后的恢复发展阶段;"文化大革命"时期的曲折发展阶段;改革开放初期的放宽搞活阶段;十四大以后建立完善社会主义市场经济的快速发展阶段;十六大以来的科学发展阶段。经过60多年的发展,交通运输基础设施建设现代化水平显著提高,运输服务能力明显增强,基本适应经济社会发展需要。

在此过程中,道路运输业从小到大,从弱到强,运输生产力得到了极大的发展,为经济社会发展和提高人民生活水平提供了有力的支撑和坚强保障。从发展历程看,交通运输业大致经历了四个发展时期。

从新中国成立到改革开放,为计划经济时期。新中国成立伊始,道路运输业艰难创业,但作为国民经济发展的基础,得到国家的高度重视。1950年4月5日,交通部成立了国营汽车运输总公司,各大行政区、各省也组建了规模大小不等的直属运输公司。1958年4月,交通部提出依托地方党委、依靠群众、普及与提高相结合的交通运输建设方针,很好地推动了运输能力的提高。但一直到改革开放,政府主要以计划手段来组织运输生产,道路运输由国有运输企业主导,生产力发展水平比较落后。

从改革开放到邓小平南巡讲话,为放宽搞活时期。十一届三中全会以后,长期受到抑制的交通运输需求得到释放,"运货难""乘车难"成为那个时代社会生产与人民生活中的一个突出问题,交通运输全面紧张,成为经济社会发展的主要瓶颈之一。为解决运输能力不足的矛盾,1983年3月,全国交通工作会议提出"有路大家行车",进一步发挥公路运输的作用、提高公路运输量的比重。1985年,又提出了"三个一起干,三个一起上",即各部门、各行业、各地区一起干,国营、集体、个人以及各种运输工具一起上。我国道路运输业开始突破所有束缚,全社会掀起了大办交通的热潮,道路运输市场空前活跃,并成为最开放的市场之一。

从邓小平南巡讲话到党的十六大召开,为市场规范培育时期。为适应社会主义市场经济体制的需要,1995年,交通部制定实施了《关于加快培育和发展道路运输市场的若干意见》,通过健全运输法规,鼓励经营者自主经营、平等竞争,加快建立全国统一、开放、竞争、有序的道路运输市场体系。2001年6月,交通部发布《道路运输业结构调整的若干意见》,加快解决道路运输市场存在的一些问题,进一步规范道路运输市场行为,调整道路运输业结构,引导行业协调发展。

十六大以来,为科学发展探索时期。党的十六大以来,道路运输系统以科学发展观为指导,统筹各方关系,全面实施"路运并举"的工作方针,促进了道路运输业的全面发展。2004年4月,国务院发布《中华人民共和国道路运输条例》,交通部相继颁布实施《道路旅客运输及客运站管理规定》《道路货物运输及站场管理规定》《道路运输车辆燃料消耗量检测和监督管理办》等十多个配套规章,道路运输行业法规体系逐步健全。2007年11月,交通部印发《关于促进道路运输业又好又快发展的若干意见》,提出34条促进道路运输业发展的政策措施。党的十七大确定加快行政管理体制改革,2008年国务院组建交通运输部,交通运输部组建运输司,增加和强化了运输管理的职能。2009年以来,国务院先后颁布《物流业调整和振兴规划》《关于促进物流业健康发展政策措施意见》《关于进一步促进道路运输行业健康稳定发展通知》《关于加强道路交通安全工作的意见》《关于城市优先发展公共交通的指导意见》等重要文件。交通运输部先后发布了《进一步加强道路运输市场诚信体系建设的意见》《关于加强道路运输管理队伍建设的指导意见》《关于改进和提升交通运输服务的若干指导意见》《关于促进道路运输业集约发展的指导意见》等政策文件。

二、历史经验

改革开放30多年来,我国交通运输事业快速发展,城乡交通运输面貌发生了历史性变化,道路运输业为促进国家经济社会发展和改革开放,为服务群众安全便捷出行做出了重要贡献。

(1)经济社会发展和人民生产生活日益增长的交通运输需求与交通运输供给之间的矛盾,始终是交通运输发展的主要矛盾。要始终把发展作为第一要务,不断深化改革、创新管理、创新服务,以服务经济社会发展目标和满足人民群众需求为目标,坚持统筹全局、科学规划、超前发展,才能有效解决道路运输供需矛盾。

(2)道路运输是一个高度开放的市场,运输企业的发展是运输生产力发展的真正动力与基础。要坚持市场导向,坚持市场配置资源、政府依法监管、企业守法诚信经营,遵循市场经济的规律与机制,才能保证道路运输业健康持续发展。

(3)道路运输是由人、车、路、环境组成的开放系统,需要全社会共同参与努力,才能营造道路运输方便、快捷、安全、绿色的良好业态。道路运输业发展离不开各级政府和人民群众的关心和支持。要坚持统筹谋划、条块结合、分层负责、联合建设的方针,调动和激活各方面的积极性,共同参与、多方投入、综合治理。

第二节　发展现状和存在的问题

一、发展现状

(一)基础设施建设成就道路运输发展的基础优势

从交通运输行业的发展背景看,投资始终是带动行业前行的最大因素。交通路网的完善推动了整个行业的不断转型升级。依托于联结城乡,网络密集的公路基础设施建设,道路运输广泛深入社会生产、生活的各个角落,为货主和旅客提供机动、灵活、便利、多样的"门到门"运输服务。

2015年末全国公路总里程457.73万千米,比上年末增加11.34万千米。公路密度47.68千米/百平方千米,提高1.18千米/百平方千米。全国等级公路里程404.63万千米,比2014年末增加14.55万千米。等级公路占公路总里程88.4%,提高1%。其中,二级及以上公路里程57.49万千米,增加2.92万千米,占公路总里程12.6%,提高0.3%。各行政等级公路里程分别为:国道18.53万千米、省道32.97万千米、县道55.43万千米、乡道111.32万千米、专用公路8.17万千米,比2014年末分别增加0.61万千米、0.69万千米、0.23万千米、0.81万千米和0.14万千米。

2015年末全国高速公路里程12.35万千米,比2014年末增加1.16万千米。其中,国家高速公路里程7.96万千米,增加0.65万千米。全国高速公路车道里程54.84万千米,增加5.28万千米。

2015年末全国农村公路里程398.06万千米,比2014年末增加9.90万千米,其中,村道231.31万千米,增加8.85万千米。全国通公路的乡占全国乡总数99.99%,其中,通硬化路面的乡占全国乡总数98.62%,比2014年末提高0.53%;通公路的建制村占全国建制村总数的99.87%,其中,通硬化路面的建制村占全国建制村总数94.45%,提高了2.68个百分点。

(二)道路运输车辆、装备及运力结构进入调整期

2015年末全国拥有公路营运汽车1473.12万辆,比2014年末减少4.2%,拥有载客汽车83.93万辆、2148.58万客位,比2014年末分别减少0.8%和1.9%。其中,大型客车30.49万辆、1324.31万客位,分别减少0.6%和0.1%。拥有载货汽车1389.19万辆、10366.50万吨位,比2014年末分别减少4.4%和增长0.7%。其中,普通货车1011.87万辆、4982.50万吨位,分别比2014年减少7.3%和4.9%;专用货车48.40万辆、503.09万吨位,分别比2014年增长6.2%和2.5%。

2015年末全国城市及县城拥有公共汽电车56.18万辆、63.29万标台,比2014年末分别增长6.2%和5.9%,其中BRT车辆6163辆,增长15.4%。按车辆燃料类型分,其中柴油车、天然气车、汽油车分别占45.1%、32.5%和1.7%。全国有25个城市开通了轨道交通,2015年新开通3个。2015年,全国拥有轨道交通车站2092个,增加

263个,其中换乘站180个,增加29个;运营车辆19941辆、48165标台,分别增长15.3%和15.3%,其中,地铁车辆18098辆,轻轨车辆1434辆,分别增长15.3%和4.5%;出租汽车运营车辆139.25万辆,增长1.6%;城市客运轮渡310艘,减少5.8%。

(三)运输服务能力提升,运量、周转量结构进入调整期

2015年全年全国营业性客运车辆完成公路客运量161.91亿人、旅客周转量10742.66亿人千米,比2014年分别减少6.7%和2.3%,平均运距66.35千米。全国有99.01%的乡镇开通了客运线路,乡镇通车率比2014年末提升0.06%;94.28%的建制村开通了客运线路,建制村通车率比2014年末提升0.96%。

全国营业性货运车辆完成货运量315.00亿吨、货物周转量57955.72亿吨千米,比2014年分别增长1.2%和2.0%,平均运距183.99千米。

全国拥有公共汽电车运营线路48905条,运营线路总长度89.43万千米,比2014年末增加3853条、7.66万千米。其中,公交专用车道8569.1千米,增加1671.8千米;BRT线路长度3081.2千米,增加290.9千米;全年新辟、调整、撤销公共汽电车运营线路条数分别为3952条、5727条和810条。全国轨道交通运营线路105条,运营线路总长度3195.4千米,增加13条、379.3千米,其中地铁、轻轨线路分别为85条、2722.7千米和10条、341.2千米。全国城市客运轮渡运营航线123条,比2014年末减少3条;运营航线总长度568.9千米,比2014年末增加71.3千米。

全年城市客运系统运送旅客1303.17亿人次,比2014年下降0.9%。其中,公共汽车电车运送旅客765.40亿人次,运营里程352.33亿千米,分别下降2.1%和增长1.6%;轨道交通完成140.01亿人次,运营里程3.74亿列千米,分别增长10.5%和14.5%;BRT客运量14.32亿人次,下降3.0%;出租汽车完成396.74亿人次,运营里程1602.42亿千米,分别下降2.3%和1.0%,平均每车次载客人数1.94人/车次,空驶率32.0%;客运轮渡完成1.01亿人次,下降5.2%。

(四)生产安全形势依然严峻,重特大事故有所上升

2014年,发生县际、县内短途班线较大以上等级行车事故起数和死亡人数分别同比下降了16.2%和30.6%;城市客运发生较大及以上等级行车事故起数和死亡人数分别同比下降了46.2%和55.6%。但发生较大以上等级旅游客运事故起数和死亡人数分别同比上升了46.7%和34.5%。

行车环境日益复杂,碰撞事故总量居高不下,成为多年来造成人员伤亡的最主要原因。2014年,碰撞导致的较大及以上等级营运车辆行车事故起数和死亡人数,分别占全年总量的73.3%和70%,同比上升3.9%和3.2%。

车辆坠入路侧深沟或山谷等事故破坏力强,加之车辆坠落多发生在位置偏远、地形复杂路段,事故救援难度大,易加重事故后果,导致群死群伤。2014年,坠车事故平均单起事故死亡11.1人,远高于较大以上等级道路运输事故单起死亡4.8人的平均值。

受地理条件和经济发展水平制约,西南山区道路通行条件复杂,安全基础薄弱,多年来虽持续加强安全保障工作,事故集中多发的局面仍未得到改变。2014年,西南山区四省区(包括广西、四川、贵州、云南)事故起数和死亡人数,分别占总量的38.3%和31.3%。

此外,2014年,湖南发生1起涉及严重非法违规运输危化品的特别重大事故,死亡54人;西藏发生1起涉及营运车辆超速、车辆带病运行的旅游客运特别重大事故,死亡44人。

二、存在问题

当前我国道路运输发展方式依然粗放,市场集中度低,经营主体"多、小、散",先进运输组织方式发展缓慢,运输服务质量不高。整个运输行业存在的主要矛盾和问题集中表现在六个方面。

一是安全稳定形势仍然严峻。道路运输安全生产基层基础工作依然薄弱,重特大伤亡事故还没有得到有效遏制;在出租汽车、客运经营等领域,影响行业稳定的深层次矛盾和问题还大量存在。

二是运输市场分割依然存在,综合运输工作任重而道远。统一开放、竞争有序的综合运输服务市场格局尚未形成,运输方式间、区域间、城乡间的行政、技术壁垒与市场分割依然存在。跨区域的综合运输大通道"通而不畅",旅客联程运输、货物多式联运发展滞后,运输服务协同组织水平较低,运输市场主体活力有待提升。

三是运输结构性矛盾依然突出。运输方式结构亟待优化,各种运输方式比较优势未得到充分发挥,大宗物资、快件长途运输的公路比重过高。运输服务发展不均衡,中西部地区相对滞后,部分边远、贫困地区和山区的运输基本公共服务基础薄弱。应对重点节假日、特殊时段大客流以及突发事件应急等运输服务保障能力有待提高。从业人员队伍结构性矛盾突出,整体素质亟待提升。

四是运输枢纽服务能力依然薄弱。综合运输枢纽总体发展滞后,"统一规划、统一设计、同步建设、协同管理"的发展模式尚未形成,客货运输衔接"最先与最后一公里"问题仍较突出。综合客运枢纽存在设施形式综合、服务各自为政现象,难以满足旅客便捷换乘需求。物流园区多头建设,缺乏统筹布局,物流服务核心功能薄弱、效率不高,专业化多式联运枢纽站场严重缺乏。

五是运输装备技术创新依然滞后。运输装备标准化程度低,专业化、清洁能源和新能源运输装备比例偏低,厢式化车辆推广缓慢,行业绿色化发展潜能仍未得到充分挖掘。多式联运装备技术体系不健全,运载单元、快速换装、转运设施设备发展滞后。一体化综合运输服务缺乏强有力的信息化、智能化技术支撑,跨方式、跨区域、跨行业的信息共享不充分,"信息孤岛"现象比较普遍。

六是运输服务治理能力依然不足。综合运输法律法规和标准规范体系建设滞后,不衔接、不协调的矛盾较为突出。"重审批、轻监管"的现象依然存在,体制不顺、机制不畅的问题较为突出,政府职能转变尚有很大空间。运输市场信用体系、行业运行监测体系等亟待完善。适应新兴业态发展的治理能力明显不足,基层执法不规范等问题较为突出。

第三节 改革方向与发展趋势

一、新常态下交通运输行业的发展形势

改革开放以来,我国经济增长速度的常态是高速增长,1979年—2010年GDP增长率平均9.9%,2011年的速度为9.2%,但2012年降为7.7%,2015年降为6.9%。从长期看,中高速、中速增长将成为我国经济增长的新常态。新常态的主要特点包括:一是从高速增长转为中高速增长;二是经济结构不断优化升级,第三产业消费需求逐步成为主体,城乡区域差距逐步缩小,居民收入占比上升,发展成果惠及更多的广大民众;三是从要素驱动和投资驱动转向创新驱动。

经济新常态下,交通运输行业将进入以结构调整、转型升级、提质增效为主要特征的发展阶段,呈现出新的发展态势。

(1)服务需求加速升级。社会公众对普惠均等、安全便捷、经济高效等方面的运输需求更趋强烈,个性化、多样化、高品质需求也将同步快速释放。

(2)服务模式加速创新。基于移动互联网技术的运输服务新兴业态不断涌现,市场主体活力充分释放,服务产品更加多元、精准、智慧。

(3)运输结构加速调整。在基础设施、科技创新、市场驱动等多方面积极因素推动下,各种运输方式从竞争、独立转向竞合、协同,一体化运输组织模式得到创新发展。

(4)市场资源加速整合。随着生产要素流动更为活跃频繁,运输服务与制造业、流通业、旅游业、农业等关联产业联系更加紧密,运输服务跨行业、融合式发展态势将更趋明显。

二、新形势下道路运输行业的发展任务

新形势下,道路运输行业内外环境发生了深刻的变化,各级运输管理部门及运输企业都必须落实创新、协调、绿色、开放、共享五大发展理念,攻坚克难,破解发展难题,全面提升运输服务水平,才能更好适应和引领新常态,推动道路运输安全、高效、协调和科学发展,当好经济社会发展先行官。

当前阶段我国道路运输业的重点任务有以下几点。

1. 统筹城乡发展,提升交通运输基本公共服务均等化水平

(1)推进"公交都市"建设。贯彻落实公交优先发展战略,着力解决公交发展滞后、服务不优、换乘不便等问题。深入推进"公交都市"创建,加快公交车辆更新,加强站场等基础设施建设,推进公交智能化应用,提升公交服务水平,增强公交吸引力,使

人民群众出行更便捷、换乘更方便,愿意乘公交、更多乘公交。

(2)实施农村客运通村和渡船改造工程。适应社会主义新农村建设、城乡一体化和城镇化建设需要,着力解决农村客运发展水平低、安全水平不高等问题。基本实现建制村通班车,推动有条件的地区实施农村客运公交化改造,推进农村渡船标准化建设,基本完成农村老旧渡船更新改造,提高农村客运通达深度和安全水平,完善农村客运扶持政策,构建覆盖全面、运行稳定、安全规范、经济便捷的农村客运系统,实现农村客运"开得通、留得住、有效益"。

(3)推动城市配送和农村物流发展。根据城市配送和农村物流发展需求,加大对城市配送、农村物流基础设施和信息化的支持力度,着力解决城市配送车辆"通行难、停靠难、装卸难"和农村物流发展滞后、效率效益不高等问题。完善城市配送和农村物流服务体系,制定城市货物运输与车辆通行管理政策,推广城市配送车辆统一标识和标准,研究制定农村物流发展的指导意见,构建城市配送和农村物流网络,基本满足城市配送和农村物流服务需求。

2. 加快标准建设,提升交通运输服务规范化水平

(1)建立服务标准体系。推进交通运输服务质量和安全标准建设,着力解决服务质量标准缺乏、服务质量监督不到位等问题。建立健全覆盖面广、门类齐全的交通运输服务标准体系,颁布一批服务质量标准,规范服务行为,强化服务质量监管。

(2)提升企业服务能力。强化企业自身能力建设,着力解决企业服务能力不强、服务不规范等问题。研究制定促进龙头骨干企业发展的指导意见,支持企业做强做大,加快形成一批龙头骨干企业,使其更好地发挥示范带头引领作用。督促企业严格执行国家标准,鼓励企业制定更加严格、更高水平的企业标准,树立企业品牌。建立诚信经营、公平竞争的市场机制,推动先进组织方式和技术应用,提升交通运输行业整体服务能力和发展水平。

(3)建设职业化从业人员队伍。大力推进交通运输行业职业资格制度体系建设,规范从业人员服务操作规程,着力解决从业人员素质不高、服务不优等问题。加强交通运输职业分类等基础性研究和职业标准建设,推动人才队伍建设向职业资格化转型,加强从业人员职业道德和职业技能培训,促进技能劳动者整体素质的提高,努力造就一支规模宏大、素质优良、结构合理的职业化从业队伍。

(4)建立货运价格与成本监测机制。加强货运价格监测,及时调查、测算货运平均合理成本,着力解决货运市场供需相对失衡等问题。深化货运价格与成本数据监测体系研究,发布道路货运平均合理成本、价格指数和海峡两岸集装箱、散杂货运价指数,指导货运经营者实行运价与成品油价格联动,促进形成合理运价,带动货运经营者从低价恶性竞争向追求高品质服务转变。

3. 优化服务组织,提升交通运输服务便捷化水平

(1)推进交通枢纽换乘衔接服务。以实现乘客便捷出行和货物高效集疏运为出发点,完善综合交通枢纽的换乘和衔接功能,着力解决换乘不便、衔接不畅等问题。完

善综合交通枢纽标准规范,建设功能齐全、换乘便捷的综合交通枢纽和一体化服务体系,强化各种运输方式衔接,提高综合交通枢纽一体化服务水平和集散效率。

(2)推进多式联运发展。充分发挥各种运输方式比较优势,着力解决运输方式衔接不畅、运行效率低下等问题。创新合作机制,强化标准体系建设,加强基础设施衔接,完善引导政策,强化科技支撑,培育多式联运市场主体,大力发展铁水、公铁、公水、空陆等多式联运,大力发展集装箱运输和甩挂运输,全面提高交通运输质量和效率。

(3)推进运输网络化服务。推动运输集约化、规模化、网络化发展,着力解决服务网络不健全、服务效率不高等问题。制定长途客运接驳运输管理办法,推广长途客运接驳运输,构建接驳、节点运输网络。引导传统货运企业拓展经营网络,向综合物流服务商转型,加强中小物流企业联盟发展政策研究,鼓励中小物流企业联盟发展,推进货运中介向现代物流服务商转变。加快汽车租赁服务品牌建设,推动建立汽车租赁异地租车还车信息服务平台,建立全国地级以上城市汽车租赁服务网络,推广异地租车还车服务。

(4)推进出租汽车服务多样化。科学界定出租汽车行业定位,规范出租汽车运营服务,创新运营服务方式,合理制定出租汽车运价,着力解决服务能力不足、服务水平不高等问题。制定出租汽车服务标准,在地级以上城市推广出租汽车服务管理信息系统,申请开通使用统一的出租汽车电召服务号码,推广手机智能召车软件,建立多层次、差异化的运输服务体系,满足人民群众个性化出行需要。

4.加强市场监管,提升交通运输服务安全化水平

(1)完善安全监管防控体系。树立以人为本、安全发展的理念,严格落实企业安全生产主体责任和行业管理部门监管责任,完善安全生产管理体制机制,着力解决安全管理理念不适应、法规制度不健全、责任落实不到位等问题。健全交通运输安全生产法规制度和标准体系,建立交通运输安全防控体系,强化安全监管和责任追究,严密防范和坚决遏制重特大事故。深入开展"平安交通"创建活动,出台安全风险体系建设指导意见,开展安全隐患排查和专项整治,推进企业安全生产标准化达标考评和达标等级应用工作。

(2)加强安全保障和应急处置能力建设。提升安全监管装备水平,加强应急体系建设,着力解决安全生产装备配置不足、应急处置能力不强等问题。完善应急预案,构建应急指挥体系,推进国家和省级公路、水路交通应急装备物资储备与救援中心建设,建立各级道路和水路运输应急保障运力储备,全面提升自然灾害、突发事件应急处置和抢险打捞能力。

(3)建立产品质量监管体系。以监督抽查、产品认证、符合性审查、配件追溯等方式,加强对重点交通运输产品监管,强化汽车维修配件使用监督,着力解决重点交通运输产品质量不过关、汽车维修假冒伪劣配件多等问题。发布交通运输行业重点监管产品目录,建立健全重点产品质量监督抽查工作机制,使产品检测更严格、质量更可靠、使用更放心。建立推广汽车维修配件追溯体系,实现汽车维修配件"来源可查、过程

留痕、去向可知、使用放心",切实提高汽车维修服务质量。

5. 推进创新发展,提升交通运输服务信息化水平

(1)推进全国客运联网售票。从改进服务、方便乘客角度出发,着力解决乘客购票不便等问题。整合各地客运售票资源,推进省域、跨省域客运联网售票系统建设,逐步推行电子客票,为旅客提供网上售票、电话订票、网点售票、自动售票机售票等服务,让旅客购票方式更多样、购票更便利。

(2)推进公交一卡通互联互通。建设公交一卡通跨地区互联互通平台,着力解决技术标准不统一、服务标准不规范等问题。研究出台城市公共交通"一卡通"系统建设指导意见,制定城市公共交通 IC 卡业务及技术应用规范,建立全国城市公共交通 IC 卡清分结算中心,逐步建成覆盖全国地级以上城市的公交一卡通互联互通系统,实现多种公共交通方式间、不同城市间公众出行一卡通用。

(3)加强公众出行信息服务。建立多渠道、多方式的交通运输出行信息服务体系,着力解决出行信息不畅等问题。建立健全出行信息服务标准体系,初步建成综合交通出行信息服务平台,向社会及时发布出行信息。

(4)开通全国服务监督电话。统一交通运输服务监督电话号码,着力解决人民群众投诉渠道不畅通、投诉举报不方便等问题。建成以地方为主、联网运行的交通运输服务监督电话系统,实现交通运输服务监督、业务投诉、信息咨询、意见受理等服务"一号通"。

三、道路运输行业全面深化改革主要方向

坚持深化改革,遵循市场规律,是交通运输持续健康发展的基本经验,是新的历史条件下实现"四个交通"的关键抉择。2015 年 2 月 18 日,交通运输部发布《关于全面深化交通运输改革的意见》指出,我国经济发展进入新常态,交通运输发展进入新阶段,改革进入攻坚期和深水区。必须以强烈的历史使命感、责任感,在新的历史起点上全面深化改革,最大限度调动一切积极因素,以更大决心冲破思想观念的束缚、突破利益固化的藩篱、提高推进发展的能力,努力开拓中国特色交通运输事业更加广阔的前景。

《关于全面深化交通运输改革的意见》中,与道路运输业直接相关的改革要点有以下几点。

(1)完善综合运输服务衔接机制。制定完善多式联运系统、综合交通枢纽等建设、服务标准,实现各种运输方式标准的有效衔接。成立综合交通运输标准化技术委员会,统筹推进综合交通运输标准的制订、修订和实施工作。推进货运"一单制"、客运"一票制"、信息服务"一站式",实现综合运输一体化服务。完善国家重大节假日等特殊时期运输服务协调机制,提升综合运输服务保障能力和水平。

(2)完善交通运输市场规则。建立公平开放、统一透明的交通运输市场,完善市场准入制度,探索分类建立负面清单。探索交通运输领域对外商投资实行准入前国民

待遇加负面清单的管理模式。全面清理交通运输领域妨碍统一市场和公平竞争的规定和做法,反对地方保护,反对垄断和不正当竞争。

(3)完善交通运输价格形成机制。注重发挥市场形成价格的作用,逐步放开铁路、公路、水路、民航、邮政等竞争性环节价格。提高公共交通、农村客运、航道等公益性服务定价透明度,公示收费项目和服务标准,接受社会监督。规范港口收费,减少收费项目,对竞争性服务收费实行市场调节。加快修订《港口收费规则》。完善各种运输方式价格形成机制,根据服务质量实行不同定价,更好地发挥价格在合理调节出行需求中的作用。

(4)完善交通运输市场信用体系。建立健全涵盖交通运输工程建设、运输服务等领域的行业信用体系。针对不同交通运输从业主体,逐步建立具有监督、申诉和复核机制的综合考核评价体系。制定并落实守信激励和失信惩戒制度,建立健全交通运输市场主体和从业人员"黑名单"制度,实施动态监管。建立全国统一的交通运输行业信用信息平台,推进与公安、工商、税务、金融、安监等部门信用系统的有效对接和信息共享。

(5)深化行政审批制度改革。全面清理交通运输行业行政审批事项,全面清理非行政许可审批事项,减少工商登记前置审批。精简交通运输行政审批环节,优化审批流程,完善跨区域联合审批制度,推进网上办理和窗口集中办理,实现审批、管理、监督相分离。

(6)加强公共服务职责。清理规范交通运输行政权力,公布交通运输部门权力清单、责任清单和权力运行流程图。加快实施政社分开,完善交通运输行业社会组织管理体制,实现行业协会、商会与行政机关真正脱钩,将适合由行业社会组织承担的职能,委托或移交给社会组织承担。建立交通运输部门向社会力量购买服务制度,制定交通运输领域政府购买服务实施意见,明确购买服务的种类、性质和内容,推动逐步扩大政府购买服务范围。在公共汽电车、轨道交通等运营服务领域,进一步引入竞争机制,采取合同、委托等方式向社会购买。

(7)加强市场监管职责。加强交通运输过程监管和后续管理,强化生产经营者的主体责任,完善市场退出机制。加快建立交通运输强制性标准体系,重点加强对安全生产、工程质量、环境保护、服务质量等方面的监管。应用信息化等手段创新监管方式,建立交通运输监管信息服务平台,推进监管信息的归集和共享。深化交通运输职业资格制度改革,对从业人员实施分类培养、分级管理。

(8)推进交通运输综合执法。按照减少层次、整合队伍、提高效率的原则,研究制定交通运输综合执法指导意见,稳步推进交通运输综合行政执法。相对集中执法权,明确市、县两级交通运输部门为主的行政执法主体,省级交通运输部门保留必要的执法职责。加强公路"三乱"等重点领域执法整治,完善执法程序,规范自由裁量权,做到严格规范公正文明执法。健全执法经费由财政保障制度,推动将交通运输执法机构纳入行政序列。积极推动跨部门联合执法。健全交通运输行政执法与刑事司法衔接机制,完善案件的移送标准和程序。

(9)健全交通运输依法决策机制。加快法治政府部门建设,把公众参与、专家论证、风险评估、合法性审查、集体讨论决定确定为交通运输重大行政决策法定程序。建立内部重大决策合法性审查机制,未经合法性审查或审查不合法的,不得提交讨论。积极推行交通运输部门法律顾问制度。建立重大决策终身责任追究制度及责任倒查机制。完善交通运输部门领导干部学法制度,提高运用法治思维和法治方式解决问题的能力。

(10)深化公共交通体制机制改革。探索公共交通引导城市合理发展模式,完善城市交通拥堵综合治理机制,科学引导公众出行需求,合理控制私家车的增长和使用,使公共交通成为公众出行优选。改革公共交通管理体制,推动公共交通与城市土地使用一体化规划,探索建立规划、建设、运营一体化的管理模式。完善城市公共交通资源配置机制,优化公共汽电车、轨道交通线网布局,引导公共交通企业规模经营、适度竞争。完善城市公共交通发展绩效评价体系,深化公交都市创建工作。健全城乡和跨区域公共交通衔接机制,促进城乡和区域公共交通协调发展。

(11)深化道路客运市场化改革。优化道路客运线网布局规划,提高群众换乘的便捷性。改革道路客运班线经营权配置机制,全面推进实施客运线路服务质量招投标制度。发挥市场在线路资源配置中的决定性作用,扩大企业在站点变更、班次增减、车辆更新等方面的经营自主权。创新客运组织和管理方式,适应多样化的出行需求。完善农村客运运营机制,促进城乡道路客运一体化发展。

(12)完善交通运输促进物流业发展体制机制。推动物流管理体制改革,发挥交通运输在物流业发展中的基础和主体作用。完善交通运输与发展改革、商务、海关、供销等部门综合协调机制,打破条块分割和地区封锁,加快形成跨区域物流大通道,降低物流成本。大力推广多式联运、甩挂运输、共同配送等组织方式,支持无车承运人、货运中介等管理方式创新。完善配送车辆进入城区作业相关政策,建立健全城市配送与车辆管理工作协作机制,着力解决物流运输"最后一公里"问题。加强物流信息资源的整合利用,加快推进国家交通运输物流公共信息平台建设,促进各类平台之间的互联互通和信息共享。

(13)推进出租汽车行业市场化改革。科学定位出租汽车服务,完善运力投放机制,科学调节出租汽车总量,推进通过服务质量招投标等方式配置出租汽车的车辆经营权。完善出租汽车价格动态调整机制,形成与公共交通合理的比价关系。加强对手机召车等新型服务模式的规范管理,鼓励发展多样化约车服务。推动出租汽车行业实行公司化、集约化经营和员工制管理,进一步形成畅通有序的行业诉求表达和权益保障机制。

(14)深化汽车维修和驾培市场化改革。建立实施汽车维修技术信息公开制度,促进维修市场公平竞争。推进汽车维修配件供应渠道开放流通,破除维修配件渠道垄断,探索建立汽车维修配件质量追溯体系。鼓励汽车维修企业开展连锁经营或重组并购,打造优质品牌,提升服务水平和资源配置效率。深化机动车驾驶员培训和道路从业人员培训市场化改革,推动完善考培分离制度,强化专职驾驶员培训。

(15)完善智慧交通体制机制。研究制定智慧交通发展框架。加快推进交通运输信息化、智能化,促进基础设施、信息系统等互联互通,实现ETC、公共交通卡等全国联网。推动交通运输行业数据的开放共享和安全应用,充分利用社会力量和市场机制推进智慧交通建设。完善交通运输科技创新体制机制,强化行业重大科技攻关和成果转化,推进新一代互联网、物联网、大数据、"北斗"卫星导航等技术装备在交通运输领域的应用。

(16)完善绿色交通体制机制。研究制定绿色交通发展框架和评价指标体系,引导社会各方共同推进绿色交通发展。健全营运车船关于燃料消耗和主要污染物排放的市场准入和退出机制。加强绿色交通统计监测体系建设,完善重点交通运输企业节能减排监管和工程建设生态保护制度。完善交通运输节能减排产品(技术)推广机制,大力推广应用清洁能源。积极推进内河船型标准化。推广合同能源管理,积极培育绿色循环低碳交通运输服务机构,推进环境污染第三方治理。大力倡导绿色出行。

(17)完善平安交通体制机制。科学界定交通运输管理部门与其他安全监管部门的责任界限,健全交通运输安全生产责任体系。制定交通运输安全监管工作责任规范,探索推行尽职免责的监管制度。健全交通运输安全生产责任追究机制,强化落实安全生产"一票否决"制度。完善交通运输隐患排查治理体系,健全安全生产重大隐患排查治理、报备、挂牌督办等制度。建立交通运输安全风险防控体系,健全安全风险辨识、评估、预防控制等制度。完善危险品运输安全监督管理制度。建立交通运输安全生产巡视制度。

(18)加强交通运输对外合作与开放。贯彻落实国家"一带一路"等战略,推进陆上和海上战略通道建设,推进区域交通互联互通和国际运输便利化。统筹国际国内两个市场,深化交通运输对外交流与合作,提高"引进来"和"走出去"水平。积极参与自由贸易试验区建设,创新航运开放等政策。理顺国际道路运输管理体制,探索建立垂直管理与委托管理相结合的工作机制。

交通运输部还同时出台了《交通运输综合改革试点方案》《综合交通运输改革试点方案》《交通运输综合行政执法改革试点方案》《京津冀城乡客运一体化改革试点方案》《"平安交通"安全体系建设试点方案》等九个试点方案。

第二章 道路旅客运输及客运站场管理

道路旅客运输(简称道路客运)是综合运输体系的重要组成部分,是保障人民群众便捷出行的基础性服务行业。近年来,道路客运行业每年客运量约200亿人次,解决320余万人的就业,年产值超过4000亿元,为社会经济发展和人民群众出行发挥了重要作用。为规范道路客运经营和管理行为,提高道路客运服务水平,维护道路客运市场秩序,保障道路客运安全,保护旅客和经营者的合法权益,促进道路客运业持续、健康、有序发展,依据《中华人民共和国道路运输条例》等有关法律法规,需加强道路客运经营与道路旅客运输站(简称客运站)经营的管理工作。

第一节 概 述

一、道路旅客运输的概念和分类

(一)道路旅客运输的概念

道路旅客运输,是指人们借助载客运输工具,通过道路使旅客发生空间位移的过程。道路客运以提供劳务的形式为旅客服务,是运输业向社会提供的一种社会产品,也是人们社会生活中发生的一种社会消费。该产品生产和消费发生在同一过程。与其他客运方式相比,道路客运具有机动、灵活、方便、投资少、回收快和点多面广等特点。道路客运以满足旅客旅行需要为服务宗旨,对其服务质量的基本要求是:安全、及时、方便、舒适、经济。道路客运的特点和优势,决定了道路客运既是人们最普遍采用的旅行方式,也是旅客运输中的一种重要方式。道路客运量是衡量道路客运社会劳动量的尺度,它包括客运量和旅客周转量,客运量的计量单位是"人次",旅客周转量的计量单位是"人千米"。

(二)道路旅客运输的基本形式

道路旅客运输经营,是指为社会提供服务并具有商业性质的道路客运活动,道路客运经营的分类按其不同的性质、特点有不同的分类方法。道路客运按其运营方式和服务特点的不同分为班车客运、包车客运和旅游客运三种基本客运形式;按其运营速度和行驶道路的不同可分为普通道路客运、高速公路客运;按其运行区域不同又可分为省际客运、省内客运、区内客运、县内客运及城市道路出租车客运等。

(1)班车客运。班车客运是指营运客车在城乡道路上按照固定的线路、时间、站点、班次运行的一种客运方式,包括直达班车客运和普通班车客运。加班车客运是班车客运的一种补充形式,在客运班车不能满足需要或无法正常运营时,临时增加或调配客车按原线路、站点运行的方式。

(2)包车客运。包车客运是指以运送团体旅客为目的,将客车包租给用户安排使用,提供驾驶劳务,按照约定的起始地、目的地和途经线路行驶,按行驶里程或包用时间计费并统一支付费用的一种客运方式。

(3)旅游客运。旅游客运是指以运送旅游观光的旅客为目的,在旅游景区内运营或其线路至少有一端在旅游景区(点)的一种客运方式,包括定线旅游客运和非定线旅游客运。定线旅游客运按照班车客运管理,非定线旅游客运按照包车客运管理。

(三)道路旅客运输企业等级划分

道路旅客运输企业等级是指对客运企业运输能力、资产规模、车辆条件、经营业绩、安全状况和服务质量等方面的综合评价。根据《道路旅客运输企业等级》(JT/T 630—2005),从事营业性班车客运、包车客运、旅游客运的道路客运企业可以分为五个等级,等级评定工作由各级道路运输行业协会组织专家委员会评定。

1. 一级企业条件

(1)运输能力:企业在上一年度完成客运量750万人次,或客运周转量75000万人千米以上。

(2)资产规模:企业净资产4亿元以上,客运资产净值3亿元以上。

(3)车辆条件:企业自有营运客车200辆以上,客位15000个以上且高级客车在150辆以上、客位4500个以上,或拥有高级营运客车200辆以上、客位6000个以上;营运客车新度系数0.60以上。营运客车等级应符合《营运客车类型划分及等级评定》(JT/T 325—2013)的规定。

(4)经营业绩:上一年度总营业收入3亿元以上,其中客运营业收入2亿元以上。

(5)安全状况:上一年度行车责任安全事故率不高于0.1次/车,责任安全事故死亡率不高于0.02人/车,责任安全事故伤人率不高于0.05人/车。

(6)服务质量:上一年度旅客向行业主管部门投诉企业服务质量的次数不高于0.02次/车,省级及以上新闻媒体报道企业重大服务质量事故不高于两件,行业主管部门对企业不规范经营行为进行处罚的次数不高于0.1次/车。

2. 二级企业条件

(1)运输能力:企业在上一年度完成客运量150万人次,或客运周转量15000万人千米以上。

(2)资产规模:企业净资产4000万元以上,客运资产净值3000万元以上。

(3)车辆条件:企业自有营运客车100辆以上、客位3000个以上且高级客车在30辆以上、客位900个以上,或拥有高级营运客车40辆以上、客位1200个以上;营运客车新度系数0.60以上。

(4)经营业绩:上一年度总营业收入4000万元以上,其中客运营业收入3000万元以上。

(5)安全状况:上一年度行车责任安全事故率不高于 0.1 次/车,责任安全事故死亡率不高于 0.02 人/车,责任安全事故伤人率不高于 0.05 人/车。

(6)服务质量:上一年度旅客向行业主管部门投诉企业服务质量的次数不高于 0.02 次/车,省级及以上新闻媒体报道企业重大服务质量事故不高于两件,行业主管部门对企业不规范经营行为进行处罚的次数不高于 0.12 次/车。

3. 三级企业条件

(1)运输能力:企业在上一年度完成客运量 90 万人次,或客运周转量 8000 万人千米以上。

(2)资产规模:企业净资产 1500 万元以上,客运资产净值 1000 万元以上。

(3)车辆条件:企业自有营运客车 50 辆以上、客位 1500 个以上且中高级客车在 15 辆以上、客位 450 个以上;或拥有高级营运客车 20 辆以上、客位 600 个以上;营运客车新度系数 0.55 以上。

(4)经营业绩:上一年度总营业收入 1500 万元以上,其中客运营业收入 1000 万元以上。

(5)安全状况:上一年度行车责任安全事故率不高于 0.12 次/车,责任安全事故死亡率不高于 0.03 人/车,责任安全事故伤人率不高于 0.08 人/车。

(6)服务质量:上一年度旅客向行业主管部门投诉企业服务质量的次数不高于 0.04 次/车,市级及以上新闻媒体报道企业重大服务质量事故不高于两件,行业主管部门对企业不规范经营行为进行处罚的次数不高于 0.15 次/车。

4. 四级企业条件

(1)运输能力:企业在上一年度完成客运量 20 万人次,或客运周转量 1200 万人千米以上。

(2)资产规模:企业净资产 300 万元以上,客运资产净值 200 万元以上。

(3)车辆条件:企业自有营运客车 10 辆以上、客位 200 个以上;营运客车新度系数 0.5 以上。

(4)经营业绩:上一年度总营业收入 300 万元以上,其中客运营业收入 200 万元以上。

(5)安全状况:上一年度行车责任安全事故率不高于 0.15 次/车,责任安全事故死亡率不高于 0.1 人/车,责任安全事故伤人率不高于 0.12 人/车。

(6)服务质量:上一年度旅客向行业主管部门投诉企业服务质量的次数不高于 0.1 次/车,市级及以上新闻媒体报道企业重大服务质量事故不高于两件,行业主管部门对企业不规范经营行为进行处罚的次数不高于 0.2 次/车。

5. 五级企业条件

未达到四级企业条件的客运企业为五级企业。

二、汽车客运站的概念和分类

(一)汽车客运站的概念

汽车客运站是公益性交通基础设施,是道路客运网络的节点,是道路运输经营者与旅客进行运输交易活动的场所,是为旅客和运输经营者提供站务服务的场所,是培育和发展道路运输市场的载体。汽车客运站具有运输服务、运输组织、中转、换乘、多式联运、通讯、辅助服务等多种功能。

(二)汽车客运站等级核定

根据《汽车客运站级别划分和建设要求》(JT/T 200—2004),结合车站设施和设备配置情况、地理位置和设计年度平均日旅客发送量(以下简称日发量)等因素,将汽车客运站划分为五个等级以及简易车站和招呼站。

1. 客运站站级核定申请及受理权限

客运站经有关部门组织的工程竣工验收合格后,申请人凭竣工验收合格证明,向道路运输管理机构提出核定申请,并提交《道路客运站站级核定申请表》。

(1)省级道路运输管理机构负责一、二级客运站站级核定。

(2)设区的市级道路运输管理机构负责三级客运站站级核定。

(3)县级道路运输管理机构负责其他级别的客运站站级核定。

2. 客运站站级核定程序

(1)客运站经营者向所在地的县级以上道路运输管理机构提交客运站站级核定申请,所在地县级道路运输管理机构受理初审后,逐级上报到有核定权的道路运输管理机构。

(2)有核定权的道路运输管理机构收到申请后,应当在7个工作日内对客运站进行现场核查,并按照《汽车客运站级别划分和建设要求》(JT/T 200—2004)核定站级。

(3)符合规定的,道路运输管理机构应当出具客运站站级验收合格证明。

3. 客运站站级变更程序

(1)监督检查中,客运站的设施设备条件达不到原站级核定条件的,道路运输管理机构应督促道路客运站经营者整改,整改后仍达不到原站级核定条件的,由道路运输管理机构重新核定站级。

(2)客运站经营者申请提高站级的,道路运输管理机构应按站级核定程序办理。

三、道路旅客运输发展趋势

现阶段我国道路客运还存在发展方式粗放、服务水平不高、安全保障能力不强、行政管制较多、比较优势不明显等深层次问题,迫切需要通过深化改革解决这些问题。为了加快推进道路客运行业改革,交通运输部2015年10月发布了《关于深化改革加快推进道路客运转型升级的意见(征求意见稿)》,明确了未来道路客运行业转型发展的目标和主要任务。

(一)发展目标

到2020年,基本实现道路客运由传统产业向现代服务业的转变,群众满意度显著提高。一是基本实现行业治理体系和治理能力现代化,事中事后监管机制更加完善,公平竞争、优胜劣汰、诚实守信的市场环境基本形成;二是初步实现城乡客运基本公共服务均等化,城际客运和城乡客运衔接更加顺畅,人民群众出行更加安全便捷、经济可靠;三是全面建成道路客运智慧服务系统,道路客运与互联网等现代信息技术深度融合,出行信息服务、行业决策监管、企业运营组织更加智慧,服务精准性明显提高;四是道路客运安全生产可控性显著增强,安全生产责任事故起数和死亡人数明显下降;五是道路客运对综合运输服务的基础支撑能力显著增强,比较优势得到充分发挥。

(二)重点任务

积极扩大道路客运企业经营自主权,全面下放道路客运班线管理权限,全力优化道路客运资源配置,大幅提升事中事后监管能力,积极探索道路客运价格市场化改革,优化调整道路客运服务网络,加快完善道路客运站点服务网络,加快推进城乡客运基本公共服务均等化,完善道路客运运营动态监管系统,落实道路客运企业安全生产主体责任,推进道路客运运力结构调整和技术水平升级,全面提升道路客运驾驶员职业素质,有序推进长途客运接驳运输,全面提升旅游包车和农村客运安全水平。

此外,要大力推进建设与互联网深入融合的道路客运智慧服务系统。依托互联网等新一代信息技术,建立完善多渠道、多方式、交互式、体验式的出行信息服务系统,创新服务模式,优化服务流程,实时匹配运力资源与市场需求,满足公众出行计划提前预订、换乘信息便利查询、车票在线预定支付、定制出行服务等多层次、个性化、精准化的出行需求。

第二节 道路旅客运输经营许可管理

一、道路旅客运输经营许可实施主体

(1)省级道路运输管理机构负责省际、市际道路班车客运、包车客运、旅游客运及客运班线经营许可。

(2)市级道路运输管理机构负责县际道路班车客运、包车客运、旅游客运及客运班线经营许可。

(3)县级道路运输管理机构负责县内班车客运、包车客运、旅游客运及客运班线经营许可。

各级道路运输管理机构应当明确行政许可事项的具体承办部门和具体经办人员。

二、道路旅客运输经营许可条件

申请从事道路旅客运输的,道路运输管理机构应当审查申请人是否具备以下条件。

(一)有与其经营业务相适应并经检测合格的客车

1.客车技术要求

客车技术要求应当符合《道路运输车辆技术管理规定》有关规定。

2.客车类型等级要求

从事高速公路客运、旅游客运和营运线路长度在800千米以上的客运车辆,其车辆类型等级应当达到行业标准《营运客车类型划分及等级评定》(JT/T 325—2013)规定的中级以上。

3.客车数量要求

(1)经营一类客运班线的班车客运经营者应当自有营运客车100辆以上、客位3000个以上,其中高级客车在30辆以上、客位900个以上;或者自有高级营运客车40辆以上、客位1200个以上。

(2)经营二类客运班线的班车客运经营者应当自有营运客车50辆以上、客位1500个以上,其中,中高级客车在15辆以上、客位450个以上;或者自有高级营运客车20辆以上、客位600个以上。

(3)经营三类客运班线的班车客运经营者应当自有营运客车10辆以上、客位200个以上。

(4)经营四类客运班线的班车客运经营者应当自有营运客车1辆以上。

(5)经营省际包车客运的经营者,应当自有中高级营运客车20辆以上、客位600个以上。

(6)经营省内包车客运的经营者,应当自有营运客车5辆以上、客位100个以上。

(二)有符合条件的驾驶人员

(1)取得相应的机动车驾驶证,且年龄不超过60周岁。

(2)3年内无重大以上交通责任事故记录。

(3)取得相应从业资格证。

此外,申请从事道路客运的企业,应当有符合《道路旅客运输企业安全管理规范(试行)》要求的安全生产管理制度和安全管理机构(人员)。安全生产管理制度具体包括安全生产责任制和岗位责任制等。申请从事道路客运班线经营,还应当有明确的线路和站点方案。

三、道路旅客运输经营许可办理程序

申请从事道路客运经营,应当依法向工商行政管理机关办理有关登记手续后,按照下列规定提出申请:

(1)从事县级行政区域内客运经营的,向县级道路运输管理机构提出申请;

(2)从事省、自治区、直辖市行政区域内跨两个县级以上行政区域客运经营的,向其共同的上一级道路运输管理机构提出申请;

(3)从事跨省、自治区、直辖市行政区域客运经营的,向所在地的省、自治区、直辖市道路运输管理机构提出申请;

(4)申请从事客运站经营的,应当依法向工商行政管理机关办理有关登记手续后,向所在地县级道路运输管理机构提出申请。

(一)要求提供的申请材料

申请从事道路客运经营的,道路运输管理机构应当要求申请人提供以下材料:

(1)《道路旅客运输经营申请表》;

(2)企业章程文本;

(3)投资人、负责人身份证明及其复印件,经办人的身份证明及其复印件和委托书;

(4)安全生产管理制度文本;

(5)拟投入车辆承诺书(其包括客车数量、类型及等级、技术等级、座位数以及客车外廓长、宽、高等内容),如果拟投入客车属于已购置或者现有的,应当提供行驶证、车辆技术等级评定结论、客车类型等级评定证明及其复印件;

(6)已聘用或者拟聘用驾驶人员的驾驶证和从业资格证及其复印件,公安部门出具的3年内无重大以上交通责任事故的证明。

同时申请道路客运班线经营的,还应当提供下列材料:

(1)《道路旅客运输班线经营申请表》;

(2)可行性报告(其包括申请客运班线客流状况调查、运营方案、效益分析以及可能对其他相关经营者产生的影响等);

(3)进站方案(已与起讫点客运站和停靠站签订进站意向书的,应当提供进站意向书);

(4)运输服务质量承诺书。

(二)申请材料形式审查及处置

道路运输管理机构应当对申请材料的完整性进行以下审核。

(1)申请材料不齐全或者不符合法定形式的,应当要求申请人当场补全或者更正,当场不能补全或者更正的,应当场或在5个工作日内出具注明日期且加盖道路运输管理机构专用印章的《交通行政许可申请补正通知书》,一次性告知需补正的全部内容。

(2)申请材料齐全有效的,应出具《交通行政许可申请受理通知书》。

(3)申请事项依法不需要取得行政许可的,应当及时告知申请人不受理;申请事项依法不属于本级道路运输管理机构职权范围的,应出具《交通行政许可申请不予受理决定书》。

(三)许可前公示和实质审查

对已受理的道路客运经营申请,道路运输管理机构应当将申请的有关情况在道路运输管理机构通过其网站等途径予以公示,公示期限为5日。

公示期间或结束后,受理申请的道路运输管理机构应当组织有关机构和人员或者由车籍地道路运输管理机构对申请人从事道路客运经营的有关条件和所提供的申请材料进行查验。

(四)许可决定

道路运输管理机构对道路客运经营申请予以受理的,应当自受理之日起 20 个工作日内做出许可或者不予许可的决定。

道路运输管理机构应当考虑客运市场的供求状况、普遍服务和方便群众等因素,对符合法定条件的道路客运经营申请,做出准予许可决定,出具《道路客运经营行政许可决定书》,明确经营范围、车辆数量及要求、客运班线类型等许可事项,并告知被许可人所在地道路运输管理机构;对不符合法定条件的,做出不予许可决定,向申请人出具《不予交通行政许可决定书》,并说明理由。

因故需要延长许可申请处理时间的,须经道路运输管理机构负责人批准,向申请人出具《延长交通行政许可期限通知书》,并说明理由,但延长时间不得超过 10 个工作日。

(五)许可结果公告

道路运输管理机构下发《道路客运经营行政许可决定书》后,应将许可结果通过其网站等途径向社会公布,接受社会监督,方便公众查阅。

(六)《道路运输经营许可证》发放

(1)道路运输管理机构在做出行政许可决定后,应当在 10 个工作日内向被许可人颁发《道路运输经营许可证》,并在《道路运输经营许可证》上注明经营范围。

(2)最高一级的道路运输管理机构根据《道路客运经营行政许可决定书》核发《道路运输经营许可证》。上级道路运输管理机构核发的经营许可证的经营范围应包含下级道路运输管理机构已核发《道路运输经营许可证》的经营范围,在上级道路运输管理机构核发《道路运输经营许可证》前,应当由上级道路运输管理机构收回已核发的《道路运输经营许可证》,并留存备查。

第三节　道路旅客运输管理

一、道路旅客运输车辆管理

(一)客运车辆技术管理

(1)道路运输管理机构应当督促道路客运经营者建立车辆技术管理制度,按照国家标准《汽车维护、检测、诊断技术规范》(GB 18344—2001)等有关技术标准对客运车辆进行定期维护,确保客运车辆技术状况良好。

(2)道路运输管理机构应当督促道路客运经营者按时到符合国家标准要求的机动车综合性能检测站进行检测,做好车辆技术等级评定。

(3)对达到国家规定的报废标准或者经检测不符合国家强制性标准要求的客运车辆,道路运输管理机构应当及时收回《道路运输证》。对车辆技术等级、级别不能满足相应客运线路、运输方式要求的,道路运输管理机构应当监督道路客运经营者更换车辆,并办理变更手续。

(4)道路客运经营者不按规定维护和检测客运车辆、使用擅自改装客运车辆从事经营活动,或者擅自改装已取得《道路运输证》的客运车辆的,道路运输管理机构应当予以制止,并按规定实施处罚。

(5)县级以上道路运输管理机构应当依据行业标准《营运客车类型划分及等级评定》(JT/T 325—2013),定期对营运客车类型及等级进行复核,并在《道路运输证》上注明。

(6)道路运输管理机构应当督促道路客运经营者按规定为有关客车安装使用具有行驶记录功能的卫星定位装置等设备(卧铺客车同时安装使用车载视频装置),鼓励使用节能环保的客车从事道路客运。

(二)客运车辆审验

1.审验主体

客运车辆审验工作由配发《道路运输证》的道路运输管理机构实施。省级道路运输管理机构配发《道路运输证》的客运车辆的审验工作,可以委托车籍所在地的道路运输管理机构实施。

2.审验时间

客运车辆实施定期审验制度,每年一次,具体审验时间由省级道路运输管理机构自行确定。

3.审验内容

客运车辆年度审验包括以下内容:

(1)车辆技术状况;

(2)定期维护和检测情况;

(3)车辆违章记录;

(4)车辆技术档案;

(5)车辆结构、尺寸变动、设备设施情况;

(6)按规定安装使用具有行驶记录功能的卫星定位装置情况,并能在全国重点营运车辆联网联控系统(所在地的监管平台)查询车辆的基本信息和实时卫星定位信息,卧铺客车安装车载视频装置情况;

(7)道路客运经营者为客运车辆投保承运人责任险情况;

(8)其他按规定需审验的内容。

4.审验程序

(1)道路运输管理机构发布车辆审验公告。

(2)道路客运经营者应按规定填写《道路旅客运输车辆审验表》,该表可到车籍地县级或市级道路运输管理机构领取,或在机动车综合性能检测站领取,或在道路运输管理机构网站上下载。

(3)道路客运经营者到机动车综合性能检测站进行客运车辆检测。

（4）机动车综合性能检测站按照国家标准《营运车辆综合性能要求和检验方法》（GB 18565—2016）和《道路车辆外廓尺寸、轴荷及质量限值》（GB 1589—2016）的规定进行检测，出具全国统一式样的检测报告。

（5）道路运输管理机构根据检测报告，按照《营运车辆技术等级划分和评定要求》（JT/T 198—2016）和《营运客车类型划分及等级评定》（JT/T 325—2013）分别评定车辆技术等级和类型等级。

（6）客运车辆的技术等级达到经营范围所要求的等级，且其他设施、设备完好，没有重大违章行为的，则车辆审验合格，道路运输管理机构应当在《道路运输证》"车辆审验及技术等级记录"栏内加盖注有相应车辆技术等级的年度审验专用章；不符合要求的，应当责令限期改正或者办理变更手续；车辆技术等级达不到三级以上要求的，应收回《道路运输证》。

（7）审验结束后，道路运输管理机构应当对审验资料进行整理，并存入车辆管理档案。《道路运输证》上有违章记录的，应当将违章记录转登至经营业户档案中。

（三）客运车辆异动

1. 更新或新增客运车辆

（1）在经营期限内，道路客运班线经营者申请更新、新增客运车辆的，原许可的道路运输管理机构应当根据道路客运经营者提交的车辆更新或车辆调换方案等材料，考虑车辆技术状况、座位数量、类型等级等因素，在10个工作日内做出准予或不准予的决定。

（2）更新的客运车辆与原车辆技术类型、等级相当，或者比原车辆技术类型、等级更高的，道路运输管理机构应当准予更新，并配发《道路运输证》。

（3）更新的客运车辆比原车辆技术等级、类型等级低的，应当不予更新。

2. 客运车辆退出市场

对达到国家规定的报废标准或经检测不符合国家标准要求的客运车辆，以及道路客运经营者拟不再从事客运经营的车辆，原发证的道路运输管理机构应当收回《道路运输证》、客运标志牌等，并存档；无法收回的，应及时通过其网站等途径予以公布，宣布作废。

3. 转籍或过户客运车辆

客运车辆转籍、过户的，按照以下程序办理。

（1）道路客运经营者要求将客运车辆转籍、过户的，应当向原发证的道路运输管理机构提出申请。

（2）道路运输管理机构接到申请后，应当收回车辆的《道路运输证》，向道路客运经营者出具客运车辆转籍、过户证明，并将车辆变动情况登记在道路客运经营者的车辆档案中。

（3）客运车辆转籍、过户的，属不同管辖区域的，原发证的道路运输管理机构应当向转入地的道路运输管理机构移交车辆档案。

（4）客运车辆转籍、过户后，拟继续从事道路客运经营的，客运车辆的新所有人应当凭客运车辆转籍、过户证明和车辆档案，向转入地的道路运输管理机构重新申请。符合条件的，道路运输管理机构应当尽快为申请人办理相关手续。

（5）客运车辆转籍、过户后，未办理相关经营手续从事道路客运经营的，视为无《道路运输经营许可证》或《道路运输证》从事道路客运经营。

4. 客运车辆报停

（1）客运车辆报停的，道路客运经营者需持拟报停车辆的《道路运输证》到原发证的道路运输管理机构办理报停手续，道路运输管理机构暂时收回《道路运输证》。

（2）客运车辆报停后拟恢复运营的，道路客运经营者应当向道路运输管理机构申请领回《道路运输证》。

（3）无正当理由，客运车辆连续报停不得超过180天。

（四）客运车辆档案管理

县级以上道路运输管理机构应当建立客运车辆管理档案，督促道路客运经营者建立客运车辆技术档案。

1. 客运车辆管理档案

客运车辆管理档案应当包括以下内容：

（1）车辆基本情况，包括机动车行驶证、《道路运输证》复印件及车辆照片；

（2）二级维护和检测情况记录；

（3）技术等级记录；

（4）类型等级记录；

（5）车辆变更记录；

（6）交通事故记录；

（7）车辆审验记录等；

（8）客运承运人责任险保险记录；

（9）其他按规定要求归档的资料。

2. 客运车辆技术档案

客运车辆技术档案应当包括以下内容：

（1）车辆基本情况，包括机动车行驶证、《道路运输证》复印件及车辆照片；

（2）主要部件更换情况；

（3）修理和二级维护记录（含出厂合格证）；

（4）技术等级评定记录；

（5）车辆变更记录；

（6）行驶里程记录；

（7）交通事故记录；

（8）车辆审验记录；

（9）其他按规定要求归档的资料。

二、道路客运班线经营权招标投标

客运班线经营权招标投标是指道路运输管理机构在不实行班线经营权有偿使用或者竞价的前提下,通过公开招标,对参加投标的道路客运经营者的质量信誉情况、企业规模、运力结构和经营该客运班线的安全保障措施、服务质量承诺、运营方案等因素进行综合评价,择优确定客运班线经营者的许可方式。

交通运输部主管全国客运班线招标投标工作,县级以上人民政府交通运输主管部门负责组织领导本行政区域的客运班线招标投标工作。县级以上道路运输管理机构负责具体实施客运班线招标投标工作。

具体招标、投标、开标、评标及监督考核等有关详细规定,可以参阅《道路旅客运输班线经营权招标投标办法》(交通运输部令2008年第8号)。

三、道路旅客运输运营管理

(一)班车客运运营管理

(1)道路运输管理机构应当督促班线客运经营者向公众提供连续运输服务,禁止其擅自暂停、终止班线运输或者转让班线经营权。

(2)客运班线实行经营期限制。道路客运班线经营期满,道路客运经营者的线路经营权自然终止。

(3)道路运输管理机构应当监督客运班车按照许可的线路、班次、站点运行,在规定的途经站点进站上、下旅客;督促加班车、顶班车、接驳车按正班车有关要求运营。

(二)包车客运运营管理

(1)道路运输管理机构应当监督包车客运经营者按照约定的时间、起始地、目的地和线路运行,严禁其按班车模式定线经营、招揽包车合同外的旅客乘车,或者不按约定的起始地、目的地和线路行驶。客运包车除执行道路运输管理机构下达的紧急包车任务外,其线路一端应当在车籍所在地。

(2)道路运输管理机构应监督包车客运经营者在运营过程中随车携带《道路运输证》、包车客运标志牌、包车票或者包车合同,以备查验。

(3)单程包车回程载客时,回程客源所在地县级以上道路运输管理机构可根据实际需要,允许其回程载客。未经回程客源所在地县级以上道路运输管理机构批准,不得回程载客。

(4)道路运输管理机构应当应用运政管理信息系统,及时掌握包车客运的运行变化情况。

(三)旅游客运运营管理

(1)旅游客运的起讫地至少一端应当在旅游景区(点)。定线旅游客运按照班车客运管理,非定线旅游客运按照包车客运管理。

(2)道路运输管理机构应当严格审查旅游客运车辆类型等级,其类型等级应达到中级以上。

（3）非定线旅游客车可持注明事项的旅游客票或者旅游合同取代包车票或者包车合同。

（4）道路运输管理机构应当建立旅游客运管理档案，及时掌握旅游客运的运行变化情况。

（四）客运运营管理的共同要求

（1）道路运输管理机构应当监督道路客运经营者在车厢内显著位置公示道路运输管理机构监督电话、票价和里程表，严格遵守国家有关运价规定，使用规定的票证。

（2）道路运输管理机构应当监督客车驾驶人员随车携带《道路运输证》《从业资格证》《道路客运班线经营许可证明》等有关证件，并在规定位置放置客运标志牌。

（3）道路运输管理机构应当监督道路客运经营者投保承运人责任险，在客运车辆上应配备安全带、灭火器等许可条件下的安全装备。

（4）道路运输管理机构应当督促道路客运经营者按照国家有关规定配备驾驶员，严格落实长途客运驾驶人停车换人、落地休息制度。

（5）道路运输管理机构应当督促道路客运经营者建立、完善各类台账和档案，按要求及时报送有关资料和信息。

（6）道路运输管理机构应当监督客运经营者按规定为有关客车安装使用具有行驶记录功能的卫星定位装置，卧铺客车同时安装使用车载视频装置，接入符合标准的监控平台或监控端，并有效接入全国重点营运车辆联网联控系统，督促企业通过监控平台加强运输车辆动态监管。

（7）道路运输管理机构应当监督客运经营者建立安全告知制度，按照规定向旅客告知安全事项。

（8）道路运输管理机构应当监督客运经营者建立并执行行车日志制度。

（9）道路运输管理机构应当监督客运企业建立举报和投诉受理的工作机制，及时处理投诉和咨询。

四、道路旅客运输企业质量信誉考核

（一）质量信誉考核时间

道路运输管理机构每年度应当对道路客运企业实行质量信誉考核，考核周期为每年的1月1日至12月31日，考核工作应当在考核周期次年的3月至6月进行。

（二）质量信誉考核工作的实施

（1）省级道路运输管理机构组织道路客运企业年度质量信誉考核工作，市级和县级道路运输管理机构根据其管理职责、权限具体实施。

（2）位于县级道路运输管理机构辖区内的道路客运企业，由县级道路运输管理机构负责质量信誉考核的初评工作。位于市级道路运输管理机构所辖市（地）城市市区内的客运企业，由市级道路运输管理机构或由其委托的县（区）道路运输管理机构

初评。

（三）质量信誉考核程序

1. 质量信誉考核资料的申报

道路客运企业应当在每年的3月底前对本企业上年度的质量信誉情况进行总结。县级以上道路运输管理机构应要求道路客运企业如实提供下列资料：

（1）企业基本情况，包括分公司名称、注册地及上年度末企业在册的营运客车数量等；

（2）安全生产情况，包括交通责任事故次数、死亡人数及后果、事故责任认定书等；

（3）违法行为情况，包括违章记录次数等；

（4）服务质量情况，包括旅客及其他相关人投诉及媒体等披露的有关本企业运输服务质量事件的次数及处理记录等；

（5）完成政府指令性运输任务的情况；

（6）发生不稳定事件的情况；

（7）客运车辆按规定安装使用具有行驶记录功能的卫星定位装置等设备的情况，企业利用卫星定位系统平台监控本企业车辆情况；

（8）客运车辆喷涂统一标志和员工统一着装情况；

（9）企业获得省、部级以上表彰的情况。

在异地设有分公司的道路客运企业，在提交材料时应当提供分公司所在地县级或市级道路运输管理机构出具的分公司质量信誉情况。分公司所在地县级或市级道路运输管理机构应当对所出具的分公司质量信誉确定结果负责。

2. 质量信誉考核初评

道路运输管理机构应当采取核对有关管理档案、现场查验等方式，对道路客运企业提供的材料真实性进行核查，并对照质量信誉考核标准及计分办法进行考核评分，提出考核意见及初评结论。

3. 公示及评定

（1）初评结束后，市级道路运输管理机构将各指标考核情况和所得分数、初评结果书面通知被考核道路客运企业，并通过其网站等途径公示15天。

（2）被考核企业或者其他单位、个人对公示结果有异议的，可在公示期间向做出公示的道路运输管理机构书面申诉。

（3）公示结束后，市级道路运输管理机构应当对企业的申诉和社会反映的情况进行核实，根据核实的情况对企业的质量信誉等级进行评定，并将评定结论报省级道路运输管理机构。由省级道路运输管理机构核发《道路运输经营许可证》的，市级道路运输管理机构还应将初评记分表等原始资料复印件一并报送。

4. 公告

（1）省级道路运输管理机构对道路客运企业质量信誉考核结果进行核查后，于6

月 30 日前在本机构网站或交通运输主管部门网站上公布上一年度道路客运企业质量信誉考核结果。

(2)道路客运质量信誉等级分为优良、合格、基本合格和不合格,分别用 AAA 级、AA 级、A 级和 B 级表示。

五、道路客运标志牌管理

(一)道路客运标志牌的分类

道路客运标志牌分为班车客运标志牌、包车客运标志牌、临时客运标志牌三类,每类标志牌证分别包括省际、市际、县际、县境内 4 种标志牌类型。

(1)班车客运标志牌适用于从事道路班车客运以及定线旅游客运,按营运方式划分为直达和普通两种形式。

(2)包车客运标志牌适用于从事包车客运以及非定线旅游客运。

(3)临时客运标志牌适用于客运标志牌正在制作、灭失等待领取时或用于临时加班、接驳、顶班、临时绕行(时间不超过一个月)的客车,其中临时加班客车使用的临时客运加班标志牌仅适用于在春运、国家法定节假日或者发生突发事件等客流高峰期运力不足时。

(二)道路客运标志牌的制作

(1)省际、市际班车客运标志牌、包车客运标志牌和临时客运标志牌由省级道路运输管理机构按照交通运输部规定式样统一印制。

(2)县际、县境内班车客运标志牌、包车客运标志牌和临时客运标志牌由市级道路运输管理机构按照交通运输部规定式样统一印制。

(三)班车客运标志牌的核发

道路班车客运标志牌的发放,坚持"谁审批、谁发放"的原则及"谁签字、谁发放、谁负责"的发放制度。

省级道路运输管理机构负责核发省际、市际班车客运标志牌;市级道路运输管理机构负责核发县际班车客运标志牌;县级道路运输管理机构负责核发县内班车客运标志牌。

(四)包车客运标志牌和临时客运标志牌的核发条件

1)包车客运标志牌核发,应符合以下条件。

(1)道路客运经营者所承接的包车业务应在其许可的经营范围内。

(2)道路客运经营者应当提供包车票或包车合同。

(3)拟使用车辆的经营范围包括相对应的包车业务且通过车辆审验。

(4)车辆技术状况及客车类型等级应与包车业务相适应。

(5)驾驶员持有相应类别的从业资格证。

(6)按规定为旅客投保承运人责任险。

县级以上道路运输管理机构应严格控制包车客运标志牌的有效时间。包车客运标志牌在一个运次所需的时间内有效。

2) 临时客运标志牌核发,应符合以下条件。

(1) 原有正班车已经满载,需要开行加班车;或因车辆抛锚、维护等原因,需要接驳或者顶班;或正式班车客运标志牌正在制作或者不慎灭失,等待领取。

(2) 投入的客车符合国家规定的技术等级和类型等级、配有有效的《道路运输证》。

(3) 有按规定投保承运人责任险的保单。

(五)包车客运标志牌和临时客运标志牌的核发程序

(1) 省际、市际包车客运标志牌和临时客运标志牌由省级道路运输管理机构按照申请计划发放给市级道路运输管理机构,再由市级道路运输管理机构分发给县级道路运输管理机构核发。县级以上道路运输管理机构应当做好有关标志牌的登记和汇总上报工作。

(2) 县际、县境内包车客运标志牌和临时客运标志牌由市级道路运输管理机构按照申请计划发放给县级道路运输管理机构,县级道路运输管理机构应当做好有关标志牌的登记和汇总上报工作。

(3) 包车客运标志牌(除省际客运包车标志牌外)和临时客运标志牌由县级道路运输管理机构在正反面打印或者填写有关内容后,向经审核符合条件的申请人发放;省际客运包车标志牌,可由企业通过运政管理信息系统向车籍地道路运输管理机构备案后自行打印。

(4) 对班车客运标志牌正在制作或灭失,等待领取的,由原许可的道路运输管理机构发给临时客运标志牌。

(5) 因道路状况发生变化确需临时改道运行的,由原许可的道路运输管理机构发给临时客运标志牌。

(六)包车客运标志牌和临时客运标志牌的使用及管理

(1) 包车客运标志牌和加班车、顶班车、接驳车使用的临时客运标志牌在一个运次内有效,因班车客运标志牌正在制作或者灭失而使用的临时客运标志牌有效期不得超过30天。

(2) 道路运输管理机构应按照交通运输部的统一要求,为从事省际包车客运的企业提供运政管理信息系统,企业通过运政管理信息系统向车籍地道路运输管理机构备案后方可使用包车标志牌。

(3) 临时客运标志牌、包车标志牌在一个运次内使用完毕后自然失效。临时客运标志牌使用完毕后应由核发的道路运输管理机构及时收回。

(4) 凭临时客运标志牌运营的客车应当按正班车的线路和站点运行。属于加班或者顶班的,还应当持有始发站签章并注明事由的当班行车路单;班车客运标志牌正在制作或者灭失的,还应当持有该条班线的《道路客运班线经营许可证明》。

(5) 上级道路运输管理机构应加强对下级道路运输管理机构的包车客运标志牌、

临时客运标志牌发放管理工作的监督检查。

（6）在春运、国家法定节假日或者发生突发事件等客流高峰期运力不足时，道路运输管理机构可临时调用车辆技术等级不低于三级的营运客车和社会非营运客车开行包车或者加班车。非营运客车凭县级以上道路运输管理机构开具的证明运行。

（七）《道路客运班线经营许可证明》和班车客运标志牌遗失补办手续

《道路客运班线经营许可证明》和班车客运标志牌遗失的，原许可的道路运输管理机构应根据申请人提交的《道路班车客运标志牌证遗失、损坏补领申请表》、市级以上报刊或道路运输管理机构网站等公众媒体刊登遗失启事，经核实后，予以补办班车客运标志牌。在班车客运标志牌补办期间，发给临时客运标志牌。班车客运标志牌损坏的，交旧领新。

第四节　汽车客运站经营许可管理

县级以上道路运输管理机构负责受理本辖区内的道路客运站经营许可申请。

一、道路客运站经营许可条件

申请从事道路客运站经营的，道路运输管理机构应当审查申请人是否符合以下条件：

（1）客运站经有关部门组织的工程竣工验收合格，且经道路运输管理机构组织的站级验收合格；

（2）有与业务量相适应的专业人员和管理人员；

（3）有相应的设备、设施，具体要求按照《汽车客运站级别划分和建设要求》（JT/T 200—2004）的规定执行；

（4）根据《汽车客运站营运客车安全例行检查工作规范》和《汽车客运站营运客车出站检查工作规范》，建立健全的业务操作规程和安全管理制度，包括服务规范、安全生产操作规程、车辆出站检查管理制度、安全生产责任制度、危险品检查制度、安全生产监督检查制度等。

二、道路客运站经营许可程序

（一）要求提供的申请材料

申请从事道路客运站经营的，道路运输管理机构应当要求申请人提交以下材料：

（1）《道路旅客运输站经营申请表》；

（2）客运站竣工验收证明和站级验收证明；

（3）拟招聘的专业人员、管理人员的身份证明和专业证书及其复印件；

（4）负责人身份证明及其复印件，经办人的身份证明及其复印件和委托书；

（5）业务操作规程和安全管理制度文本。

（二）申请材料的形式审查及处置

道路运输管理机构应当对申请材料的完整性进行审核。

申请材料不齐全或者不符合法定形式的，应当要求申请人当场补全或更正，当场不能补全或更正的，应当场或在5个工作日内出具注明日期且加盖道路运输管理机构专用印章的《交通行政许可申请补正通知书》，一次性告知需补正的全部内容。申请材料齐全有效的，应出具《交通行政许可申请受理通知书》。申请事项依法不需要取得行政许可的，应当及时告知申请人不受理；申请事项依法不属于本级道路运输管理机构职权范围的，应出具《交通行政许可申请不予受理决定书》。

（三）许可前的公示及审查

道路运输管理机构受理道路客运站经营申请后，应当将申请情况通过其网站等途径予以公示，公示期限为5日。

公示期间或结束后，道路运输管理机构应当组织人员对申请人从事道路客运站经营的有关法定条件和所提供申请材料的真实性进行实地查验。

（四）许可决定

道路运输管理机构对道路客运站经营申请予以受理的，应当自受理之日起15个工作日内做出许可或者不予许可的决定。

（1）符合法定条件的，道路运输管理机构应当做出准予许可决定，出具《道路旅客运输站经营行政许可决定书》，明确许可事项。许可事项为经营者名称、站场名称、站场地址、站场级别和经营范围。

（2）不符合法定条件的，道路运输管理机构应当做出不予许可决定，向申请人出具《不予交通行政许可决定书》，并说明理由。

（3）因需要延长许可申请处理时间的，须经道路运输管理机构负责人批准，向申请人出具《延长交通行政许可期限通知书》，并说明理由，但延长时间不得超过10个工作日。

（五）许可结果公告

许可决定书下达后，道路运输管理机构应当将许可结果通过其网站等途径予以公告，接受社会监督，方便公众查阅。

（六）道路客运站经营许可证件发放

道路运输管理机构做出许可决定后，应当在10个工作日内向被许可人颁发《道路运输经营许可证》，并在《道路运输经营许可证》上注明经营范围和站场名称。

客运站是道路运输企业分支机构的，道路运输管理机构在《道路运输经营许可证》副本"分支机构"栏中予以注明，同时向客运站分支机构核发《道路运输经营许可证》副本。

三、经营许可变更与终止许可办理程序

客运站经营者拟变更经营主体、站场地址和经营范围等许可事项的，应当按照许

可程序重新申请。客运站经营者拟变更站场名称等事项的,实行备案制度,并在15个工作日内予以换发《道路运输经营许可证》。

客运站经营者在取得《道路运输经营许可证》后,无正当理由超过180日不投入运营或者运营后连续180日以上停运的,视为自动终止经营,县级以上道路运输管理机构应当下达终止运营通知书并收回其《道路运输经营许可证》。

客运站经营者申请终止经营的,应当自终止经营之日起提前30日向原许可的县级道路运输管理机构提交《道路客运站经营终止申请表》。原许可的县级道路运输管理机构同意终止经营的,按照以下程序办理:

(1)及时做出终止决定,并在《道路客运站经营终止申请表》上签注"终止"意见;
(2)在终止经营后10日内收回《道路运输经营许可证》;
(3)向社会公告,以便公众了解情况。

客运站终止经营后可能对公众造成重大影响的,道路运输管理机构应当采取措施对进站车辆进行分流,并向社会公告。

第五节 汽车客运站管理

一、汽车客运站监督管理

道路运输管理机构应当加大对客运站经营活动的监督检查,督促客运经营者遵守以下规定:

(1)按照道路运输管理机构决定的许可事项从事客运站经营活动;
(2)不得随意改变客运站用途和服务功能;
(3)与进站发车的道路客运经营者依法自愿签订服务合同,并按合同的规定履行各自的权利和义务;
(4)按照公平、公正原则,合理安排发车时间,公平对待进站客运车辆;
(5)落实出站客车安全检查、危险品检查、出站查验等制度;
(6)制定有关自然灾害、客运量突增、公共卫生以及其他突发事件的应急预案;
(7)公布进站客车的班车类别、客车类型等级、运输线路、起讫停靠站点、班次、发车时间、票价等信息,疏导旅客,维持秩序;
(8)在经营场所公示收费项目和标准;
(9)建立和完善各类台账和档案,并按要求及时报送有关信息;
(10)道路客运站经营者和道路客运经营者在发车时间等方面发生纠纷时,道路运输管理机构应当进行裁定。

二、汽车客运站档案管理

县级道路运输管理机构应当建立道路客运站经营业户档案,具体应当包括道路客运站许可档案、质量信誉考核档案、日常监督检查档案。

道路客运站许可档案,具体应包括以下内容:

(1)《道路旅客运输站经营申请表》;

(2)投资人、负责人身份证明,经办人的身份证明和委托书;

(3)经营客运站的土地、房屋的合法证明复印件;

(4)道路客运站竣工验收证明复印件;

(5)道路客运站站级验收证明复印件;

(6)与业务相适应的专业人员和管理人员的身份证明、专业证书复印件;

(7)业务操作规程和安全生产制度文本;

(8)需补全或更正申请材料的,存档《交通行政许可申请补正通知书》;

(9)《交通行政许可受理通知书》;

(10)道路运输管理机构审核意见;

(11)《道路旅客运输站经营行政许可决定书》;

(12)道路运输行政许可文书(证件)送达回证;

(13)《道路运输经营许可证》(正、副本)复印件;

(14)变更记录资料;

(15)其他需存档的材料。

道路客运站质量信誉考核档案,应包括:道路客运站质量信誉档案、《道路客运站质量信誉考核评分表》和其他需存档的材料。

道路客运站日常监督检查档案,应包括:日常监督检查表和其他需存档的材料。

第三章 道路货物运输及货运站场管理

道路货物运输业(道路货运业)是国民经济发展重要的基础性服务行业,在支撑国家总体发展战略、促进产业结构调整、搞活内贸流通、服务百姓民生以及应急救援保障中,道路货运业均发挥着不可或缺、不可替代的基础性作用。按照货物性质,道路货物运输(简称道路货运)可分为道路普通货物运输、道路货物专用运输、道路大型物件运输和道路危险货物运输(危险货物道路运输管理详细讲述见第四章,本章不再赘述)。加强道路货物运输管理,对规范道路货物运输经营活动、维护道路货物运输市场秩序、保护道路货物运输有关各方当事人的合法权益具有重要意义。

第一节 概 述

一、道路货物运输的概念及分类

(一)道路货物运输的概念

道路货物运输,是指以载货汽车为主要运输工具,通过道路使货物产生空间位移的生产活动,该类货物对运输、装卸、保管无特殊要求,无需采用特殊措施和方法。

与其他运输方式相比,道路货运具有以下特点。

(1)适应性强。货运汽车种类繁多,各自具有不同的性能和适用范围,不仅能够很好地承担其他各种运输方式所不能承担或不能很好承担的一些货运任务,还可实现"门到门"的运输。

(2)机动灵活。货运汽车单位载质量相对小,因而在货物运输中不仅可以承担批量较小的货运任务,又可以通过集结车辆承担批量较大的货运任务,并能实现较高的运输效率和经济效益。

(3)快速直达。道路运输比铁路、水路运输环节少,易于组织直达运输。近年来,随着我国高等级道路建设的迅猛发展,在一定运距范围内,道路货运快速送达的优点十分突出。

(4)方便。由于汽车运输具有适应性强、机动灵活、快速运达等特点,使得货物承运既可以在固定的站场、港口、码头装卸,又可以在街头巷尾、农贸市场、乡镇村庄等处就地装卸,实现"门到门"直达运输。因而在很多情况下道路货物运输比其他运输方式更为方便,能更好地满足用户需要。

(5)经济。从各种运输方式的始建投资效果看,道路运输比铁路运输和航空运输投资少,周期较短;从各种运输方式的运送效果看,由于公路网密度大,且道路运输适应性强,机动灵活,对汽车货运选择最佳线路提供了便利条件,因而可以在一定的经济区域内相应地缩短货物运输距离,降低商品周转费用,加速资金流动,增加货物流动的时间价值,并相应节约了运力和能源,能够获得良好的社会效益和经济效益。

(二)道路货物运输的分类

1)按照货物批量,道路货物运输可分为整车货物运输和零担货物运输。

(1)托运人一次托运货物计费质量在3吨以上,或不足3吨但货物性质、体积、形状需要由核定载质量在3吨以上的车辆运输的,称为整车货物运输。此外,因托运人要求或者受道路、装卸条件限制,承运人安排核定载质量在3吨以下的车辆一次运送货物的,也可视为整批货物运输。整车货物运输适宜批量大的货物"门到门"的运输,具有简单、安全、单位运输成本低的特点。

(2)托运人一次托运货物计费质量在3吨以下,承运人将多批货物配装成一辆车运输的,称为零担货物运输。零担货物运输方便、灵活,但其计划性较差、组货渠道杂、单位运输成本高。

2)根据《道路货物运输企业等级》(JT/T 631—2005),道路货运企业可以分为五个级别,具体如下。

(1)一级企业条件。

①资产规模:企业净资产4亿元以上,货运资产净值3亿元以上。

②车辆条件:货运企业自有营运货车总载质量不少于7000吨。其中,载质量为8吨(含)以上货车的载质量不少于5000吨或专用货车不少于货车总数的50%,或厢式货车和集装箱专用车不少于货车总数的60%;符合《汽车、挂车及汽车列车外廓尺寸、轴荷及质量限值》(GB 1589—2016)规定的货车不少于货车总数的80%;营运货车新度系数0.60以上。

③站场设施:货运企业至少自有或长期租赁一个一级货运站和两个二级货运站,或自有、长期租赁、投资参股的货运站场的建设规模及年完成的换算货物吞吐量相当于一个一级货运站和两个二级货运站。货运站场级别应符合《汽车货运站(场)级别划分和建设要求》(JT/T 402—1999)的规定。

④经营业绩:上一年度总营业收入3亿元以上,其中货运营业收入2亿元以上。

⑤安全状况:上一年度行车责任安全事故率不高于0.1次/车,责任安全事故死亡率不高于0.02人/车,责任安全事故伤人率不高于0.05人/车。

⑥服务质量:上一年度托运人向行业主管部门投诉企业服务质量的次数不高于0.02次/车,省级及以上新闻媒体报道企业重大服务质量事故不高于两件,行业主管部门对企业不规范经营行为进行处罚的次数不高于0.15次/车。

(2)二级企业条件。

①资产规模:企业净资产1亿元以上,货运资产净值6000万元以上。

②车辆条件:货运企业自有营运货车总载质量不少于1400吨。其中,载质量为8

吨(含)以上货车的载质量不少于1000吨或专用货车不少于货车总数的40%,或厢式货车和集装箱专用车不少于货车总数的50%;符合《汽车、挂车及汽车列车外廓尺寸、轴荷及质量限值》(GB 1589—2016)规定的货车不少于货车总数的70%;营运货车新度系数0.60以上。

③站场设施:货运企业至少自有或长期租赁两个二级货运站,或自有、长期租赁、投资参股的货运站场的建设规模及年完成的换算货物吞吐量相当于两个二级货运站。

④经营业绩:上一年度总营业收入6000万元以上,其中货运营业收入4000万元以上。

⑤安全状况:上一年度行车责任安全事故率不高于0.1次/车,责任安全事故死亡率不高于0.02人/车,责任安全事故伤人率不高于0.05人/车。

⑥服务质量:上一年度托运人向行业主管部门投诉企业服务质量的次数不高于0.02次/车,省级及以上新闻媒体报道企业服务质量事故不高于两件,行业主管部门对企业不规范经营行为进行处罚的次数不高于0.2次/车。

三级及以下等级的评定条件参见《道路货物运输企业等级》(JT/T 631—2005),货运企业等级评定工作由各级道路运输协会组织专家委员会评定。

二、道路货运站场的概念及分类

(一)道路货运站场的概念

道路货运站场,是指以场地设施为依托,为社会提供有偿服务的具有仓储、保管、配载、信息服务、装卸、理货等功能的综合型货运站场、零担货运站场、集装箱中转站场、物流中心等经营场所。

(二)道路货运站场的分类

根据《汽车货运站(场)级别划分和建设要求》(JT/T 402—1999),将道路货运站场划分为一级、二级、三级和四级。其中,一级站的年换算货物吞吐量为60万吨及以上,二级站的年换算货物吞吐量为30万~60万吨,三级站的年换算货物吞吐量为15万~30万吨,四级站的年换算货物吞吐量不足15万吨。

根据核心功能不同,道路货运场站可以分为综合型道路货运站场和专业型道路货运站场两类。综合型货运站场,是指集仓储、配送、流通加工、运输、装卸搬运、信息服务多功能于一体,分拣与配送多种商品的公路货运站。综合型道路货运站场主要包括物流园区、物流中心和配送中心。专业型道路货运站场,是指专门服务于某种特征货物的道路货运站场,主要包括零担货运站场和集装箱货运站场。

零担货运站场是专门从事道路零担货物运输业务的场所,是货物运输重要的基础设施之一。它集零担货物的收集、整理、仓储、编组、装运、中转、分发、交付等环节于一体,实现零担货物运输各个环节的贯通与衔接。

集装箱货运站场是专门从事道路集装箱货物运输业务的场所,主要进行集装箱拆箱、装箱、仓储和接取、送达业务,实现港口、车站、货主间的集装箱中转运输与

"门到门"运输,在整个集装箱运输和集装箱多式联运中,发挥了"链接"和"纽带"的作用。

三、道路货物运输发展重点工作

为了引导道路货运行业转型升级和健康发展,交通运输部相继出台了一系列的政策文件,鼓励甩挂运输、多式联运、无车承运人等运输组织方式发展。

(一)甩挂运输

甩挂运输是指牵引车将挂车甩留在目的地后,再拖带其他装满货物的挂车返回原地或者驶向新的地点的运输方式。甩挂运输中,挂车自身不具备动力,由牵引车拖带行驶。一台牵引车往往需要配置多台挂车,牵引车与挂车之间不固定搭配,根据运输需要进行组合。2010年国家发展和改革委员会(简称国家发改委)、交通运输部等五部委联合印发了《关于促进甩挂运输发展的通知》和《甩挂运输试点工作实施方案》,对甩挂运输试点工作的目标、政策、时间任务进行了部署,并于2011年、2012年、2013年、2015年在全国举行了四批试点项目工作,试点项目共计155个。

通过四批甩挂运输试点的探索和实践,我国公路甩挂运输的发展取得了明显成效。甩挂运输已经从单一企业和单一线路的简单运作,逐步创新扩展到企业之间的互甩互挂、跨区域干线间的网络甩挂、干支线之间衔接甩挂、多种运输方式联运甩挂等多种模式。甩挂运输试点企业运营数据统计显示,甩挂运输与传统单体车运输相比:一是能够降低物流成本,平均单位物流成本可下降10%~20%;二是能够提高运输效率,车辆平均实载率普遍达到80%以上;三是能够促进节能减排,实施甩挂运输后的单位货物周转量能耗较传统运输模式降低了15%~20%;四是能够促进公路货运向集约化、网络化和标准化方向发展。

(二)多式联运

多式联运是指由两种及其以上的交通工具相互衔接、转运而共同完成的运输过程,又可称为复合运输。多式联运集中了各种运输方式的特点,扬长避短、融会一体,组成连贯运输,达到简化货运环节加速货运周转、减少货损货差、降低运输成本、实现合理运输的目的,与传统单一运输方式相比,多式联运具有无可比拟的优越性:一是责任统一、手续简便;二是减少中间环节,缩短货运时间,降低货损货差,提高货运质量;三是降低运输成本,节省运杂费用,利于贸易开展;四是实现"门到门"运输的有效途径。

2015年7月,交通运输部、国家发改委联合下发《关于开展多式联运示范工程的通知》,决定开展多式联运示范工程建设,对试点工作目标和任务分工进行了明确。2016年6月,交通运输部与国家发改委联合公布了第一批多式联运示范工程项目,共有驮背运输(公铁联运)示范工程、河北省"东部沿海—京津冀—西北"通道集装箱海铁公多式联运示范工程、大连东北亚国际航运中心"亚太—东北地区"通道集装箱海铁公多式联运示范工程等16个示范工程。

(三)无车承运人

公路货运市场以承运人的名义承揽货源,与货主方签订运输合同,然后无车承运人将货源外包给实际承运人,并与实际承运人签订运输合同,由实际承运人按照无车承运人的要求完成运输服务。

无车承运人通过联合小、散、弱的运输企业形成稳定合作关系,从而可以更好地满足货主(托运人)的需求,同时也可以为运输企业争取更合理的运价,有利于运输企业专注于运输环节,实现专业化分工,提升了运输市场的运作效率。在"互联网+"背景下,无车承运人利用信息技术平台整合车源和货源,进行有效匹配和高效运作,通过网络产生用户黏性,以运力整合和增值服务创造价值。通过合理配置资源和精细组织,低成本、高质量及高效率完成客户专业化与个性化的需求,为客户提供完整物流解决方案或供应链优化方案。

2016年9月,交通运输部办公厅印发了《关于推进改革试点加快无车承运物流创新发展的意见》,决定开展无车承运人试点工作,对无车承运人的试点范围、试点内容、试点组织和工作要求进行了部署。2016年10月至11月为启动阶段,2016年12月至2017年11月为实施阶段,2017年12月为总结评估阶段。

第二节 道路货物运输经营许可管理

县级道路运输管理机构负责实施本行政区域内道路普通货物运输、道路货物专用运输、道路大型物件运输的行政许可。

未设县级道路运输管理机构的,由上一级的道路运输管理机构负责实施本行政区域内道路普通货物运输、道路货物专用运输和道路大型物件运输的行政许可。

一、道路货物运输经营许可条件

道路运输管理机构受理普通货物运输、道路货物专用运输、道路大型物件运输及危险货物运输增加普通货运经营许可申请,应当审查申请人是否具备以下条件。

(1)有与其经营业务相适应并经检测合格的运输车辆。

①车辆技术要求应当符合《道路运输车辆技术管理规定》有关规定。

②车辆其他要求:从事大型物件运输经营的,应当具有与所运输大型物件相适应的超重型车组;从事冷藏保鲜、罐式容器等专用运输的,应当具有与运输货物相适应的专用容器、设备、设施,并固定在专用车辆上;从事集装箱运输的,车辆还应当有固定集装箱的转锁装置。

(2)有符合规定条件的驾驶人员。

驾驶人员应满足的规定条件为:①取得与驾驶车辆相应的机动车驾驶证;②年龄不超过60周岁;③经设区的市级道路运输管理机构对有关道路货物运输法规、机动车维修和货物及装载保管基本知识考试合格,并取得从业资格证。

(3)有健全的安全生产管理制度。其包括安全生产责任制度、安全生产业务操作规程、安全生产监督检查制度、驾驶员和车辆安全生产管理制度等。

二、道路货物运输经营许可程序

(一)道路货物运输经营申请

申请从事道路货物运输经营的,应当依法向工商行政管理机关办理有关登记手续后,向县级道路运输管理机构提出申请,并提供以下材料:

(1)《道路货物运输经营申请表》;

(2)负责人身份证明,经办人的身份证明和委托书;

(3)机动车辆行驶证、车辆技术等级评定结论复印件,拟投入运输车辆的承诺书(承诺书应当包括车辆数量、类型、技术性能、投入时间等内容);

(4)聘用或者拟聘用驾驶员的机动车驾驶证、从业资格证及其复印件;

(5)安全生产管理制度文本;

(6)法律、法规规定的其他材料。

(二)申请材料形式审查及处置

道路运输管理机构应当按照以下要求对申请材料的完整性、真实性进行审查并做相应处置。

(1)申请材料不齐全或者不符合法定形式的,应当要求申请人当场补全或者更正;当场不能补全或者更正的,应当场或在5个工作日内出具注明日期且加盖道路运输管理机构专用印章的《交通行政许可申请补正通知书》,并一次性告知需补正的全部内容。

(2)申请材料齐全有效的,应出具《交通行政许可申请受理通知书》。

(3)申请事项依法不需要取得行政许可或申请事项依法不属于本级道路运输管理机构职权范围的,应出具《交通行政许可申请不予受理决定书》。

(三)许可决定

道路运输管理机构对申请人提交的材料进行审查后,应当自受理之日起20个工作日内,根据公开、公平、公正的原则,经集体研究讨论,做出许可或不予许可的决定,当场做出许可决定的项目除外。

(1)对符合法定条件的道路货物运输经营申请做出准予行政许可决定的,向申请人出具《道路货物运输经营许可决定书》,明确许可事项。

(2)对不予行政许可的,向申请人出具《不予交通行政许可决定书》,并说明理由。

(3)因故需要延长许可申请处理时间的,须经道路运输管理机构负责人批准,向申请人出具《延长交通行政许可期限通知书》,并说明理由,但延长时间不得超过10个工作日。

第三章 道路货物运输及货运站场管理

（四）道路运输经营许可证发放

道路运输管理机构在做出行政许可决定后,应当在10个工作日内向被许可人发放《道路运输经营许可证》,并在《道路运输经营许可证》上注明经营范围。《道路运输经营许可证》实行"一户一证",坚持"谁许可、谁核发《道路运输经营许可证》"的原则。

对已取得道路危险货物运输经营许可的,县级道路运输管理机构负责实施新增的道路货运许可,做出许可决定后,由原发证机关在其《道路运输经营许可证》的"经营范围"一栏中增加新的许可事项。

（五）监督履行投入车辆承诺

被许可人做出投入车辆承诺的,道路运输管理机构应当监督其按照承诺书的承诺期限投入运输车辆。车辆投入时限不得超过自取得道路运输经营许可证之日起180天。超过承诺期限未投入车辆的,许可证件自动失效,道路运输管理机构应当注销其相应的道路运输经营许可,收回《道路运输经营许可证》,并在媒体公告。

（六）配发《道路运输证》

道路运输管理机构应当核实被许可人投入的车辆,符合条件的,配发《道路运输证》。

1）道路货物运输经营者应向道路运输管理机构提供以下材料：

(1)《道路运输证申领登记表》；

(2)《道路运输经营许可证》副本；

(3) 机动车行驶证及复印件；

(4) 机动车登记证书；

(5) 机动车综合性能检测合格证明；

(6) 驾驶员信息；

(7) 车辆燃料消耗量达标车型参数及配置核查表；

(8) 重型货车、半挂牵引车还应提供车辆生产企业随车附带安装使用的具有行驶记录功能的卫星定位装置的证明。

此外,还要求能在全国道路货运车辆公共监管与服务平台（www.gghypt.net）上查询投入车辆的基本信息和实时卫星定位信息。

2）道路运输管理机构审核道路运输经营者提供的申请材料和已运营企业新增车辆,查验该道路运输经营者的车辆年审、从业人员考核、企业信誉考核及遵章经营情况,无未处理违规违章的,予以办理相关手续,为新增车辆配发《道路运输证》,同时将相关材料存入车辆管理档案中。

3）新增货物运输车辆有关手续办理结束后,道路运输管理机构应当监督道路运输经营者建立车辆技术档案。

第三节　道路货运站场经营许可管理

县级道路运输管理机构负责本行政区实施道路货运站场经营许可。未设县级道路运输管理机构的，由上一级的道路运输管理机构负责实施本行政区内道路货运站场的行政许可。

一、道路货运站场经营许可条件

申请从事道路货运站场经营的，应当具备以下条件：
（1）有与其经营规模相适应的货运站房、生产调度办公室、信息管理中心、仓库、仓储库棚、场地和道路等设施，并经有关部门组织的工程竣工验收合格；
（2）有与其经营规模相适应的安全、消防、装卸、通讯、计量等设备；
（3）有与其经营规模、经营类别相适应的管理人员和专业技术人员；
（4）有健全的业务操作规程和安全生产管理制度。

二、道路货运站场经营许可程序

（一）要求提供的申请材料

申请从事货运站经营的，应当依法向工商行政管理机关办理有关登记手续后，向县级道路运输管理机构提出申请，并提供以下材料：
（1）《道路货物运输站（场）经营申请表》；
（2）负责人身份证明，经办人的身份证明和委托书；
（3）经营道路货运站的土地、房屋的合法证明；
（4）货运站竣工验收证明；
（5）与业务相适应的专业人员和管理人员的身份证明、专业证书以及业务操作规程和安全生产管理制度文本。

（二）申请材料形式审查及处置

道路运输管理机构应当对申请材料的完整性、真实性进行审核。
（1）申请材料不齐全或者不符合法定形式的，应当要求申请人当场补全或者更正，当场不能补全或者更正的，应当场或在 5 个工作日内出具注明日期且加盖道路运输管理机构专用印章的《交通行政许可申请补正通知书》，并一次性告知需补正的全部内容。
（2）申请材料齐全有效的，应出具《交通行政许可申请受理通知书》。
（3）申请事项依法不需要取得行政许可（备案）或申请事项依法不属于本级道路运输管理机构职权范围的，应当出具《交通行政许可申请不予受理决定书》。

（三）行政许可前的审查

道路运输管理机构受理申请后，应当派 2 名以上工作人员到现场，对申请人从事道路货运站场经营的有关法定条件和所提供申请材料的真实性进行核查。

（四）许可决定

道路运输管理机构受理道路货运站场经营申请后，应当自受理之日起15个工作日内做出许可或者不予许可的决定。

（1）符合法定条件的，道路运输管理机构应当做出准予行政许可决定，向申请人出具《道路货物运输站场经营许可决定书》，明确许可事项。许可事项为经营者名称、站场地址、经营范围。

（2）不符合法定条件的，道路运输管理机构应当做出不予许可决定，向申请人出具《不予交通行政许可决定书》，并说明理由。

（3）因需要延长许可办理时间的，经道路运输管理机构负责人批准，向申请人出具《延长交通行政许可期限通知书》，并说明理由，但延长时间不得超过10个工作日。

（五）行政许可公告

道路运输管理机构做出行政许可决定后，应当在其网站或办公场所予以公布，接受社会监督，方便公众查阅。

（六）道路货运站场经营许可证件发放

道路运输管理机构对符合条件的道路货运站场经营申请做出准予行政许可决定的，应当在10个工作日内向被许可人发放《道路运输经营许可证》，并在《道路运输经营许可证》上注明经营事项范围。

第四节　道路货物运输管理

一、道路货物运输车辆管理

（一）车辆技术管理要求

（1）道路运输管理机构应当督促道路货物运输经营者建立车辆技术管理制度，按照《汽车维护、检测、诊断技术规范》（GB 18344—2001）等有关标准对货物运输车辆进行定期维护和检测，确保货物运输车辆技术状况良好。

（2）道路运输管理机构应当督促道路货物运输经营者每年按时到符合国家标准要求的机动车综合性能检测站进行检测，并依据检测报告，对照《营运车辆技术等级划分和评定要求》（JT/T 198—2016）评定车辆技术等级。

（3）道路运输管理机构不再要求挂车进行二级维护强制保养和综合性能检测。

（二）道路货物运输车辆审验

道路货物运输车辆实施定期审验制度，审验工作由县级以上道路运输管理机构实施。

1. 审验时间

道路货物运输车辆每年审验一次，具体审验时间由各省自行确定。

2. 审验内容

审验内容包括：

（1）车辆技术状况；

（2）车辆年检状况；

（3）定期维护和检测情况；

（4）车辆结构及尺寸变动情况；

（5）违规违章情况；

（6）重型货运车辆、半挂牵引车安装使用具有行驶记录功能的卫星定位装置，并能在全国道路货运车辆公共监管与服务平台（www.gghypt.net）上查询车辆基础信息和实时卫星定位信息；

（7）其他按规定需审验的内容。

3. 审验程序

（1）道路货物运输经营者应按照规定填写《道路运输车辆审验表》。

（2）车辆按规定进行综合性能检测。

（3）检测合格的车辆，且其他设施、设备完好，没有违法违规未处理记录，道路运输管理机构应当在《道路运输证》"车辆审验及技术等级记录"栏内加盖注有相应车辆技术等级的年度审验专用章；车辆技术等级不适应所从事运输业务的，应当责令限期改正，或者变更从事其他运输业务。

（4）车辆技术等级达不到三级要求的，应责其退出运输市场，注销其《道路运输证》。

（5）审验结束后，道路运输管理机构应当按其管理权限，及时整理审验资料并存入车辆管理档案。有违章情形的车辆应将违章情况记录业户管理档案，作为企业质量信誉考核依据。

（三）车辆技术档案管理要求

道路运输管理机构应当监督道路货物运输经营者按照"一车一档"原则，建立道路货物运输车辆技术档案。车辆技术档案内容包括：

（1）车辆基本情况，包括机动车行驶证、车辆登记证书复印件、《道路运输证》复印件及车辆照片等；

（2）主要部件更换记录；

（3）修理和二级维护记录（含出厂合格证）；

（4）技术等级评定记录；

（5）车辆变更记录；

（6）行驶里程记录；

（7）交通事故记录；

（8）车辆审验记录；

（9）其他按规定要求归档的资料。

二、道路货物运输企业质量信誉考核

(一)考核时间

道路运输管理机构应当每年对道路货物运输企业进行质量信誉考核。考核工作由省级道路运输管理机构有计划的统一组织开展,市级和县级道路运输管理机构根据管理职责、权限负责具体实施。

(二)考核步骤

1. 质量信誉考核资料的申报

道路货物运输企业应当向负责具体管理的道路运输管理机构申请质量信誉考核,并按计划规定的时间完成自查,将自查的详细情况、分数及结果一并报送道路运输管理机构。报送时,同时提供下列材料。

(1)《道路货运企业经营信誉考核申请》《道路运输业户营运车辆汇总表》《道路运输业户从业人员汇总表》。

(2)相关证照,包括企业营业执照、道路运输经营许可证、上年度末企业在册的营运货车相关证件、从业人员相关证件等。

(3)《道路运输生产事故报告表》和事故责任认定书(无相应事故可不提供)。

(4)安全生产标准化达标等级证书。

(5)自查报告。自查报告的内容包括:①违章经营情况,包括违章次数,每次违章经营的时间、地点、车辆、责任人、违章事实、查处机关及行政处罚决定书等;②服务质量情况,包括每次服务质量投诉的投诉人、投诉内容、投诉方式、营运车辆车牌号、责任人、受理机关、曝光媒体名称、社会影响及核查处理情况等;③完成政府指令性运输任务的情况,包括下达任务的部门、完成任务的时间、投入运力数量、完成运量及是否符合要求等情况;④企业稳定情况,包括群体事件次数,每次影响社会稳定事件的时间、主要原因、事件经过、参加人数、上访部门、社会影响及处理情况等;⑤企业管理情况,包括安装使用具有行驶记录功能的卫星定位装置并接入全国道路货运车辆公共监管与服务平台(www.gghypt.net)的营运车辆数量及车牌号,车辆喷涂统一标识和外观,企业服务人员统一着装情况以及获得省、部级以上荣誉称号的情况;⑥行业自律情况(行业协会出具的相关证明材料)。

在异地设有分公司的道路货物运输企业,在提交材料时应同时提交分公司的《道路运输业户营运车辆汇总表》《道路运输业户从业人员汇总表》和分公司所在地县级或设区的市级道路运输管理机构出具的《道路运输质量信誉考核年度考核结果》复印件。分公司所在地县级或设区的市级道路运输管理机构应当对所出具的分公司质量信誉确认结果负责。

(6)自查整改措施及结果材料。

2. 质量信誉考核初评

道路货物运输企业所在地县(区)级道路运输管理机构应当根据道路货物运输企

业日常监管档案及运政系统记录的相关情况,对道路货物运输企业报送的质量信誉情况进行核实。发现不一致的,应要求企业进行说明或组织调查。对于安全生产标准化考评不达标企业,按照相关文件要求,停业整顿;对于整顿不合格的,注销经营资质。

核实结束后,应根据各项考核指标的初步结果进行打分,将打分结果及各项考核数据报市级道路运输管理机构。

道路运输企业所在地为设区的市的,由所在地设区的市级道路运输管理机构对道路货物运输企业质量信誉考核情况进行复核并初评。

3. 公示及评定

初评结束后,设区的市级道路运输管理机构出具《道路运输企业经营信誉考核结果(初评)通知书》,将道路运输企业的各项考核指标数据和所得分数、初评结果书面通知被考核道路货物运输企业,并在当地主要新闻媒体或本机构网站上进行为期15天的公示。被考核企业或者其他单位、个人对公示结果有异议的,可在公示期内向设区的市道路运输管理机构书面申诉或者举报。

公示结束后,设区的市级道路运输管理机构应当对企业的申诉和社会反映的情况进行调查核实,根据各项指标的最终考核结果对企业的质量信誉等级进行评定,并将评定结果报省级道路运输管理机构。

4. 公告

省级道路运输管理机构对道路货物运输企业质量信誉考核结果进行核查后,于6月30日前在本机构网站或交通运输主管部门网站上公布上一年度道路货物运输企业质量信誉考核结果。道路货物运输质量信誉等级分为优良、合格、基本合格和不合格,分别用AAA级、AA级、A级和B级表示。

道路货物运输企业下设的分公司与总公司一起进行质量信誉考核,子公司的质量信誉等级由其所在地道路运输管理机构单独评定。

三、道路货物运输市场监督检查

道路运输管理机构应当加强道路货物运输管理,规范经营行为,维护公平竞争,保护各方当事人的合法权益:

(1)查处违反道路货物运输经营许可的行为;

(2)查处违反道路货物运输经营规范的行为;

(3)查处违反车辆管理规定的行为;

(4)查处违反道路货物运输从业人员管理规定等行为。

四、企业日常监管档案管理

道路运输管理机构应当建立道路货物运输企业日常监管档案。企业日常监管档案应包括以下内容:

(1)道路货物运输企业质量信誉考核资料;

(2)年度审验资料;
(3)从业人员质量信誉考核资料;
(4)违法行为记录;
(5)安全生产标准化建设情况;
(6)安全生产检查情况;
(7)其他日常监管材料。

第五节　道路货运站场管理

一、道路货运站场日常监督管理

道路运输管理机构应当加强对道路货运站场经营活动的监督检查,根据道路货运站(场)经营方式的不同,督促道路货运站场经营遵守以下规定。

(1)按照经营许可证核定的许可事项经营,不得随意改变货运站用途和服务功能。

(2)应将《道路运输经营许可证》《企业法人营业执照》《市场登记证》《税务登记证》等有关证照集中、规范悬挂于办公场所明显位置。

(3)应在其经营场所公布收费项目和收费标准,应设立公告栏,公布交通、工商、税务部门投诉监督电话,服务承诺以及安全、卫生等各项管理制度。

(4)所聘用的从业人员的资质应与其所承担的工作要求相一致。

(5)向服务对象提供的货运信息应真实、准确。

(6)货运站经营者不得超限、超载配货;不得为无道路运输经营许可证或证照不全者提供服务;不得违反国家有关规定,为运输车辆装卸国家禁运、限运的物品。

(7)依法加强安全管理,健全和落实安全生产责任制。落实出站车辆安全检查工作,并予以登记。

(8)应在站内醒目位置设置导向、疏散、提示、警告、限制、禁止等安全标志,并定期对各类安全标志进行检查和维修,保证完好。

(9)对所有受理货物进行核验,确保其真实性,不得受理或组织运输法律、行政法规禁运的货物。

(10)不得存放、包装、搬运、装卸危险货物。

(11)应按照规定的业务操作规程进行货物的搬运装卸。

(12)应建立健全车辆进出、装载、配载登记、统计制度和档案,并按规定向道路运输管理机构报送相关信息。

(13)应制定完善突发公共事件的应急预案,应急预案应当包括报告程序、应急指挥、应急车辆和设备的储备以及处置措施等,并报送道路运输管理机构和相关部门备案;每年至少进行2次应急培训和演练。如遇突发公共卫生事件、国防战备应急、抢险救灾、交通拥挤等情况,应无条件执行应急指挥机关的命令。

(14)应保持站场内清洁卫生,对经营业务产生的噪声、振动、废气等污染采取相应控制措施,使其达到国家和交通运输行业相关环保要求。

(15)道路运输管理机构根据需要驻站检查的,货运站应提供必要的驻站条件。

(16)应为道路运输管理机构及其工作人员的工作提供支持,不得有阻挠、推诿或其他干扰日常监管工作的行为。

(17)应当建立服务质量投诉受理制度,及时受理投诉、举报,并协助相关部门进行调查、处理。

二、道路货运站场质量信誉考核

道路货运站场企业质量信誉考核工作参照货物运输企业质量信誉考核工作进行,由省级道路运输管理机构统一组织开展,市级和县级道路运输管理机构根据管理职责、权限负责具体实施。

三、道路货运站场管理档案

道路运输管理机构应当建立道路货运站场管理许可档案及日常监管档案,具体包括以下内容。

(一)许可档案

许可档案包括:

(1)《道路货物运输站场经营申请表》;

(2)投资人、负责人身份证明,经办人的身份证明和委托书;

(3)经营货运站场的土地、房屋的合法证明复印件;

(4)道路货运站场竣工验收证明复印件;

(5)与业务相适应的专业人员和管理人员的身份证明、专业证书复印件;

(6)业务操作规程和安全生产制度文本;

(7)需补全或更正申请材料的,存档《交通行政许可申请补正通知书》;

(8)《交通行政许可受理通知书》;

(9)道路运输管理机构业务审批表;

(10)《道路货物运输站场经营行政许可决定书》;

(11)道路运输行政许可文书(证件)送达回证;

(12)《道路运输经营许可证》(正、副本)复印件;

(13)《工商营业执照》和《税务登记证》复印件;

(14)安全、消防、装卸、计量、安全检测、监控等相关设备、设施的检测合格报告;

(15)变更记录资料;

(16)其他需存档的材料。

(二)日常监管档案

日常监管档案包括：

(1)道路货运站质量信誉考核资料；

(2)安全生产标准化建设材料；

(3)从业人员资料；

(4)其他日常监管材料。

第四章 危险货物道路运输管理

危险货物道路运输是道路货物运输的重要组织部分。近年来,我国危险货物道路运输安全生产重特大事故时有发生,尤其是山西"3·1"特别重大道路交通危化品燃爆事故、湖南"7·19"特别重大道路交通运输事故发生以来,危险货物道路运输安全问题引起了国家的高度重视和社会广泛的关注。由于危险货物道路运输专业性、技术性比较强,安全问题较为突出,直接关系到人民群众的生命安全、环境安全和财产安全,本书单独用一章来阐述危险货物道路运输管理。

第一节 概 述

一、危险货物道路运输的概念和分类

(一)危险货物的概念

1. 危险货物的定性表述

危险货物是指"具有爆炸、易燃、毒害、感染、腐蚀、放射性等危险特性,在运输、储存、生产、经营、使用和处置中,容易造成人身伤亡、财产损毁或环境污染而需要特别防护的物质和物品"。这个定义,是对危险货物的定性表述,强调了对危险货物的性质、危险后果及特别防护三方面的要求。以下3个要求缺一不成为危险货物。

(1)具有爆炸、易燃、毒害、感染、腐蚀、放射性等危险特性。本定义非常具体地指明了危险货物本身所具有的特殊的性质,是造成火灾、灼伤、中毒等事故的先决条件。

(2)容易造成人身伤亡、财产损毁或环境污染。本定义指出了危险货物在一定条件下,由于受热、明火、摩擦、振动、撞击、洒漏或与性质相抵触物品接触等,发生化学变化所产生的危险效应。这不仅使货物本身遭到损失,更严重的是危及人身安全、破坏周围环境。

(3)在运输、储存、生产、经营、使用和处置中需要特别防护。这里所说的特别防护,不仅是一般运输普通货物必须做到的轻拿轻放、谨防明火,而且是要针对各种危险货物本身的特性所必须采取的"特别"防护措施。例如,有的爆炸品需添加抑制剂;有的有机过氧化物需控制环境温度。大多数危险品的包装和配载都有特定的要求。

2. 危险货物的定量表述

危险货物的定量表述,也就是如何确定货物属于危险货物。《道路危险货物运输管理规定》(交通运输部令2013年第2号)第三条规定"危险货物以列入国家标准《危

险货物品名表》(GB 12268)❶的为准",即凡是《危险货物品名表》(GB 12268—2012)列名的货物,均为危险货物。

(二)危险货物的分类

物质的理化性质是决定物质是否具有燃烧、爆炸或其他危害性的重要因素。例如,有些物质本身的原子比较活泼,能在常温下与空气中的氧进行反应,并放出热能;有些物质能与水进行反应,置换出氢气,在常温下反应也极为剧烈;有的物质有氧化性或还原性;有的在常温下是气态的物质,与空气混合能形成易燃易爆的混合蒸气;有的物质是液态或固态,但暴露在空气中,遇明火极易燃烧;还有的物质本身就不稳定,当受热、振动或摩擦时极易分解导致危害;有的物质具有毒性等。危险货物种类繁多,性质各异,有的还相互抵触。因此,危险货物是一个总称。为了保证储运安全,运输方便,有必要根据各种危险货物的主要特性对危险货物进行分类。

在《危险货物分类和品名编号》(GB 6944—2012)4.1.1"类别和项别"中,首先明确了"按危险货物具有的危险性或最主要的危险性分为 9 个类别",类别如下。

第 1 类:爆炸品。

第 2 类:气体(旧标准为压缩气体和液化气体)。

第 3 类:易燃液体。

第 4 类:易燃固体、易于自燃的物质、遇水放出易燃气体的物质(旧标准为易燃固体、自燃物品和遇湿易燃物品)。

第 5 类:氧化性物质和有机过氧化物(旧标准为氧化剂和有机过氧化物)。

第 6 类:毒性物质和感染性物质(旧标准为毒害品和感染性物品)。

第 7 类:放射性物质(旧标准为放射性物品)。

第 8 类:腐蚀性物质(旧标准为腐蚀品)。

第 9 类:杂项危险物质和物品,包括危害环境物质(旧标准为杂类)。

鉴于《危险品条例》第九十七条"用爆炸物品、烟花爆竹、放射性物品、核能物质以及用于国防科研生产的危险化学品的安全管理,不适用本条例"和《道路危险货物运输管理规定》(交通运输部令 2013 年第 2 号)第二条"法律法规对民用爆炸物品、烟花爆竹、放射性物品等特定种类危险货物的道路运输另有规定的,从其规定"的有关要求,且考虑到交通运输部已经根据《放射性物品运输安全管理条例》(国务院令第 562 号),制定了《放射性物品道路运输管理规定》(交通运输部令 2010 年第 6 号,自 2011 年 1 月 1 日起施行)。故在我国道路货物运输业内提及的"危险货物道路运输",不再涉及放射性物品道路运输。

危险货物的分类,主要是依据危险货物具有的危险性或最主要的危险性。在其具体命名时,有的是根据货物的物理性质;有的是根据货物的化学性质(如氧化性物质

---

❶ 本教材所涉及《危险货物品名表》(GB12268)的内容,均为 2012 年版的内容;标准以最新年号(版)为准。今后《危险货物品名表》(GB12268)如有修订,将以新版标准为准。

和腐蚀性物质);有的是结合货物的物理和化学性质(如易燃液体和易燃固体);还有的是根据货物对人身伤害的情况(如毒性物质)。总之,哪一种特性在运输的危险中居主导地位,就把该货物归为那一类危险货物。上述的分类标准,并不是相互排斥的,大多数危险货物都兼有两种以上的性质。因此,在注意到某种货物的主要特性时,还必须注意到该货物的其他性质。

二、危险货物运输管理的重要性

(1)危险货物不能当成普通货物运输,因为它具有易发生事故的特性。

(2)危险货物不是任何运输企业都能运输(特别是个体运输户更不能承担运输),因为运输危险品的运输企业需要具备特殊的运输条件和掌握危险货物性质的能力。

(3)危险品货物不是任何车辆都能运,根据不同的危险品,需要配置不同装置的专用车辆,并且技术状况要求更加严格,必须做到万无一失。

(4)危险货物绝不能与普通货物混装,因此必须加强管理,严禁危险货物混装运输。

(5)危险货物自身稳定性处于一定的临界点,在储存和运输中,要有严格规定和特殊要求,稍有偏离、疏忽或操作错误、防范不当,就会发生事故,而危险货物一旦发生事故,往往具有灾难性,损失巨大,伤亡惨重,影响极大。

第二节 危险货物道路运输经营条件

(一)经营性道路危险货物运输许可条件

申请从事经营性道路危险货物运输的,设区的市级道路运输管理机构应当审查申请人是否具备以下条件。

1)有符合下列要求的专用车辆及设备。

(1)自有专用车辆(挂车除外)5辆以上;运输剧毒化学品、爆炸品的,自有专用车辆(挂车除外)10辆以上。

(2)专用车辆的技术要求应当符合《道路运输车辆技术管理规定》有关规定。

(3)配备有效的通讯工具。

(4)专用车辆应当安装具有行驶记录功能的卫星定位装置。

(5)运输剧毒化学品、爆炸品、易制爆危险化学品的,应当配备罐式、厢式专用车辆或者压力容器等专用容器。

(6)罐式专用车辆的罐体应当经质量检验部门检验合格,且罐体载货后总质量与专用车辆核定载质量相匹配。运输爆炸品、强腐蚀性危险货物的罐式专用车辆的罐体容积不得超过20立方米,运输剧毒化学品的罐式专用车辆的罐体容积不得超过10立方米,但符合国家有关标准的罐式集装箱除外。

(7)运输剧毒化学品、爆炸品、强腐蚀性危险货物的非罐式专用车辆,核定载质量不得超过10吨,但符合国家有关标准的集装箱运输专用车辆除外。

(8)配备与运输的危险货物性质相适应的安全防护、环境保护和消防设施设备。

2)有符合下列要求的停车场地。

(1)自有或者租借期限为3年以上,且与经营范围、规模相适应的停车场地,停车场地应当位于企业注册地市级行政区域内。

(2)运输剧毒化学品、爆炸品专用车辆以及罐式专用车辆,数量为20辆(含)以下的,停车场地面积不低于车辆正投影面积的1.5倍;数量为20辆以上的,超过部分,每辆车的停车场地面积不低于车辆正投影面积。运输其他危险货物的,专用车辆数量为10辆(含)以下的,停车场地面积不低于车辆正投影面积的1.5倍;数量为10辆以上的,超过部分,每辆车的停车场地面积不低于车辆正投影面积。

(3)停车场地应当封闭并设立明显标志,不得妨碍居民生活和威胁公共安全。

3)有符合下列要求的从业人员和安全管理人员。

(1)专用车辆的驾驶人员取得相应机动车驾驶证,年龄不超过60周岁。

(2)从事道路危险货物运输的驾驶人员、装卸管理人员、押运人员应当经所在地设区的市级人民政府交通运输主管部门考试合格,并取得相应的从业资格证;从事剧毒化学品、爆炸品道路运输的驾驶人员、装卸管理人员和押运人员,应当经考试合格,取得注明为"剧毒化学品运输"或者"爆炸品运输"类别的从业资格证。

(3)企业应当配备专职安全管理人员。

4)有健全的安全生产管理制度。

(1)企业主要负责人、安全管理部门负责人和专职安全管理人员安全生产责任制度。

(2)从业人员安全生产责任制度。

(3)安全生产监督检查制度。

(4)安全生产教育培训制度。

(5)从业人员、专用车辆、设备及停车场地安全管理制度。

(6)应急救援预案制度。

(7)安全生产作业规程。

(8)安全生产考核与奖惩制度。

(9)安全事故报告、统计与处理制度。

(二)非经营性道路危险货物运输许可条件

非经营性道路危险货物运输是指使用自备专用车辆为本单位运输危险货物的行为。

非经营性道路危险货物运输许可除应当具备道路危险货物运输经营许可的条件外,还应当是省级以上安全生产监督管理部门批准设立的生产、使用、储存危险化学品的企业或有特殊需求的科研、军工等企事业单位,自有专用车辆的数量可以少于5辆。

第三节　危险货物道路运输经营许可程序

一、要求提交的申请材料

道路运输管理机构对申请从事道路危险货物运输经营或从事非经营性道路危险货物运输的，应当要求申请人提供相关材料。

1）申请从事经营性道路危险货物运输的，应当提供以下材料。

（1）《道路危险货物运输申请表》，包括申请人基本信息、申请运输的危险货物范围（类别、项别或品名，如果为剧毒化学品应当标注"剧毒"）等内容。

（2）拟担任企业法定代表人的投资人或者负责人的身份证明及其复印件，经办人身份证明及其复印件和书面委托书。

（3）企业章程文本。

（4）证明专用车辆、设备情况的材料。①未购置专用车辆、设备的，应当提交拟投入专用车辆、设备承诺书。承诺书内容应当包括车辆数量、类型、技术等级、总质量、核定载质量、车轴数以及车辆外廓尺寸；通讯工具和卫星定位装置配备情况；罐式专用车辆的罐体容积；罐式专用车辆罐体载货后的总质量与车辆核定载质量相匹配情况；运输剧毒化学品、爆炸品、易制爆危险化学品的专用车辆核定载质量等有关情况。承诺期限不得超过1年。②已购置专用车辆、设备的，应当提供车辆行驶证、车辆技术等级评定结论；通讯工具和车辆生产企业随车附带的安装使用具有行驶记录功能的卫星定位装置证明；车辆燃料消耗量达标车型参数及配置核查表；罐式专用车辆的罐体检测合格证或者检测报告及复印件等有关材料。

（5）拟聘用专职安全管理人员、驾驶人员、装卸管理人员、押运人员的，应当提交拟聘用承诺书，承诺期限不得超过1年；已聘用的应当提交从业资格证及其复印件以及驾驶证及其复印件。

（6）停车场地的土地使用证、租借合同、场地平面图等材料。

（7）相关安全防护、环境保护、消防设施设备的配备情况清单。

（8）有关安全生产管理制度文本。

2）申请从事非经营性道路危险货物运输的，除提交上款第（4）项至第（8）项规定的材料外，还应当提供以下材料。

（1）《道路危险货物运输申请表》，包括申请人基本信息、申请运输的物品范围（类别、项别或品名，如果为剧毒化学品应当标注"剧毒"）等内容。

（2）以下形式之一的单位基本情况证明。①省级以上安全生产监督管理部门颁发的危险化学品生产、使用等证明；②能证明科研、军工等企事业单位性质或者业务范围的有关材料。

（3）特殊运输需求的说明材料。

(4)经办人的身份证明及其复印件以及书面委托书。

二、申请材料审查

设区的市级道路运输管理机构应当按照以下要求对申请材料的完整性、真实性进行审查。

(1)申请材料不齐全或者不符合法定形式的,应当要求申请人当场补全或者更正;当场不能补全或者更正的,应当场或在5个工作日内出具注明日期且加盖道路运输管理机构专用印章的《交通行政许可申请补正通知书》,并一次性告知需补正的全部内容。

(2)申请材料齐全有效的,应出具《交通行政许可申请受理通知书》。

(3)申请事项依法不需要取得行政许可或申请事项依法不属于本级道路运输管理机构职权范围的,应出具《交通行政许可申请不予受理决定书》。

三、现场勘查

受理申请的道路运输管理机构应当派2名以上工作人员到提交申请的企业或单位实地核查,对照申请人提交的材料现场核实有关情况。

四、许可决定

道路运输管理机构应当自受理之日起20个工作日内,按照公开、公平、公正的原则,经集体研究讨论,做出许可或不予许可的决定。

(1)决定准予许可的,应当予以公示,以书面形式告知县级(所在地)道路运输管理机构,并向被许可人出具《道路危险货物运输行政许可决定书》,注明许可事项,具体内容应当包括运输危险货物的类别、项别或品名(如果为剧毒化学品应当标注"剧毒"),专用车辆数量及要求、运输性质。

(2)决定不予许可的,应当向申请人出具《不予交通行政许可决定书》,并说明理由。

(3)因需要延长许可申请处理时间的,须经道路运输管理机构负责人批准,向申请人出具《延长交通行政许可期限通知书》,并说明理由,但延长时间不得超过10个工作日。

五、《道路运输经营许可证》及《道路危险货物运输许可证》发放

道路运输管理机构应当凭《道路危险货物运输行政许可决定书》在10个工作日内向道路危险货物运输经营申请人核发《道路运输经营许可证》,向非经营性道路危险货物运输申请人核发《道路危险货物运输许可证》。

被许可人已获得其他道路运输经营许可的,设区的市级道路运输管理机构应当为其换发《道路运输经营许可证》,并在经营范围中加注新许可的事项。如果原《道路运

输经营许可证》是由省级道路运输管理机构发放的,由原许可机关按照上述要求予以换发。

六、监督被许可人履行投入专用车辆、设备和相关人员承诺

被许可人应当按照承诺期限落实拟投入专用车辆、设备,原许可机关应当对被许可人落实的专用车辆、设备予以核实,对符合许可条件的专用车辆配发《道路运输证》,并在《道路运输证》经营范围栏内注明允许运输的危险货物类别、项别或者品名,如果为剧毒化学品应标注"剧毒";对从事非经营性道路危险货物运输的车辆,还应当加盖"非经营性危险货物运输专用章"。

被许可人未在承诺期限内落实专用车辆、设备的,原许可机关应当撤销许可决定,收回已核发的许可证明文件及在电子信息系统中注销。

被许可人应当按照承诺期限落实拟聘用的专职安全管理人员、驾驶人员、装卸管理人员和押运人员。

被许可人未在承诺期限内按照承诺聘用专职安全管理人员、驾驶人员、装卸管理人员和押运人员的,原许可机关应当撤销许可决定,收回已核发的许可证明文件并在电子信息系统中注销。

七、配发《道路运输证》

道路危险货物运输企业或非经营性的道路危险货物运输单位应向道路运输管理机构提供以下材料:

(1)《道路运输证申领登记表》;

(2)车辆行驶证、车辆综合性能检测技术合格证明;

(3)通讯工具配备证明;

(4)车辆生产企业随车附带的安装使用具有行驶记录功能的卫星定位装置证明,并能在全国重点营运车辆联网联控系统(所在地的监管平台)上查询车辆的基本信息和实时卫星定位信息;

(5)罐式专用车辆的罐体检测合格证或者检测报告及复印件;

(6)罐式专用车辆罐体载货后的总质量与车辆核定载质量相匹配证明;

(7)车辆燃料消耗量达标车型参数及配置核查表;

(8)车辆承运人责任险证明、从业人员身份证明及从业资格证明复印件等有关材料。

道路运输管理机构对运输企业所提供的上述材料审核后,指派2名以上工作人员对车辆进行核实。

符合条件的予以配发《道路运输证》。《道路运输证》"经营范围"栏内注明允许运输的危险货物类别、项别或者品名,如果为剧毒化学品应标注"剧毒"。其中对从事非经营性道路危险货物运输的,应当在其《道路运输证》"备注"栏上加盖"非经营性危

险货物运输专用章"。

已运营企业新增车辆还应查验该业户的车辆年审、从业人员考核、企业信誉考核及遵章经营情况。无违规违章的予以办理相关手续,为新增车辆配发《道路运输证》,并将相关材料存入车辆管理档案中;有违章行为的,进行处理后方可办理相关手续。车辆有关手续办理结束后,道路运输管理机构应当监督道路危险货物运输经营者建立车辆技术档案。

第四节 危险货物道路运输日常监督管理

一、危险货物运输车辆和专用设备管理

(一)危险货物运输车辆管理

道路危险货物运输企业或者单位应当按照车辆技术管理的要求,维护、检测、使用和管理专用车辆,确保专用车辆技术状况良好。专用车辆应当按照《道路运输危险货物车辆标志》(GB 13392—2005)规定的要求装置标志灯、标志牌。

道路运输管理机构对车辆技术等级达不到一级的车辆,不得允许道路危险货物运输企业或单位再使用该车辆从事道路危险货物运输,对经营性危险货物运输车辆类型可从事普通货物运输的应为车辆办理《道路运输证》变更手续;对非经营性危险货物运输车辆则收回《道路运输证》。监督道路危险货物运输企业按规定安装使用具有行驶记录功能的卫星定位装置,并通过全国重点营运车辆联网联控系统(所在地的监管平台)对其进行适时监管。道路运输管理机构不再要求对挂车进行二级维护强制保养和综合性能检测。督促道路危险货物运输企业随车携带与所运危险货物相符的道路运输危险货物安全卡。监督道路危险货物运输企业按规定投保危险货物运输承运人责任险。

(二)专用设备管理

道路危险货物运输企业或者单位用于装卸危险货物的机械及工具的技术状况应当符合行业标准《汽车运输危险货物规则》(JT 617—2004)规定的技术要求。

罐式专用车辆的常压罐体应当符合国家标准《道路运输液体危险货物罐式车辆 第1部分:金属常压罐体技术要求》(GB 18564.1—2006)和《道路运输液体危险货物罐式车辆 第2部分:非金属常压罐体技术要求》(GB 18564.2—2008)等有关技术要求。使用压力容器运输危险货物的,应当符合国家特种设备安全监督管理部门制订并公布的《移动式压力容器安全技术监察规程》(TSG R0005—2011)等有关技术要求。

压力容器和罐式专用车辆应当在质量检验部门出具的压力容器或者罐体检验合格的有效期内承运危险货物。

(三)危险货物运输车辆审验

道路危险货物运输车辆实施定期审验制度,审验工作由道路运输管理机构实施。

1. 审验时间

道路危险货物运输车辆每年审验一次,具体审验时限在车辆初次办理《道路运输证》的登记月份内。

2. 审验内容

道路运输管理机构应当对危险货物运输车辆审验以下内容:

(1)车辆技术状况;

(2)定期维护和检测情况;

(3)违规违章情况;

(4)专用车辆投保危险货物承运人责任险情况;

(5)必需的应急处理器材、安全防护设施设备和专用车辆标志的配备情况;

(6)安装使用具有行驶记录功能的卫星定位装置,并能在全国重点营运车辆联网联控系统(所在地的监管平台)上查询车辆基本信息和实时卫星定位信息;

(7)企业危险货物运输罐体检查情况记录;

(8)罐式专用车辆罐体载货后的总质量与车辆核定载质量相匹配情况;

(9)其他按规定需审验的内容。

3. 审验程序

道路危险货物运输企业或非经营性道路危险货物运输单位应按照规定填写《道路危险货物运输车辆年度审验表》。车辆按规定进行综合性能检测。

(1)技术等级为一级的车辆,且没有违法违规未处理记录,道路运输管理机构应当在《道路运输证》"车辆审验及技术等级记录"栏内加盖注有相应车辆技术等级的年度审验专用章。车辆技术等级不适合所从事危险货物运输业务的,应当责令限期改正。

(2)车辆技术等级达不到一级要求的,应责令其退出危险货物运输市场,注销其《道路运输证》。

审验结束后,道路运输管理机构应当按其管理权限,及时整理审验资料并存入车辆管理档案。有违章情形的车辆应将违章情况记录业户管理档案,并作为企业质量信誉考核依据。

(四)车辆技术档案管理要求

道路运输管理机构应当监督道路危险货物运输经营者按照"一车一档"原则,建立车辆技术档案。专用车辆技术档案内容包括:

(1)机动车行驶证、《道路运输证》复印件及车辆照片、承运人责任险保险单复印件等;

(2)主要部件更换情况、修理记录;

(3)二级维护记录(含出厂合格证);

(4)技术等级评定记录;

(5)车辆变更记录;

（6）行驶里程记录；

（7）交通事故记录；

（8）车辆审验记录；

（9）通讯工具及车辆生产企业随车附带的安装使用具有行驶记录功能的卫星定位装置证明；

（10）罐体检测合格证或检测报告复印件；

（11）其他按规定要求归档的资料。

二、道路危险货物运输从业人员管理

道路危险货物运输从业人员管理包括下述几方面内容。

（1）监督从业人员在从业资格证件许可的范围内从事道路运输活动。

（2）监督从业人员从事道路运输活动时，携带相应的从业资格证件、遵守国家相关法规和道路运输安全操作规程，不违法经营、违章作业。

（3）监督道路危险货物运输企业落实从业人员按照规定填写行车日志的要求。

（4）监督道路危险货物运输装卸管理人员按照安全作业规程对道路危险货物装卸作业进行现场监管，确保装卸安全。

（5）监督道路危险货物运输押运人员对道路危险货物运输进行全程监控。

（6）监督道路危险货物运输从业人员严格按照《汽车运输危险货物规则》(JT 617—2004)和《汽车运输、装卸危险货物作业规程》(JT 618—2004)操作，不得违章作业。

（7）督促企业教育道路危险货物运输从业人员在危险货物运输过程中发生燃烧、爆炸、污染、中毒或者被盗、丢失、流散、泄漏等事故时，其驾驶人员、押运人员应当立即在现场根据应急预案和《道路运输危险货物安全卡》的要求采取应急处置措施，并向事故发生地公安部门、交通运输主管部门和本运输企业或者单位报告；运输企业或者单位接到事故报告后，应当按照本单位危险货物应急预案组织救援，并向事故发生地安全生产监督管理部门和环境保护、卫生主管部门报告。

（8）监督危险货物运输企业对其从业人员的变更到道路运输管理机构进行备案。

三、道路危险货物运输企业管理

(一) 检查监管

道路运输管理机构应当加强对道路危险货物运输企业和非经营性道路危险货物运输单位的日常监管，对企业资质、人员资格、车辆技术状况进行监督，规范运输行为。道路危险货物运输管理机构应当公布事故报告电话和举报电话。

监督道路危险货物运输企业和非经营性道路危险货物运输单位严格执行有关道路危险货物运输的国家标准或交通行业标准；查处违反道路危险货物运输许可的行为，查处未取得道路危险货物运输许可从事危险货物运输的行为；查处违反道路危险货物运输规范的行为;查处违反道路危险货物运输专用车辆管理规定的行为;查处违反道路危险货物运输从业人员管理规定的行为等。

(二)质量信誉考核

道路危险货物运输企业质量信誉考核工作参照道路货物运输企业质量信誉考核工作进行,由省级道路运输管理机构统一组织开展,设区的市级道路运输管理机构根据管理职责、权限具体实施。

四、道路危险货物运输企业日常监管档案

道路运输管理机构应当建立道路危险货物运输业户日常监管档案。业户日常监管档案应包括以下内容:

(1)道路货物运输企业质量信誉考核资料;
(2)年度审验资料;
(3)安全生产标准化建设等级达标证书;
(4)安全生产检查情况;
(5)其他日常监管材料。

放射性物品道路运输许可程序及日常监管参照道路危险货物运输执行。

第五节 危险货物道路运输标志管理

一、危险货物运输标志的种类

危险货物运输标志有危险品运输标志牌和危险品运输标志灯,其具体规定详见国家标准《道路运输危险货物车辆标志》(GB 13392—2005)。

二、危险品运输标志的作用

危险品运输标志是经营危险品货物运输的合法凭证,是运输车辆的识别标志。危险品运输标志是警告行人及驾驶人员注意防火、防爆、防漏的安全措施。危险品运输标志悬挂在车辆的明显地方,便于行人、其他车辆驾驶人员和运政管理人员识别。

三、危险品运输标志灯(牌)的内容、格式、制作、发放

危险品运输标志灯(牌)的内容包括:危险品字样、危险品警告标志"!"和标志灯光。

危险品运输标志灯(牌)的格式按交通运输部的统一规定执行。

危险品运输标志灯(牌)由各省(自治区、直辖市)道路运政管理机构按交通运输部的统一格式制作,由地市级道路运政管理机构核发。

四、危险品运输标志灯(牌)的申领及管理

1. 危险品运输标志灯(牌)的申领

凡申请从事营业性道路危险品运输的业户,经地级道路运政管理机构审核合格,在经营许可证和道路运输证加盖"危险品货物运输专用章"后,可以发给危险品运输标志灯(牌)。

非营业性的危险品货物运输业户还须经省级道路运政管理机构审核批准后,方可发给危险品运输标志灯(牌)。

2. 道路危险品运输标志灯(牌)的管理

危险品货物运输车辆必须符合国家道路危险品运输标准和交通运输部道路危险品货物运输管理的规定,方可发予道路危险品运输标志灯(牌)。每车两块标志,运输危险品时应悬挂在车前、车尾,以示警告。持标志灯(牌)的车辆,驾驶人员、管理人员、装卸人员及设备,必须符合并遵守危险品运输的有关规则。道路危险品运输业户在年审时,同时年审标志灯(牌)。

第五章　城市公共交通管理

随着城市经济的发展和城市化进程的加快,城市交通拥堵问题越来越成为社会各界所关注的焦点。面对人口、资源和环境矛盾日益突出的压力,国家加大了对公共交通的投资和政策倾斜力度,明确提出"优先发展城市公共交通是提高交通资源利用效率,缓解交通拥堵的重要手段",并以国家行政法规的形式将城市公共交通界定为公益性事业,指出必须将公共交通纳入公共财政体系,将优先发展城市公共交通作为节能降耗和保护环境的一项重要举措。公共交通因其人均占用道路空间资源最少,具有节能减污优势,成为城市交通的首选方式。

第一节　概　　述

一、城市公共交通的概念和分类

城市公共交通是城市交通的重要组成部分,一般情况下的城市公共交通系统是由公共汽车、电车、轨道交通、出租汽车、轮渡、缆车等交通方式组成的公共客运交通系统。

按照各种交通工具的技术特征,可以将公共交通系统分为常规公共交通系统(包括公共汽车、有轨电车、无轨电车和小型公共汽车等)、大运量快速公共交通系统、辅助公共交通系统(出租汽车、三轮车、摩托车、自行车)和特殊公共交通系统(轮渡、缆车等)。

大运量快速公共交通系统分为准快速公交系统(如城市快速公交 BRT,它是介于城市快速轨道交通和常规交通之间的客运方式)和快速公交系统(轻轨、地铁、市郊铁路、单轨跨坐式或悬挂式轨道交通系统、磁悬浮列车等)。

作为城市公共交通系统的辅助方式,城市出租汽车、三轮车、摩托车、自行车等用于满足城市不同群体的出行需求而存在。

特殊交通系统,如轮渡、缆车等,该类交通方式受地理条件的约束,一般在有河流经过的城市,会将轮渡作为一种市内的交通工具;在山区城市中,索道和缆车的运输也有所发展。

对于不同地域、不同规模的城市,应着力推动不同交通方式的发展。中小城市一般以公共汽车、有轨电车、无轨电车等为主要客运工具,其特点是机动灵活,成本相对低较,一般是城市公共交通的主体。对于大型、特大型城市而言,城市公交应发展以快速公交(如地铁、城铁、市郊铁路等)为主,辅助以准快速公交系统 BRT 和常规交通的交通系统。城市公共交通系统的建设应充分考虑所在城市或地区的规模、地形、人口及经济发展程度等因素,根据本地区的实际状况,进行交通体系的规划与建设。

二、城市公共交通的运营方式

城市公共交通的运营方式通常有三种。

(1)定线定站服务:指车辆按照固定线路运行,沿线设有固定的站位,行车班次和行车时刻完全按调度计划执行。在线路上行驶的车辆有全程车、区间车、慢车和快车。

(2)定线不定站服务:指车辆按照固定效率运营服务。乘客可以在沿线任意地点要求上下,乘车非常方便。在线运行车辆的数量,根据客流变化情况自动调节。

(3)不定线不定站服务:即出租汽车运营方式,一般是 24 小时营业,乘客可以打电话要车或者预约订车,也可以到营业点租乘或者在街道上招手乘车。

城市公共交通的构成包括公共交通企业、公共交通基础设施、公共交通线路三个方面。经营公共交通事业的企业,一般有国有、私营和联合经营三种。为了协调各公共交通系统的服务工作,在大中型城市中一般设立公共交通企业联合会或类似的管理机构。它们的任务是:制定统一的公共交通网络规划;协调各个公共交通企业之间的经营范围;协调和监督执行统一的行车时刻表;制定统一的票价政策和票价政策。

三、城市公共交通优先发展

城市公共交通具有集约高效、节能环保等优点,优先发展公共交通是缓解交通拥堵、转变城市交通发展方式、提升人民群众生活品质、提高政府基本公共服务水平的必然要求,是构建资源节约型、环境友好型社会的战略选择。为实施城市公共交通优先发展战略,2012 年国务院发布了《关于城市优先发展公共交通的指导意见》,明确提出了城市公共交通发展的总体目标,即通过提高运输能力、提升服务水平、增强公共交通竞争力和吸引力,构建以公共交通为主的城市机动化出行系统,同时改善步行、自行车出行条件。要发展多种形式的大容量公共交通工具,建设综合交通枢纽,优化换乘中心功能和布局,提高站点覆盖率,提升公共交通出行分担比例,确立公共交通在城市交通中的主体地位。科学研究确定城市公共交通模式,根据城市实际发展需要合理规划建设以公共汽(电)车为主体的地面公共交通系统,包括快速公共汽车、现代有轨电车等大容量地面公共交通系统,有条件的特大城市、大城市有序推进轨道交通系统建设。提高城市公共交通车辆的保有水平和公共汽(电)车平均运营时速,大城市要基本实现中心城区公共交通站点 500 米全覆盖,公共交通占机动化出行比例达到 60% 左右。

为深入贯彻落实城市公共交通优先发展战略和《关于城市优先发展公共交通的指导意见》,交通运输部 2016 年 7 月印发了《城市公共交通"十三五"发展纲要》,明确了"十三五"时期城市公共交通的发展目标:到 2020 年初步建成适应全面建成小康社会需求的现代化城市公共交通体系。城市公交行业体制机制改革深入推进,政府购买城市公交服务等重点领域的制度建设和落实取得实质进展;行业发展活力和可持续发展能力显著增强;城市公交供给侧改革取得突破,服务针对性和精准性显著提升,优选公交成为出行习惯,广大群众出行更安全、更高效、更舒适、更便捷。确定了"十三五"时期城市公交发展的主要任务:一是全面推进公交都市建设;二是深化城市公交行业体制机制改革;三是全面提升城市公交服务品质;四是建设与移动互联网深度融合的智能公交系统。

典型案例:

天津公交优先战略

2013年11月20天津市申报"公交都市"获得交通运输部批准。未来5年,天津市将实施公共交通优先发展战略,加大建设投入力度,确保城市公共交通机动化出行分担率达到60%以上,让公共交通成为市民日常出行的首选。此外,根据交通运输部安排,未来5年还将对"公交都市"创建城市给予综合客运枢纽、智能公交系统、快速公交运行监测系统、清洁能源公交车辆等方面的政策和资金支持。

值得关注的是,天津市提出,到2017年,该市中心城区公共交通机动化出行分担率将由现在的47.9%提高到60%;公共汽车电车线路网比率将达到80%,年均增长约3.7%,早晚高峰时段公共电汽车平均运营时速由每小时12.5千米提高到每小时18千米。

第二节 城市公共交通运营管理

一、城市公共交通规划与建设管理

(一)网络规划

城市公共交通网络规划是以客流分布为依据,应用系统工程学的理论,统筹优选城市公共交通地面及地下全部路线的起讫点、路径及各路线之间相互衔接的最佳布局方案。它是发展城市公共交通的基础工作。统筹优选的目标是:乘客在上下车前后以及在中间换乘过程中平均步行距离短;平均换乘次数少;节约旅行时间;扬长避短,充分发挥各种运输方式的优势,在保证客运安全和乘用方便的前提下,使全系统总的能源消耗少,客运成本低,客运效率高。

(二)规划管理

城市人民政府应当组织交通运输、城乡建设、规划、公安等部门根据城市总体规划编制城市公共交通规划。城市公共交通规划应当包括城市公共交通发展目标、城市公共交通方式的构成比例和规模、城市公共交通设施和线路布局、城市公共交通车辆配置、信息化建设以及城市公共交通设施用地保障等内容。编制城市公共交通规划应当征求社会公众意见。城市人民政府规划主管部门在组织编制控制性详细规划时,应当与城市公共交通规划相衔接,并优先保障城市公共交通设施用地。

城市公共交通规划确定的城市公共交通设施用地符合划拨用地目录的,应当以划拨方式供地。城市人民政府可以在确保城市公共交通设施用地功能及规模的基础上,对城市公共交通设施用地依法实行综合利用,提高土地利用效率。任何单位和个人不得非法占用城市公共交通设施用地。

(三)建设管理

城市人民政府应当加大对城市公共交通设施建设的投资力度,并充分考虑老年人、残疾人出行需求,完善城市公共交通无障碍设施。

规划、建设航空港、铁路客运站、水路客运码头、公路客运站、居住区、商务区等建设项目,应当按照国家有关标准规划、建设配套的城市公共交通设施;配套的城市公共交通设施应当与主体工程同步设计、同步建设、同步竣工、同步交付使用。新建、改建、扩建城市道路应当根据城市公共交通规划,设置首末站、中途停靠站、换乘接驳站等城市公共交通设施。

城市人民政府可以根据城市道路的技术条件、交通流量、出行结构等因素,开设公共汽(电)车专用道,设置公共汽(电)车优先通行信号系统。

城市轨道交通建设工程设计单位在编制设计文件时,应当征求城市公共交通管理部门、公安机关交通管理部门以及城市轨道交通运营单位的意见。

城市轨道交通建设工程应当依照国家有关规定进行竣工验收后,方可交付正式运营。城市公共交通设施的管理人员,应当加强对城市公共交通设施的管理和维护,确保城市公共交通设施完好。

二、城市公共交通运营服务管理

(一)运营条件

从事城市公共交通运营应当向城市公共交通管理部门提出申请,并提交符合下列条件的材料:有企业法人资格;有符合国家有关标准的城市公共交通车辆、设施有符合规定的运营资金;有符合《城市公共交通条例》第十九条第一款规定的驾驶员;有与运营业务相适应的其他专业人员和管理人员;有健全的运营服务和安全管理制度。

城市公共交通管理部门应当综合考虑运力配置、社会公众出行需求等因素,对申请人做出许可或者不予许可的决定。

从事城市公共交通运营服务的驾驶员应当具有相应的城市公共交通车辆驾驶证件,身心健康,无职业禁忌;3年内无重大以上交通责任事故记录,并经城市公共交通管理部门对有关城市公共交通运营服务规范、车辆维修和安全应急知识考核合格。

从事城市公共交通运营服务的乘务员、调度员等其他从业人员应当经城市公共交通管理部门对有关城市公共交通运营服务规范、安全应急知识考核合格。

(二)线路管理

城市公共交通管理部门应当根据城市公共交通规划和城市发展的实际需要,开辟、调整城市公共交通线路;开辟、调整城市公共交通线路应当征求社会公众意见。

城市公共交通管理部门应当按照国务院交通运输主管部门的规定开展社会公众出行调查,收集、汇总社会公众出行目的、出行方式等交通信息,并作为开辟、调整城市公共交通线路的参考。

城市公共交通管理部门应当采取招标的方式将城市公共交通线路运营权授予符合规定条件的城市公共交通企业,并核发相应的许可证件。不适合招标或者招标不成的,城市公共交通管理部门可以采取直接授予的方式确定城市公共交通线路运营权。

禁止转让或者以承包、挂靠等方式变相转让城市公共交通运营许可和线路运营权。

城市公共交通线路运营权实行期限制,具体运营期限由城市人民政府确定。取得城市公共交通线路运营权的城市公共交通企业,应当按照城市公共交通管理部门确定的城市公共交通线路运营服务要求从事线路运营。

城市公共交通线路运营服务要求应当包括站点、日总班次、班次间隔、首班车和末班车时间、城市公共交通车辆数量、城市公共交通车辆外观、车型、票制、票价、服务质量、安全应急措施等内容。

城市公共交通管理部门可以根据优化线路、提高服务质量等需要调整城市公共交通线路运营服务要求。

(三)运营管理

城市公共交通企业应当按照城市公共交通线路运营服务要求,制定和实施作业计划,合理调度城市公共交通车辆。因市政工程建设、大型群众性活动等特殊情况需要临时变更城市公共交通线路走向、站点或者运营时间的,有关部门和城市公共交通企业应当及时向社会公告。

未经城市公共交通管理部门批准,城市公共交通企业不得擅自变更、暂停、终止城市公共交通线路运营。经批准变更、暂停、终止城市公共交通线路运营的,城市公共交通企业应当在变更、暂停、终止之日前 30 日向社会公告。

城市公共交通企业因破产、解散、被吊销许可证件或者其他原因不能正常运营时,城市公共交通管理部门应当及时采取措施,保证城市公共交通服务的连续性。

城市公共交通线路运营期限届满,需要延续的,城市公共交通企业应当在期限届满 6 个月前向城市公共交通管理部门提出延续申请。

城市公共交通企业运营服务质量、安全管理等符合城市公共交通线路运营服务要求的,城市公共交通管理部门应当自受理申请之日起 30 日内予以批准,并换发相应的城市公共交通线路运营许可证件。

不符合城市公共交通线路运营服务要求的,城市公共交通管理部门应当调整或者撤销其城市公共交通线路运营权。

(四)票价管理

城市公共交通票价由经省、自治区、直辖市人民政府授权的市、县人民政府或者省、自治区、直辖市人民政府价格主管部门会同同级财政部门、城市公共交通管理部门根据运营成本等因素制定。制定城市公共交通票价,需要举行价格听证会,充分体现社会公益性特征,有利于优化城市公交结构,引导社会公众选择城市公共交通出行。

城市公共交通企业应当制定规定的票价。城市公共交通票价低于正常运营成本的,城市人民政府应当对低于正常运营成本的部分给予补贴。

城市人民政府应当对城市公共交通企业承担老年人、残疾人、军人、学生优惠乘车和持月票乘车等社会福利以及完成开通冷僻线路、执行抢险救灾等政府指令性任务所增加的支出,定期给予专项财政补贴和补偿。城市人民政府应当将前两款规定的补贴、补偿资金纳入财政预算。

(五)成本管理

城市公共交通企业对乘客乘车期间受到的人身伤害和财产损失依法承担赔偿责任的,应当依法赔偿;赔偿的相关费用列入城市公共交通企业的运营成本。

城市公共交通企业应当按照国家有关规定建立并完善企业财务、会计制度,加强财务管理和会计核算。城市人民政府财政部门应当会同城市公共交通管理部门、价格主管部门、审计机关制定城市公共交通成本费用评价制度,对城市公共交通企业成本和费用进行年度审计与评价,合理界定、计算盈亏和财政补贴、补偿额度。

城市公共交通企业应当按照国家有关规定向城市公共交通管理部门、价格主管部门、财政部门报送经营和财务信息等统计资料。

(六)车辆及从业人员管理

城市公共交通企业应当使用符合国家有关技术标准和规范的城市公共交通车辆从事城市公共交通运营,定期对城市公共交通车辆进行检测、维护,保持城市公共交通车辆技术状况良好和车容整洁。

县级以上人民政府应当对城市公共交通车辆购置、更新给予必要的资金和政策扶持,鼓励使用清洁、节能和方便残疾人上下车的城市公共交通车辆。

城市公共交通企业应当在城市公共交通车辆规定位置公布运行线路图、价格表等运营服务标识。

城市公共交通企业应当加强对驾驶员、乘务员、调度员等从业人员的管理和培训。驾驶员、乘务员、调度员等从业人员从事城市公共交通运营服务时,应当严格遵守有关法律法规,执行有关城市公共交通运营服务规范。城市公共交通场站的管理人应当健全运营管理制度,保障城市公共交通场站正常运营,无正当理由不得拒绝城市公共交通车辆进入场站。

(七)服务质量考核

城市公共交通管理部门应当建立城市公共交通企业服务质量考核制度,定期对城市公共交通企业的服务质量进行考核,将考核结果记入信用档案,并作为政府财政补贴、补偿,城市公共交通线路运营权招标,延续城市公共交通线路运营权和撤销有关运营许可的依据。

城市公共交通管理部门和城市公共交通企业应当建立投诉受理制度,公布投诉电话等联系方式。城市公共交通企业对乘客的投诉应当自收到投诉之日起15日内做出答复。城市公共交通企业逾期不答复或者乘客对答复有异议的,乘客可以向城市公共交通管理部门投诉,城市公共交通管理部门应当自收到乘客投诉之日起15日内做出答复。

典型案例1：

山东青岛推出"互联网+公交快车"运行模式

在城市道路交通拥堵严重的现实状况下,为了让更多的乘客乘坐公交出行更加方便、快捷,青岛公交集团积极运用互联网信息技术,充分发挥各方面的资源和优势,通过智能调度系统数据分析,对各条线路的乘客出行需求进行细分,确定每条线路上下车客流集中的站点,分别采取"直达车""两站直达式""跳跃式""直达——逐停式"五种运营模式,制定了首批30条"互联网+公交快车"运营工作方案。

"我们还将运用互联网思维,开发、应用新的公交出行方式,与其他客运方式有效衔接,提供新的运营模式。"青岛公交集团相关负责人说,首批30条"互联网+公交快车"于2015年9月底前开通。快车将在每辆运营车辆前风挡右下角处,设置统一制作的"互联网+公交快车"标识牌,执行所行驶线路的票价,持卡乘车按照政府有关规定执行。

青岛公交集团拥有近300条运营线网优势,多类型、多品种的营运车辆5300余辆,拥有公交站点11000余个,线网全面覆盖主城区,线路数量占市区总量的80%以上。通过应用互联网技术,为实施"互联网+公交快车"业务提供了独有的庞大资源支撑。"青岛公交集团拥有先进、成熟的智能化支撑,尤其是智能调度系统、数据运营模式等在全国同行业处于前列。集团开发的公交出行手机查询、青岛巴士通APP已经全面应用。"青岛公交集团相关负责人说,"即将上线的公交微信公共平台,将实现一对多的信息发布服务。同时,实现一对一或者对特定群体的定制服务,完成网上客流调查、租车办理、特种卡打卡信息等服务,为广大乘客提供更多的方便和实惠。"

典型案例2：

香港公共交通

香港既是典型的地少人多城市,也是全球可持续发展的典范城市。几十年来,香港在保持经济持续健康发展的同时,在土地集约利用、公共交通高效、生活环保低碳、社会均衡发展等方面得到国际社会广泛认可。香港人口713.63万人(2012年年中统计),地域面积1108平方千米。香港高度集约化的土地利用和高效率的交通运行在很大程度上得益于其推行的"轨道交通+土地综合利用"模式。

轨道交通与房地产"捆绑开发"

香港"轨道交通+土地综合利用"的模式是一种集地铁投资、建设、运营和沿线土地综合开发于一体的综合开发模式,由香港铁路有限公司(简称"港铁公司")统筹开发。概括地说,在进行地铁设计和建设时,地铁公司除进行地下铁路施工建设外,还同时获得地铁上建造房屋的土地开发权,地铁公司以地铁建设启动前的原始价格为准,向政府缴纳土地出让金。此后,地铁公司建设、经营地铁,独立或邀约其他开发商一起在地铁上进行房地产开发,通过所建房地产的出售和出租获利。

土地空间垂直利用"一举数得"

"轨道交通+土地综合利用"模式由于充分利用了地下和地上空间,不占用地面街道,有利于城市空间合理利用,特别有利于缓解大城市中心区过于拥挤的状态,提高了土地利用价值。同时,促进沿线土地从低层次向高层次转变,提高城市土地使用效率,提升沿线用地价值,促进土地的高密度开发和高强度利用,改善沿线土地利用类型和利用结构。以九龙站为例,建成住宅和非住宅容积率达到8.1(内地大城市住宅项目通常为2~3)。港铁的其他建设项目中,其规模相对较小的区域中心项目的容积率一般也在5以上。

市场配置体现土地"多重价值"

香港"轨道交通+土地综合利用"模式中,港铁公司获取地铁沿线土地开发权的做法值得借鉴。港铁公司通过提前与政府磋商地契条款,以协议出让方式并按当时市场价格商讨地价,有偿获得土地使用权。这对于内地逐步推广实行经营性基础设施用地有偿使用,充分发挥土地市场的决定性配置作用,实现土地的价值,减轻政府公共财政压力,缩小划拨供地范围,具有重要的借鉴意义。

三、城市公共交通安全管理

(一)安全管理职责

城市人民政府应当加强对城市公共交通安全监督管理工作的领导,督促有关部门依法履行城市公共交通安全监督管理职责,及时协调、解决安全监督管理工作中存在的重大问题。城市人民政府交通运输、公安、城乡建设、质检、安全生产监督管理等有关部门应当依照各自职责加强对城市公共交通安全监督管理。

各级人民政府交通运输、教育、公安等有关部门以及城市公共交通企业应当加强安全乘车和安全应急知识宣传教育工作,普及城市公共交通安全应急知识。

城市公共交通企业应当建立企业安全生产管理机构和企业安全生产管理责任制,配备专职安全生产管理人员,加强城市公共交通运营安全动态监管,开展安全检查,消除事故隐患,切实履行好运营安全主体责任。

建设城市轨道交通的,建设单位应当保证安全监测系统等安全设施与城市轨道交通主体工程同步设计、同步施工、同步验收、同步投入运营,并为城市轨道交通运营配备必要的消防、防汛、防护、报警、安全检查等器材和设备。

负责城市轨道交通运营的城市公共交通企业应当定期对城市轨道交通安全监测系统以及消防、防汛、防护、报警、安全检查等安全设施、器材和设备进行检测、维修、更新和改造,保证其处于良好的运行状态。

城市人民政府应当按照国家有关规定划定城市轨道交通安全保护区,保护城市轨道交通及设施的安全。在城市轨道交通安全保护区内进行作业的,作业单位应当制定安全防护方案,经城市公共交通管理部门同意方可作业。

(二)安全管理措施

城市公共交通企业应当以便于乘客知晓的方式公布禁止携带物品的目录。保障城市公共交通运营安全,城市公共交通企业可以对乘客携带的物品采取必要的安全检查措施。

发生影响城市公共交通运营安全的紧急情况时,城市公共交通企业及有关工作人员应当立即向城市公共交通管理部门、公安机关等有关部门报告,并及时采取疏散乘客和车辆、限制客流、停止运行等应急措施,确保城市公共交通运营安全。

城市公共交通企业应当在城市公共交通车辆和城市公共交通场站醒目位置设置安全警示标志和安全疏散示意图,并保持灭火器、安全锤、车门紧急开启装置等安全应急设施、设备的完好。在城市公共交通车辆和有关设施进行设置广告等经营活动时,不得影响城市公共交通运营安全。

乘客应当遵守社会公德,讲究文明卫生,服从管理,按照规定购票;不得携带宠物乘车,不得在城市公共交通车辆内饮酒、吸烟、乞讨、卖艺以及实施其他影响车辆正常运营、乘客安全和乘车秩序的行为。

任何人员不得从事下列危害城市公共交通运营安全的行为:①在城市公共交通场站及其出入口通道擅自停放非城市公共交通车辆、堆放杂物或者摆摊设点;②携带管制刀具以及爆炸性、易燃性、放射性、毒害性、腐蚀性等影响公共安全的物品乘坐城市公共交通车辆;③非法拦截城市公共交通车辆或者强行上下城市公共交通车辆;④擅自进入城市轨道交通线路、隧道等禁止进入的区域;⑤破坏城市公共交通车辆、设施、设备;⑥干扰驾驶员、乘务员的正常工作;⑦其他危害城市公共交通运营安全的行为。

第三节 城市轨道交通运营管理

我国城市轨道交通建设成就显著,自1965年北京地铁一期工程建设以来,截至2014年底,全国开通轨道交通的城市有北京、上海、天津、广州、长春、大连、重庆、武汉、深圳、南京、沈阳、成都、佛山、西安、苏州、昆明、杭州、哈尔滨、郑州、长沙、宁波、无锡22个城市(其中3个为2014年新开通城市),拥有轨道交通车站1829个。截至2015年底,中国大陆地区共26个城市开通轨道交通运营,共计116条线路,运营线路总长度达 3618 千米。

随着行政审批权的开放和民间资金的投入,城市轨道交通近期将出现建设潮。目前,国务院已经批准修建城市轨道的城市数量为 40 个,且将在 2020 年达到 50 个。未来几年,年均增长里程在 500 千米左右。结合当前各地城市轨道交通建设现状,预计到"十三五"末期,全国城市轨道运营里程将达到 6000 千米,在轨道交通方面的投资将达 3 万亿～4 万亿元。

一、城市轨道交通的概念和特点

(一)城市轨道交通的概念

城市轨道交通是城市公共交通系统中的一个重要组成部分,泛指在城市中沿特定轨道运行的公共交通工具,具有运量大、速度快、安全、准点、保护环境、节约能源和用地等特点。

城市轨道交通按运能范围、车辆类型及主要技术特征可分为有轨电车、地铁、轻轨道交通、市郊铁路、单轨道交通、磁悬浮交通、新交通系统七类。新交通系统中,车辆在线路上可无人驾驶自动运行,车站无人管理,完全由中央控制室的计算机集中控制,自动化水平高。新交通系统与独轨道交通有许多相同之处,最大的区别在于该系统除有走行轨外,还设有导向轨,故新交通系统也称为自动导向轨道交通。

(二)城市轨道交通的特点

城市轨道交通的特点具体表现在以下几方面。

(1)运输能力强。

与公共汽电车等常规公共交通方式比,城市轨道交通具有编组化运行、行车间隔短、运输能力强、准点率高的特点,在城市客运系统中发挥了骨干作用。

(2)路权独立、准时性好。

城市轨道交通系统采用低下货高架的敷设方式,采用独立路权方式运行,受外界环节干扰小,具有运行稳定、准点性好的特点。

(3)运输效率高、安全性高。

城市轨道交通系统使用全封闭或者半封闭式的专用行车路线,并采取先进的列车自动控制技术和自动保护装置等安全措施,可在较高运行速度下保障行车安全。与其他城市公共交通系统相比,具有运输效率高、安全性高的特点。一般情况下,公共汽车的平均速度为 20～30 千米/小时,轻轨的平均运营速度为 25～35 千米/小时,现代有轨电车的平均运营速度为 30～40 千米/小时,地铁的平均运营速度为 35～40 千米/小时。地铁的平均运营速度约为公共汽车的 2 倍。

(4)人均运输能耗低、环境影响小。

城市轨道交通主要采用典礼牵引的驱动方式,具有容量大、速度高的特点。相比公共气电车等其他交通方式,城市轨道交通能源利用率好,人均运输能耗相对较低。此外,由于城市轨道交通系统采用电力驱动,污染物排放较少;通过采取柔和性扣减、声屏等多种防振和减噪措施,能有效降低对环境的影响。

(三)城市轨道交通的地位与作用

1. 满足居民出行需求

随着城市化进程的加快,城市规模不断扩大,城市人口大幅增加,城市居民出行总量显著增长,出行距离也越来越长,给城市交通带来了巨大压力。当城市发展到一定规模后,单纯依靠地面公共交通,难以满足大规模、长距离的出行需求。城市轨道交通以其大容量、快速、准点的特点和优势,逐步成为大城市交通走廊骨干交通方式,在满足交通出行需求、解决城市居民出行困难、缓解城市交通拥堵等方面发挥着重要作用。

2. 优化城市布局结构

城市轨道交通是加快城市化进程的强大助推器,在引导城市发展、调整城市结构方面发挥了重要作用。城市轨道交通的快速发展,促进了城市居民在沿线的聚集,提高了沿线土地的利用率,增加了土地价值。特别是发展城市轨道交通,可以合理布局居住区、工业区和商业区,缓解居住区、工业区和商业区对城市中心的压力,形成以城市轨道交通为轴线的土地开发新模式,引导城市空间结构的优化调整。

3. 促进社会经济发展

城市轨道交通的快速发展,可促进城市机动性、可达性和持续性,便利居民出行,从而使土地开发强度不断增加,地区的吸引力不断增强。地区吸引力增强,则地区人口、就业以及企业将快速增加,政府财政收入、居民收入和消费水平显著提升,从而促进社会经济发展。

据中国土木工程学会测算,城市轨道交通每投资 1 亿元,能带动 GDP 增长 2.63 亿元,创造 8000 个就业岗位。以香港为例,香港轨道交通机场线提高了沿线土地开发强度,沿线东涌、奥林匹克、坑口、九龙等写字楼、商场等设施相继发展,促进了周边商业发展。

4. 缓解城市交通拥堵

近年来,我国已进入城市化和机动化快速发展时期,随着机动车快速增长,大城市(尤其是特大城市)普遍面临着交通拥堵问题。城市轨道交通能有效缩短出行时间,显著提高出行效率,对缓解城市交通拥堵发挥重要作用,成为解决交通拥堵问题的重要手段。

二、城市轨道交通运营管理

(一)轨道交通的规划与建设

轨道交通是社会公共产品,有很强的公益性,不可能作为商业产品通过市场竞争获得资金来源和健康发展,政府通常要参与地铁的投融资和经营活动。根据政府参与程度和参与方式的不同,从世界范围内看来,轨道交通的运营管理主要有国有国营、国有民营、民有民营三种模式。国有国营即政府出资建设轨道交通设施,并制定政府下属机构、国有企业或者国有控股公司负责轨道交通的运营管理;国有民营,是由政府出资建设轨道交通设施,并通过租赁等形式将轨道交通的经营权转交给民营企业;民有民营,是由民间资本出资建设轨道交通基础设施,民营企业负责轨道交通的运营管理。目前我国的轨道交通的规划和建设以国有国营为主,投资、规划、建设、运营分别由不同公司独立进行运作。

典型案例:

北京地铁4号线

北京地铁4号线项目是我国城市轨道交通行业第一个正式批复实施的特许经营项目,也是国内第一个运用PPP(Public-Private-Partnership)模式、引入市场力量运作的地铁项目。4号线项目运用PPP模式进行融资,有效缓解了当时北京市政府的资金压力,实现了北京市城市轨道交通行业投资、运营主体的多元化,通过引入市场部门的参与,促进了技术进步和管理水平、服务水平的提升。北京4号线项目在研究PPP模式上具有典型意义,集中体现了PPP模式在打破基础设施建设融资难困境方面的创新价值,使政府部门和市场部门的力量形成一股合力,对于在现有预算框架下缓解地方债务,完善基础设施建设乃至推进新型城镇化,具有一定的借鉴意义和实践价值。

(二)城市轨道交通运营管理及服务质量监督

城市人民政府城市轨道交通主管部门应当按照《中华人民共和国行政许可法》以及市政公用事业特许经营的有关规定,依法确定城市轨道交通运营单位。

新建城市轨道交通工程竣工后,应当进行工程初验;初验合格的,可以进行试运行;试运行合格,并具备基本运营条件的,可以进行试运营。城市轨道交通工程竣工,按照国家有关规定验收,并报有关部门备案。经验收合格后,方可交付正式运营。安全设施不符合有关国家标准的新建、改建、扩建城市轨道交通工程项目,不得投入运营。

城市轨道交通运营单位应当按照国家有关规定和特许经营协议,制定城市轨道交通运营服务规则和设施保养维护办法,保证城市轨道交通的正常、安全运营。

城市轨道交通运营单位应当执行价格主管部门依法确定的票价,不得擅自调整。

城市轨道交通运营单位应当为乘客提供安全便捷的客运服务,保证车站、车厢整洁,出入口、通道畅通,保持安全、消防、疏散导向等标志醒目。

城市轨道交通运营单位工作人员应当佩戴标志、态度文明、服务规范。驾驶员、调度员、行车值班员等岗位的工作人员应当经培训合格后,持证上岗。城市轨道交通运营单位应当在车站配备急救箱,车站工作人员应当掌握必要的急救知识和技能。

城市轨道交通运营过程中发生故障而影响运行的,城市轨道交通运营单位应当及时组织乘客疏散,并尽快排除故障,恢复运行。一时无法恢复运行的,城市轨道交通运营单位应当及时报告城市人民政府城市轨道交通主管部门。城市轨道交通因故不能正常运行的,乘客有权持有效车票要求城市轨道交通运营单位按照单程票价退还票款。

禁止下列危害城市轨道交通正常运营的行为：(1)在车厢内吸烟、随地吐痰、便溺、吐口香糖、乱扔果皮和纸屑等废弃物；(2)在车站、站台、站厅、出入口、通道停放车辆、堆放杂物或者擅自摆摊设点堵塞通道；(3)擅自进入轨道、隧道等禁止进入的区域；(4)攀爬、跨越围墙、护栏、护网、门闸；(5)强行上下列车；(6)在车厢或者城市轨道交通设施上乱写、乱画、乱张贴；(7)携带宠物乘车；(8)危害城市轨道交通运营和乘客安全的其他行为。

禁止乘客携带易燃、易爆、有毒和放射性、腐蚀性的危险品乘车。城市轨道交通运营单位可以对乘客携带的物品进行安全检查，对携带危害公共安全的危险品的乘客，应当责令出站；拒不出站的，移送公安部门依法处理。

城市人民政府城市轨道交通主管部门和城市轨道交通运营单位应当建立投诉受理制度，接受乘客对违反运营规定和服务规则行为的投诉。城市轨道交通运营单位应当自受理投诉之日起10个工作日内做出答复。乘客对答复有异议的，可以向城市人民政府城市轨道交通主管部门投诉，城市人民政府城市轨道交通主管部门应当自受理乘客投诉之日起，10个工作日内做出答复。

(三)轨道交通的安全管理

1. 安全管理职责

城市轨道交通运营单位应当依法承担城市轨道交通运营安全责任，设置安全生产管理机构，配备专职安全生产管理人员，保证安全生产条件所必需的资金投入。

城市轨道交通运营单位应当按照反恐、消防管理、事故救援等有关规定，在城市轨道交通设施内，设置报警、灭火、逃生、防汛、防爆、防护监视、紧急疏散照明、救援等器材和设备，定期检查、维护，按期更新，并保持完好。

城市轨道交通运营单位负责城市轨道交通设施的管理和维护，定期对土建工程、车辆和运营设备进行维护、检查，及时维修更新，确保其处于安全状态。检查和维修记录应当保存至土建工程、车辆和运营设备的使用期限到期。

2. 安全管理措施

城市轨道交通运营单位应当组织对城市轨道交通关键部位和关键设备的长期监测工作，评估城市轨道交通运行对土建工程的影响，定期对城市轨道交通进行安全性评价，并针对薄弱环节制定安全运营对策。

在发生地震、火灾等重大灾害后，城市轨道交通运营单位应当对城市轨道交通进行安全性检查，经检查合格后，方可恢复运营。

城市轨道交通运营单位应当采取多种形式向乘客宣传安全乘运的知识和要求。

城市轨道交通应当在以下范围设置控制保护区：①地下车站与隧道周边外侧50米内；②地面和高架车站以及线路轨道外边线外侧30米内；③出入口、通风亭、变电站等建筑物、构筑物外边线外侧10米内。

在城市轨道交通控制保护区内进行下列作业的，作业单位应当制定安全防护方案,在征得运营单位同意后,依法办理有关行政许可手续:①新建、扩建、改建或者拆除建筑物、构筑物;②敷设管线、挖掘、爆破、地基加固、打井;③在过江隧道段挖沙、疏浚河道;④其他大面积增加或减少载荷的活动。上述作业穿过地铁下方时,安全防护方案还应当经专家审查论证。

运营单位在不停运的情况下对城市轨道交通进行扩建、改建和设施改造的,应当制订安全防护方案,并报城市人民政府城市轨道交通主管部门备案。

在城市轨道交通线路弯道内侧,不得修建妨碍行车瞭望的建筑物、构筑物,不得种植妨碍行车瞭望的树木。

禁止下列危害城市轨道交通设施的行为:①非紧急状态下动用应急装置;②损坏车辆、隧道、轨道、路基、车站等设施设备;③损坏和干扰机电设备、电缆、通信信号系统;④污损安全、消防、疏散导向、站牌等标志,防护监视等设备;⑤危害城市轨道交通设施的其他行为。

(四)轨道交通的应急管理

城市人民政府城市轨道交通主管部门应当会同有关部门制定处理突发事件的应急预案;城市轨道交通运营单位应当根据实际运营情况制定地震、火灾、浸水、停电、反恐、防爆等分专题的应急预案,建立应急救援组织,配备救援器材设备,并定期组织演练。

当发生地震、火灾或者其他突发事件时,城市轨道交通运营单位和工作人员应当立即报警和疏散人员,并采取相应的紧急救援措施。

城市轨道交通车辆地面行驶中遇到沙尘、冰雹、雨、雪、雾、结冰等影响运营安全的气象条件时,城市轨道交通运营单位应当启动应急预案,并按照操作规程进行安全处置。

遇有城市轨道交通客流量激增危及安全运营的紧急情况,城市轨道交通运营单位应当采取限制客流量的临时措施,确保运营安全。

遇有自然灾害、恶劣气象条件或者发生突发事件等严重影响城市轨道交通安全的情形,并且无法采取措施保证安全运营时,运营单位可以停止线路运营或者部分路段运营,但是应当提前向社会公告,并报告城市人民政府城市轨道交通主管部门。

城市轨道交通运营中发生安全事故,城市人民政府城市轨道交通主管部门、城市轨道交通运营单位应当依据应急预案进行处置。

城市轨道交通运营中发生人员伤亡事故,应当按照先抢救受伤者、及时排除故障、恢复正常运行,后处理事故的原则处理,并按照国家有关规定及时向有关部门报告;城市人民政府城市轨道交通主管部门、城市轨道交通运营单位应当配合公安部门及时对现场进行勘察、检验,依法进行现场处理。

城市轨道交通运营过程中发生乘客伤亡的,城市轨道交通运营单位应当依法承担相应的损害赔偿责任;能够证明伤亡人员故意或者自身健康原因造成的除外。

典型案例：

上海市轨道交通脱轨乘客 7 分钟全部疏散

2014 年 10 月 19 日 0 点 13 分，在上海市轨道交通 2 号线淞虹路站，伴随着尖锐的紧急制动声，一列轨交列车的车厢底部突然"脱轨"，停靠在淞虹路站和虹桥机场航站楼站区间……上述的一幕，是地铁运营中心、上海市公安局轨道交通分局在举行"地铁列车突发脱轨事故"联合演练，旨在提升轨交工作人员应对突发事件的实战能力。

"事故"发生后，地铁方面立刻开始实施自救行动。第一指挥点积极采取对应的运营调整措施，更改运营交路，为淞虹路至广兰路小交路运行，并向指挥中心申请启动淞虹路至徐泾东的公交驳运。指挥中心向交通港口局值班室申请淞虹路至徐泾东的公交驳运，布置第一指挥点及第一、二运营公司落实，并将情况汇报世博园外指挥中心、建交委、市府值班室。

同时，列车驾驶员迅速以广播形式告诉乘客不要惊慌，拉紧扶手，等待救援。工作人员检查具体脱轨情况后立即向应急指挥中心汇报。接报后驻地员工开始兵分两路：一路迅速调整同线路轨交运行路线，防止其他车辆误入事故发生地；另一路则立即安排车辆反向驶往事故地段，转运事故车辆上的乘客。

指挥中心接报后，立即启动了"Ⅲ级预警"，第一时间将信息通报世博园外指挥中心。同时，向第一指挥点发布指令：关闭徐泾东、虹桥机场 2 号航站楼车站服务；启动淞虹路至徐泾东的公交驳运。此外，还布置第一指挥点脱轨列车前方列车反向疏散脱轨列车上乘客。

凌晨 1 点左右，轨交列车转运车辆赶到"事故"地段，开始与"事故"车辆对接，工作人员立即在轨道上搭建起两车人员转接平台，1 点 13 分，随着车头逃生门的放下，车厢内的 300 名"乘客"在指挥人员的安排下鱼贯而出，通过两车对接平台上到了救援列车上。仅用了 7 分钟，事故车辆上所有"受困乘客"被安全地疏散到救援车辆上，驶离事故地段。

第六章 出租汽车管理

出租汽车是城市综合交通运输体系的组成部分，是城市公共交通的补充，为社会公众提供个性化运输服务。各级交通运输主管部门要优先发展城市公共交通，优化城市交通结构，更好地满足广大人民群众普遍出行需要，同时根据城市自身特点、交通需求、道路资源承载能力、环境保护等因素，适度发展出租汽车，使其与公共交通发展水平相协调，与城市经济社会发展相适应。

第一节 概　　述

一、出租汽车行业的地位和作用

出租汽车是城市综合交通运输体系的组成部分，是城市公共交通的补充，为社会公众提供个性化运输服务。城市人民政府是出租汽车管理的责任主体。

出租汽车作为一种不定时、不定点、不定线，充分满足乘客意愿的运输方式，以其安全、方便、快捷、舒适的特点，成为城市交通不可或缺的方式之一。出租汽车与城市公共交通等不同交通方式，共同构成城市综合交通运输体系，为社会公众提供不同层次的出行服务，满足城市多样化、多层次的交通出行需求，丰富了城市交通的服务内容。随着经济社会的快速发展，人民生活水平不断提高，居民个性化出行需求持续增长，越来越多的社会公众选择乘坐出租汽车出行。截至2014年年底，我国共有出租汽车107多万辆，出租汽车公司8000余家，年完成客运量400多亿人次，占城市客运量的比重超过30%，出租汽车已成为保障城市有序运行，与百姓日常生活紧密相关的重要服务窗口行业，对城市发展具有重要作用，具体如下。

一是方便人民群众出行。出租汽车行业社会性强、服务面广、流动性大。目前，全国所有城市以及经济发达地区的乡镇均有出租汽车运营。出租汽车为社会公众提供了更加便捷的出行条件，满足了不同消费群体的多样化消费需求。这是在居民"衣、食、住"等方面生活质量明显改善的同时，在"行"方面的有效改善。

二是提升城市服务能力。出租汽车的出现和发展，满足了人们"门到门"运输服务的需求，其方便、快捷的服务优势，更适应现代城市快节奏运行的特点。出租汽车与其他交通方式各自分工、互为补充、协调发展，进一步提升了城市的服务保障能力，提高了城市的运行效率。

三是帮助解决社会就业。出租汽车行业作为第三产业的一部分，实行全天候运营、驾驶员轮班上岗,为社会创造了大量的就业机会。目前,直接从业人员达到230多万人,并相应地带动了汽车制造、汽车维修等相关产业的发展,创造了大量衍生岗位。

四是促进经济社会发展。出租汽车在经营活动中,帮助乘客实现空间上的位移,这一活动虽然不增加社会有形产品的数量,但它作为经济活动中争取时间、提高效益的工具,使社会产品的价值量增加。出租汽车的发展,进一步完善了城市综合交通运输体系,扩大了居民活动范围,促进了经济社会发展。

二、现阶段我国国情下的出租汽车行业定位

出租汽车的行业定位是关系到整个行业如何发展和管理的重要战略选择,是关系到如何确定政府的责任和市场的作用、正确引导出租汽车行业健康发展的基础性问题。从理论与实践上看,出租汽车行业定位不是一成不变的,关键是选择一个适合我国国情和发展阶段的出租汽车行业定位。从出租汽车行业的准公共物品属性来看,出租汽车虽然同样作为城市综合交通运输体系中服务社会公众的出行方式,但有别于城市公共交通。从出租汽车行业所具有的外部性特征看,它应当介于城市公共交通与私人交通之间,满足社会公众出行需求。从出租汽车服务对象的需求层次上看,应当区别于城市公共交通提供基本出行服务,它更多地服务于社会公众的个性化特殊出行需求。因此,根据我国城市出租汽车发展情况,应将我国现阶段出租汽车行业定位为城市综合交通运输体系的重要组成部分,是介于城市公共交通与私人交通工具之间的准公共物品,为社会公众提供个性化的"门到门"便捷运输服务,主要满足社会公众特殊出行和具有一定消费能力群体出行需求的交通方式。

(一)现阶段以发展公共交通为主,解决公众基本出行需求

近年来,我国城镇化加速发展,机动化水平不断提高,居民消费水平显著提升,出行需求增长迅猛。一方面,随着城市人口的迅速增加,城际与城乡交通体系进一步融合,客运出行总量持续增加,对城市交通基础设施供给能力和服务水平提出了更高的要求,也给城市客运带来了很大压力。城市交通运输体系包括城市公共交通和出租汽车等多种运输方式。从外部性特征来看,出租汽车具有占用道路资源多、运输能力弱、运输效率低、尾气排放大等特点,属于便捷但不经济的一种运输方式。与之相比,城市公共交通则具有集约高效、节能环保等优点。相关研究数据表明,常规公交的运行效能相当于出租汽车的3倍,而能耗水平仅大约相当于其1/8,更不用说大容量城市公共交通。当前,由于出租汽车的定位不准确,以及出租汽车运价的长期偏低等因素,导致出租汽车成为部分社会公众上下班的通勤工具,进一步加剧了交通拥堵和"打车难"。面对严峻的外部形势,单纯依靠发展出租汽车来满足居民出行需求的做法并不可取。

在城市综合交通运输体系中,应当根据城市公共交通和出租汽车的不同功能定位,由城市公共交通扮演城市居民出行"主角",发挥主导作用,鼓励优先发展。出租汽车不属于普遍服务,而是提供效率服务和个性化服务,只应当合理适度发展。因此,

应当按照构建"资源节约型、环境友好型"社会的要求,坚持优先发展城市公共交通,合理适度发展出租汽车,这也是缓解交通拥堵、转变城市交通发展方式、提升人民群众生活品质、提高政府基本公共服务水平的必然要求。

(二)建立多层次、差异化的运输服务体系

城市居民需求涉及衣、食、住、行等不同方面,不同需求具有不同层次,其供给方式也有所不同。其中,基本出行服务作为居民需求的重要组成,其供给方式包括私家车、出租汽车、城市公共汽电车、城市轨道交通、自行车和步行等。随着经济社会的发展,城市居民的出行方式和出行习惯不断变化,城市交通结构和形式不断完善,城市交通需求呈现多样化、多层次的特征。为满足不同群体的消费需求,应当建立多层次、差异化的运输服务体系。

从服务层次上看,城市公共交通实行较低价格,由政府公共财政进行补贴,主要针对一般或较低收入水平的消费群体,提供最基本的大众化出行服务,用于保障居民(尤其是低收入人群)最基本的日常出行,属于普遍服务范畴,具有较强的社会公益性。出租汽车具有方便、舒适、灵活、全天候、"门到门"等特点,具有较高服务水准,主要为收入水平较高、具有一定支付能力的消费群体提供个性化出行服务,其服务对象虽属公众但并非大众,虽属日常生活需要但并非基本生活必需,是一种较高层次的运输服务。出租汽车的共享程度不及城市公共交通广泛,具有更接近于私人物品的性质,虽然其市场性和公益性并行不悖,但"公益性"要弱于"市场性",适合更多地发挥市场机制的作用。

出租汽车的上述属性特征决定了其具有不经济性与不可或缺性。其中,不经济性是相对于城市公共交通而言,出租汽车是一种效率低、对环境和道路交通压力大、便捷不经济的交通方式,不宜作为城市交通出行的主体形式;不可或缺性是指随着消费水平的提高,人们必然对出行提出更高要求,如舒适、方便、快捷等,这些要求是城市公共交通所不能及的,除了私家车能提供这种服务外,便是出租汽车。相对于私家车而言,出租汽车发展更具可持续性,应当保持良性发展。因此,从服务对象上看,城市公共交通侧重于解决大多数人的普遍出行需求,而出租汽车主要解决部分人的特殊出行需求和特殊人群的一般需求。特殊人群应当具备一定的支付能力,对于出行的舒适性、时效性具有城市公共交通难以满足的更高要求。

以上所述的多层次、差异化的运输服务体系,进一步丰富了城市的功能。

(三)优化不同运输方式,提高城市运行效率

城市交通是城市经济社会发展的基本载体,发展目标是最优地满足城市居民的出行需求。针对当前我国部分城市存在的城市公共交通发展相对滞后、出租汽车效率较低和过度使用等问题,需要从城市总体运行效率和可持续发展的角度出发,进一步优化协调不同交通方式,提升城市交通运行效率和服务水平,保障城市有序、高效运行。

一是提高城市公共交通发展水平,将大力发展公共交通作为转变城市交通发展方式、提升人民群众生活品质的主要途径。二是提高出租汽车运行效率,在准确把握出租汽车定位的基础上,科学制定发展政策。合理规划建设出租汽车停靠站点,在机场、车站、码头等公共场所划定出租汽车专用候车区域,方便群众出行;加强出租汽车信息化建设,建立出租汽车服务管理信息系统,优化出租汽车运营管理模式,降低出租汽车巡游比例,减少车辆空驶里程;适度提高出租汽车运价,引导乘客选择城市公共交通出行方式,探索交通高峰时段采取差别化运价,提高驾驶员积极性;创新出租汽车服务模式,发展推广电话约车、网络约车服务方式,方便群众乘车,通过高端服务、优质优价,满足社会公众出行多样化、差异化需求。

第二节 出租汽车经营权

出租汽车经营权是指经政府许可,出租汽车经营者取得从事出租汽车经营活动的权利。出租汽车经营权是在出租汽车经营申请者和出租汽车车辆配置符合许可条件和标准规范的前提下,出租汽车行业主管部门授予出租汽车经营者进入市场,允许其在一定期限内从事出租汽车经营的权利许可证明,代表着经营者具备从事出租汽车经营的资格。出租汽车经营权的实物载体是出租汽车营运牌照,实践中常常将两者等同视之。出租汽车经营权管理作为政府调控的重要手段,是出租汽车行业管理的主要内容之一。

出租汽车经营权使用费用、使用期限、配置方式以及经营权转让等相关问题,不仅关系到出租汽车经营者的切实利益,也直接影响行业的发展与稳定。

一、现阶段出租汽车经营权配置实行服务质量招投标

政府究竟应当对出租汽车经营权实行怎样的配置方式,从各国的经验、做法以及各种理论观点来看,迄今为止还没有一种统一的范式和解释。配置方式的选择,既取决于出租汽车行业的一般特性,也取决于出租汽车的发展环境。政府如何出让出租汽车的经营权,不但涉及对公共资源的配置是否公平合理,也直接影响到政府的调控手段、监管效果和出租汽车行业的健康稳定发展。出租汽车行业发展和管理中的不少问题,都与经营权出让方式不当有关。

由于我国各地城市规模、发展水平,出租汽车公司发展的起点、路径各异,因而各地在经营权配置方式方面的做法也不同,目前主要有行政审批、公开拍卖和服务质量招投标三种方式。其中,服务质量招投标方式正在成为出租汽车经营权配置的主流方式。

出租汽车主管部门通过确定一套综合考评体系,对公司的服务资质和水平进行综合测评,择优配置出租汽车经营权。这种方式大多是有期限的,既有有偿出让的,也有无偿出让的。目前,除极少数城市采取公开拍卖的形式外,其他大多数拟新投放运力的城市正在尝试采取服务质量招投标的形式。部分过去采取经营权期限过长甚至无限期的城市,对新投放的运力大多缩短了期限或者改为有期限。

因此，根据我国目前经济发展状况和出租汽车行业发展的实际情况，出租汽车经营权的配置应当主要采取服务质量招投标方式，其理由如下。

(1)服务质量招投标方式符合法律规定。

出租汽车经营权既为公共资源，就可以通过设定行政许可的方式进行资源配置，即通过行政许可实现经营权数量的分配。《行政许可法》第五十三条规定："对有限自然资源的开发利用、公共资源配置以及直接关系公共利益的特定行业的市场准入等，需要赋予特定权利的许可事项，除法律、行政法规另有规定外，行政机关应当通过招标、拍卖等公平竞争的方式做出决定。"

目前，我国并没有法律、行政法规对出租汽车经营权行政许可的具体方式做出明确规定，因此根据上述规定，出租汽车经营权通过招投标方式配置应符合《行政许可法》的规定。

(2)行政审批方式已逐步不适用于出租汽车经营权配置。

在我国行政许可实践中，行政审批通常作为行政许可的一种具体方式。行政审批设定的起因，主要是防止危险、保障安全、保护环境等。行政审批的运作机理是，政府针对市场在保障安全、维护环保方面存在的失灵问题进行事前的监管，申请人只要符合安全、环保要求便可进入市场，通常没有数量限制。

在出租汽车行业发展初期，即20世纪80年代，行政审批制度对于行业的迅速发展起到了至关重要的作用。在出租汽车经营权采取拍卖和服务质量招投标方式配置之前，通过行政审批方式无偿给予出租汽车公司或个体业主经营权，曾是各地出租汽车市场准入的通行做法。当时由于车辆投入成本高，消费需求规模较小，出租汽车数量相对较少，整个出租汽车行业处于自发展阶段，运力基本不受控制，经营权的获得主要经由行政审批。

从改革开放至今，出租汽车行业进入了治理整顿和促进规范发展的阶段。在政府对出租汽车经营实行价格管制，出租汽车行业退出机制尚不健全的市场环境下，行政审批存在着明显的制度性缺陷。一是经营权分配质量难以保证。由于缺乏公开的竞争，行政主管部门难以根据企业的服务质量对经营权进行配置，不利于建立优胜劣汰的市场竞争机制。二是实施行政审批环节较多、手续烦琐、时限较长，效率较低。三是容易引发腐败问题。在稀缺资源配置领域，行政审批意味着行政机关掌握着分配经济利益的权力，而在现代经济学中，行政审批很难找到存在的依据，这与《行政许可法》的立法精神以及国家总体改革方向也不符合。

(3)拍卖方式并不适合于出租汽车经营权的许可。

尽管拍卖方式具有公开、公平、公正的特点，有助于将资源配置给机会成本最高的经营者，保证资源的最有效利用，但也存在一些问题。一方面，拍卖方式抬高了出租汽车经营权价格，增加了出租汽车运营成本，增加的成本最终有可能转嫁至消费者。另一方面，拍卖方式强化出租汽车的资本运作特性，竞拍者只要有足够的资本便可以获得出租汽车经营权，而竞拍者采用何种运营管理模式、能否提供优质的出租汽车服务与是否中标没有必然联系,在制度设计上不利于出租汽车行业的健康发展。此外,拍卖方式还强化了出租汽车经营权的产权特性,增加了市场退出难度,难以做到优胜劣汰。政府拍卖出租汽车经营权,激烈的竞拍会造成经营权出让价格水涨船高,结果使申请人需要向政府支付巨额费用后才能从事出租汽车经营,这无疑变相提高了出租汽车经营门槛,增加了经营者费用,不利于整个出租汽车行业的健康发展。

(4)通过竞标配置出租汽车经营权扰乱了市场。

从理论上说,运用市场化手段,通过价格竞标实现出租汽车客运经营权的有偿使用,从而为市场主体提供一个公平竞争的平台是一种比较理想的方式。但事实表明,实行经营权竞标出让,标价的攀升大大超过了政府的预计。在竞标中获得出租汽车经营权的业户,由于标价过高而背上沉重的包袱,直接影响了他们的经营收益,出现了市场紊乱。这种经验说明,对于出租汽车经营权的有偿使用,不仅要考虑到出租汽车经营权的准入价格,还要考虑到准入价格带来的各种影响,考虑到服务质量,考虑到市场主体间的公平竞争,还应当把出租汽车经营者的资格条件、内部管理、服务质量作为重要的评标内容。

目前,全国部分地区政府通过竞标的方式出让出租汽车经营权。这种方式的优点是,当地政府能够获得一定的财政收入;缺点是,加大了出租汽车行业的进入成本,对行业潜在进入者产生排挤作用,同时也增加了出租汽车公司的资本压力。在这种情况下,出租汽车公司往往向出租汽车驾驶员转嫁成本,从而最终压力被传导到广大消费者头上。拒载、乱收费现象既与出租汽车驾驶员自身的素质有关,也与这种经济压力有关。由于"黑车"不需要承担这一部分成本,可以获得更高的利润,因而"黑车"才会铤而走险,最终造成"黑车"等非法经营行为的存在。

(5)通过服务质量招投标配置出租汽车经营权有利于提升行业服务水平和促进行业良性发展。

相比较而言,拍卖或竞标方式以竞价为主要手段,价高者得,虽然公开透明,但容易引起价格虚高,忽视了出租汽车公司的资质和服务质量,不利于企业做大做强和服务质量的提高,且已被实践证明是不利于出租汽车行业发展的;行政审批的方式比较简单,但容易造成暗箱操作。相比较而言,服务质量招投标具有以下优势。

一是有利于做到公开、公正、透明。服务质量招投标是以出租汽车经营者过去的质量信誉考核结果和将来的服务承诺为主要评标内容,可以做到公开、公正、透明,既有利于企业提高管理水平,实现集约化经营,更有利于出租汽车行业整体服务质量的提高。

二是有利于出租汽车行业建立完善的优胜劣汰市场竞争机制。出租汽车行业存在一定的信息不对称。一方面,出租汽车服务与消费过程并存,乘客很难在乘坐某一辆出租汽车前对其服务水平进行评判。另一方面,由于存在服务质量优劣差别的出租汽车经营者在吸引客源时的区别并不明显,经营者将缺乏提升服务质量的积极性。采用服务质量招投标方式,如果出租汽车经营者的服务质量未获得认可,将无法继续获得经营权,从而有利于建立完善优胜劣汰的市场竞争机制,提升出租汽车行业整体服务水平和服务质量。

三是有利于鼓励出租汽车经营者加强自身建设,增强竞争能力。保障服务质量是政府管理的主要目标。在建立完善出租汽车市场准入与退出机制过程中,应当以服务质量作为最重要条件,将有限的经营权指标配置给服务质量最优的出租汽车经营者,促进其加强自身建设和发展。正因为此,国家有关文件要求,要按照公开透明、公正有序、公平负担的原则,逐步推广采用以服务质量为主要竞标条件的经营权招投标方式,建立科学合理的出租汽车经营权配置机制。

二、现阶段出租汽车经营权倡导无偿使用为主的方向

从历史上看,我国出租汽车经营权从产生之日起,就采取行政许可无偿使用。北京、上海等城市也一直沿用无偿使用出租汽车经营权的方式。改革开放后,我国部分地区限于地方财政压力,曾对出租汽车经营权探索实行市场化运作的方式,对出租汽车经营权实行有偿使用。一方面,政府实施经营权有偿使用,对于加强出租汽车运力调控、规范出租汽车行业起到了一定的积极作用,也为地方募集了一定的城市建设发展资金。另一方面,出租汽车经营权有偿使用也带来了诸多问题:一是有偿使用不利于出租汽车经营权到期后的回收和重新配置,容易造成政府在管理中处于被动地位;二是有偿使用导致出租汽车经营权私下交易和转让行为普遍存在,市场过度炒作导致经营权价格畸高,不利于出租汽车行业的健康发展;三是有偿使用客观上增加了出租汽车经营者的负担,容易引发市场波动和影响社会稳定;四是部分城市的出租汽车经营权有偿使用费并未完全投入到出租汽车行业,不利于出租汽车行业的健康发展。

基于上述原因,《国务院办公厅关于进一步规范出租汽车行业管理有关问题的通知》(国办发[2004]81号)明确提出:"所有城市一律不得新出台出租汽车经营权有偿出让政策。已经实行出租汽车经营权有偿出让的,可召开听证会,在充分听取有关专家、从业人员和乘客等社会各方面意见的基础上,对经营权出让数量、金额、期限、审批程序、出让金用途以及经营权转让、质押、权属关系等进行全面清理和规范。"与有偿使用相比,出租汽车经营权无偿使用更有利于政府加强对出租汽车行业的规范和管理,应当成为未来出租汽车管理的发展趋势。

(1)出租汽车经营权的性质决定了无偿使用的合理性。

出租汽车经营权原本属于一种公共资源,虽然由政府掌握,在性质上应该是共享的,理论上应为全民所有,在一定时间和范围内可以由不特定的社会成员自由、平等使用,以体现其公共性。因此,出租汽车经营权应实行无偿使用。

(2)无偿使用出租汽车经营权优势明显。

第一,无偿使用出租汽车经营权避免了政府与经营者之间的买卖关系,更有助于政府加强对出租汽车行业的规范管理和建立相应的调控机制,促进出租汽车行业的有序竞争;第二,无偿使用能够减轻出租汽车公司和驾驶员的负担。政府管理的目的不

是"与民争利",利润空间更多地让渡于出租汽车公司、驾驶员和消费者,有利于提供和保障优质的出租汽车出行服务;第三,随着政府财力的不断增强,原先采用经营权有偿使用方式的部分城市,无需也不应当再将经营权配置作为财政资金来源的渠道,给政策的调整完善提供了有利条件。

(3) 无偿使用出租汽车经营权凸显了出租汽车行业公共服务的特征。

出租汽车经营权虽然是有限的公共资源,具有资源稀缺性。但同时,出租汽车行业发展的最终目的是为社会公众提供公共服务。无偿使用出租汽车经营权降低了出租汽车经营者的成本,避免了经营者将过高的经营成本转嫁到消费者身上,打击了投资者炒买炒卖、牟取暴利的心理预期,遏制了权力寻租行为,从而使社会大众能够享受到更加经济、便捷、质优的服务。

(4) 有偿使用出租汽车经营权增加了社会效益与经济利益之间的矛盾。

有偿使用出租汽车经营权存在一个问题,这个问题也正是社会效益与经济利益之间的矛盾所在。在其他市场要素不变的条件下,如果有偿使用金过高,出租汽车经营者的负担就会过重,就会影响出租汽车经营者的经营收益,一旦经营者的经营收益低于合理化的水平,就必然会导致出租汽车经营者的不满心理和不良行为。如果出租汽车经营者经营收益过低,可能造成出租汽车行业不稳定。相反,有偿使用金越低甚至没有有偿使用金,出租汽车经营者的负担就会越轻,经营者的经营收益就容易得到保障,出租汽车经营者的成就感一旦得到满足,就能将自己的经营行为同社会要求联系起来,将自己的行为引入到社会的评价体系,从而自觉增强职业自律,提高服务水平。

由于各地实际情况差异较大,历史遗留问题较多,在有些地方出租汽车有偿使用已形成了一种既有的格局,采用"一刀切"方式要求立即停止经营权有偿使用的做法,也可能并不完全切合实际,因此各地应结合实际情况,采取逐步消化过渡的方式予以处理。一是应明确目标,发出明确的政策导向信号,今后的发展方向是鼓励经营权无偿使用,降低投资者的心理预期。二是新增运力逐步采取服务质量招投标方式配置出租汽车经营指标,实行无偿使用。条件成熟的城市,应当尽快全面推行。已经实行出租汽车经营权指标有偿使用的地区,在一定时期内仍确需继续实行的,应当在充分论证和广泛征求意见的基础上,就有偿使用的方式、经营期限、使用金额和用途,提出具体方案报省级人民政府审查批准后实行,并向社会公布。经批准在一定时期内继续实行出租汽车经营权有偿使用的地区,不得通过拍卖或以价格为竞标条件的招投标方式配置出租汽车经营权。三是有偿使用金应当主要用于改善出租汽车服务设施、行业科技进步和文明创建等方面,并按照批准的用途实行专款专用,接受社会监督。四是对于过高的出租汽车经营权价格应当逐步予以稀释,鼓励各地结合新增运力投放积极实践探索,实现经营权价格从高位逐步回落。五是建立对各类出租汽车公司的中期评估、激励、质量监督制度,确保到期出租汽车经营权的收回。六是积极推进出租汽车公司规范化建设。在时机成熟时,最终取消出租汽车经营权有偿使用,推行以服务质量招投标为核心的经营权配置方式。

三、现阶段出租汽车经营权理论上应有期限

当前,对出租汽车经营权设置一定的使用期限较为合理。出租汽车经营权应当具有一定的使用期限,其期限可以与其车辆报废时间的倍数基本保持一致。

(1)出租汽车经营权具有附期限性。

行政法学理论认为,行政许可权具有附期限性。所谓附期限性是指行政许可权的存续应有经营期限的限制。首先,如果将行政许可权永久授予权利人,则该权利所指向的资源归属形式实际上已经改变了性质,不再成为政府所控制的资源而成为了私人资源,与行政许可权的设立目的相悖;其次,限定行政许可权的期限可以增加权利人的竞争压力,为了在将来再次获得行政许可权,权利人就会努力改善经营管理,提高技术水平,促进整个产业的进步;再次,随着经济社会的发展和技术的进步,某些产业可能会失去由政府进行垄断或控制的经济政策理由,限定经营期限就给政府一个对行政许可权范围的调整空间,以适应社会的发展。出租汽车经营权通过行政许可取得,当然具有附期限性特征。

(2)设置出租汽车经营期限是政府更好地提供公共服务的保障。

从出租汽车经营权授予本身来看,政府为了更好地提供公共服务,通过行政特许的方式允许出租汽车经营权人从事出租汽车经营行为,本质上是对出租汽车经营权人的一种授权行为。这种所授予的权利的性质、内容、期限均由政府根据公共服务所需的相关条件进行设定。通过行政许可授予出租汽车经营权也是政府提供公共服务的一种方式。出于更好地服务社会公众的目的,客观要求此种权利要受到政府较多的关注和限制。

政府通过授予出租汽车经营权来提供公共服务,需要具有一定的激励机制来刺激出租汽车经营权人提高服务参与竞争的积极性。对权利设置一定的期限限制并结合市场准入制度,可以同时对既有出租汽车经营权人和潜在出租汽车经营权申请人产生积极作用。前者受期限限制和潜在竞争者的压力将努力改善经营管理,提高经营水平,注重公共服务质量,从而可以在将来再次获得行政许可权;后者则有机会进入出租汽车市场提供服务并获取盈利。最终的结果是,出租汽车经营权在初始分配阶段得到不断更新,促进出租汽车行业竞争秩序的良好发展。如果将出租汽车经营权永久授予经营权人,则出租汽车经营权所指向的资源归属形式、性质就会发生改变,出租汽车经营权就会成为私人资源,而不再由政府控制,这就违背了行政许可设立的目的。行政许可设立的主要目的就是政府通过行政许可配置公共资源。

(3)设置经营期限是实现政府调控目标的有力手段。

对出租汽车经营权作一定的期限限制,可以促进政府对公共服务的灵活管理。政府通过建立和完善退出机制,根据社会的发展在经营期限内对出租汽车经营权范围进行调整,从而实现并加强政府对出租汽车行业的宏观调控。出租汽车经营权到期后,整体实力强、服务水平高的出租汽车公司可以继续从事经营,有利于维护出租汽车行

业稳定和城市良好形象,而对服务质量差、经营不佳的企业,政府可以收回经营权进行再次分配,实现资源的优化配置。

出租汽车经营权期限的设置应当科学合理。经营期过长不利于政府调节,经营期过短则不利于企业的发展及规划,同时也会增加经营者的负担。政府在收回经营权的同时,需要建立完善相应的配套机制,保障企业服务水平和驾驶员合法利益。

(4)设置经营期限是提高企业自身服务质量的有效途径。

设置经营权期限,出租汽车公司需要在经营权期限内通过加强企业管理、提供优质的车辆设施和提高服务质量等,不断加强自身经营和竞争实力,从而在经营权到期后再分配时能够继续经营。因此,设定出租汽车经营权期限可以提高出租汽车公司的服务质量,促进整个出租汽车行业的健康发展。

(5)出租汽车经营权无明确期限或允许永久使用有诸多弊端。

如果经营权无明确期限或永久性出让,容易引发诸多问题,弊多利少。一是导致对出租汽车经营权人保护不利,影响出租汽车经营权人的积极性。因为没有固定期限则意味着政府可能会随时收回出租汽车经营权。二是容易导致出租汽车经营权人长期占有出租汽车经营权,不利于出租汽车行业良好秩序的形成。三是容易使社会对出租汽车经营权能够带来的经济效益形成过高的心理预期,为非法炒卖、哄抬出租汽车经营权价格提供了空间。四是一些企业和驾驶员长期经营不规范、服务态度差,造成社会公众不满,但由于缺乏退出机制,优胜劣汰的市场竞争机制难以发挥作用。五是不利于政府运力调控,即使供大于求时,政府也难以减少运力总量,运力发展规划难以实施。同时,对于运力优化结构调整也缺乏有效手段,行业整体服务与发展水平难以提高,不利于出租汽车行业的良性发展。六是不利于政府实行监管。这种方式导致了出租汽车经营者对社会公共资源的永久占有,是对公共利益的一种侵害。一旦无限期出让的经营权成为一种私人产权,政府监管部门就在很大程度上失去了对经营权的约束和管理权限,不利于对出租汽车服务质量的监管。出租汽车经营权期限的设定,要结合政府部门城市客运整体发展战略、出租汽车行业特点、经营规模、经营方式和市场供求情况进行综合考虑。因此,出租汽车经营权的出让,应当以经营者提供满足服务质量标准和相关监管要求为条件,并充分考虑便于经营者进行经营管理,将经营权出让期限尽可能与车辆使用年限或更新周期相一致,以避免经营权到期而车辆未到报废期,从而给经营者为处置车辆而增添不必要的负担和麻烦。

在我国实践中,出租汽车经营期限分为较短期限和较长期限。经营权期限的长短也是一个需要注意的问题。经营权期限过长或过短都会造成不同的问题。经营期限过长,不利于政府调节,容易影响政府对出租汽车市场的调控能力,造成企业缺乏竞争力;经营期限过短,又会造成经营者短期经营行为,不利于企业的发展及规划,企业缺乏发展后劲,行业服务质量难以保障,同时也会增加出租汽车经营者的成本,影响出租汽车社会公益效能发挥。我国一些城市将经营权期限规定为 20 年、30 年、50 年,甚至 70 年,而一些县城将经营权规定为 2 年或 3 年,这均不利于出租汽车行业的长远发展。

从我国目前实际情况来看,出租汽车经营权的期限可以与车辆的车型和报废周期相结合来确定。对于出租汽车经营权的具体期限,期限的长短各地可以根据当地具体情况而定。新投放的出租汽车经营权期限原则上不应超过10年。对于已经配置出租汽车经营权指标且确定经营期限的,应当执行已经确定的经营期限;已经配置出租汽车经营权指标未确定经营期限的,应当合理确定经营期限。出租汽车经营权指标期限届满后,出租汽车经营者在经营期限内服务质量信誉考核合格的,可以延续经营;质量信誉考核不合格的,应当由政府收回经营权,并按照相关规定重新配置。要妥善处理永久经营权这一棘手问题,可在保持社会稳定有序的原则下制定具体相应办法。

出租汽车经营权期限可以依法改变,改变的方式有两种。第一种是依据法律法规双方达成合意而变更出租汽车经营权期限。双方作为行政许可经营的平等主体合意达成变更协议。第二种是由政府单方面做出变更。政府部门可以根据公共利益的需要,规定在一定期限到来之后对经营权期限进行变更或者撤销。该变更或撤销经营权的年限应在经营权的期限开始至经营权期满前的相当时间内,并且应当给予经营权人以相应的补偿,否则不能撤销经营权。政府也可以规定一定的具体情形,一旦规定的情形发生即可变更或撤销,而不必等到一定期限之后,也不必给予相应补偿。第二种情况之下必须严格控制政府单方面变更和撤销权的行使,否则将会严重损害权利人的利益。

四、现阶段出租汽车经营权转让应区别对待

在我国现实情况下,出租汽车经营权不得私下擅自转让,到期后应当由政府收回,重新配置。法律、法规规定可以转让的,应当按照规定的条件和程序转让,并且应到出租汽车主管部门办理登记。

(1)出租汽车经营权的产权属性决定其能够转让。

经济学理论认为,但凡具有产权属性的权利皆具有可转让性。从出租汽车经营权的内容来看,获得出租汽车经营权,就意味着取得从事出租汽车经营并获取利益的权利。而未获得者则无从进入,不具有从事出租汽车经营的权利和机会。这种权利因不能普遍性存在而具有了经济学意义上的"稀缺性",而稀缺则产生经济学意义上的价值,即成为财富或资源。因此,出租汽车经营权就成为能够使权利人获得一种具有经济利益的权利,这也使得其具有了产权的属性,也就具有了可转让性。

(2)基于公平竞争方式取得的出租汽车经营权可以转让。

行政法学理论认为,行政许可通常是与持证人个人属性相关,因为只有在申请人具有适当的品行、技能、素质和其他符合规定的条件,才能获得许可。行政许可只能反映被许可人的情况,不能反映其他人是否符合法定条件。因此,行政许可一般不得转让。例如,律师执业许可不能转让。但如果是申请人以公平、竞争方式取得的行政许可,依照法律、法规规定的条件和程序,则可以转让。根据上述理论,出租汽车经营权

如果是通过行政审批方式取得的,理论上不能转让;如果是通过行政许可中的拍卖、招投标等方式取得的,理论上可以允许转让,但必须经过政府的允许才能转让。

(3)出租汽车经营权转让必须受到一定条件限制。

作为具有财产属性的权利,出租汽车经营权应当允许转让,当无疑义。但是因其关乎政府提供社会公共服务,必须保证其所提供服务的稳定性和持续性。因此,出租汽车经营权的转让必须受到相应限制。这一限制不仅体现在对出租汽车经营权人转让权利本身的限制,也表现在受让人不能随意变动出租汽车经营权的内容、期限及其他主要内容。第一,受让人必须符合法定条件,即符合法律法规规定的出租汽车经营的要求。第二,出租汽车经营权受让人必须承担权利主体获取权利时所承诺承担的社会公共服务责任。这部分义务必须全部承担,且应获得政府授权部门审批。第三,出租汽车经营权转让有最低服务期限限制,即出租汽车经营权人取得经营权后必须在经营一定期限后才能转让,受让人取得剩余期限内的经营权。这是为了避免权利人以盈利为目的恶意转让从而危害公共服务。例如,《杭州市客运出租汽车经营权有偿使用管理办法》第十七条明确规定:"客运出租汽车经营权需要转让的,必须待第一次取得经营权满两年后方可转让,并且应转让给具有一定经营规模的客运出租汽车经营单位。"

(4)出租汽车经营权转让应当符合法律规定。

《行政许可法》第九条规定:"依法取得的行政许可,除法律、法规规定依照法定条件和程序可以转让的外,不得转让。"这一规定原则上对行政许可采取禁止态度,但实际上给行政许可的转让留下了空间。该规定意味着,只要法律、法规明确规定可以转让的,行政许可就可以转让。但行政许可的转让不同于一般商品的转让,为便于行政机关对相对人进行监督管理,转让双方应当到有关行政管理机关办理登记手续,以便行业管理部门及时了解有关情况,审查转让条件,进行后续监督管理。现行不允许转让行政许可的规定主要是由于没有明确的法律依据造成的。

针对现阶段我国出租汽车经营权的现状,在出租汽车经营权转让问题上需要予以区别对待。第一,出租汽车经营权不得私下擅自转让。但法律、法规规定依照法定条件和程序可以转让的,应当依照法定条件和程序进行转让,并办理登记手续。第二,无偿使用的出租汽车经营权,经营期限内不再继续经营的或经营期限届满的,由政府收回,重新配置,车辆由产权所有人自行处理。第三,有偿使用的出租汽车经营权,在经营期限内确需转让的,政府可综合考虑出租汽车运力规模、有偿使用金标准和已经营运年限等因素优先回购;政府不回购的,可向质量信誉考核合格的出租汽车经营者转让,并按照规定办理转让变更手续。第四,违反规定私下擅自转让经营权的,转让无效,依法追究相关经营者行政责任,包括吊销一定数量的经营权。第五,出租汽车经营权的转让应当经过价格评估等程序,禁止私下倒卖、炒买炒卖、牟取暴利等扰乱正常市场秩序行为,严厉打击各种私下擅自转让经营权的行为,防止过去已经出现的高价炒卖经营权现象的发生。第六,要加强市场监管和制度建设,进一步研究制定规范出租汽车经营权转让细则,确保出租汽车经营权转让公开、公平、合法、有序进行,依法查处黑市交易和"炒买炒卖产"行为。

五、新增出租汽车经营权一律实行期限制

《国务院办公厅关于深化改革推进出租汽车行业健康发展的指导意见》明确要求,新增出租汽车经营权一律实行期限制,不得再实行无期限制,具体期限由城市人民政府根据本地实际情况确定。新增出租汽车经营权全部实行无偿使用,并不得变更经营主体。既有的出租汽车经营权,在期限内需要变更经营主体的,依照法律法规规定的条件和程序办理变更手续,不得炒卖和擅自转让。对于现有的出租汽车经营权未明确具体经营期限或已实行经营权有偿使用的,城市人民政府要综合考虑各方面因素,科学制定过渡方案,合理确定经营期限,逐步取消有偿使用费。建立完善以服务质量信誉为导向的经营权配置和管理制度,对经营权期限届满或经营过程中出现重大服务质量问题、重大安全生产责任事故、严重违法经营行为、服务质量信誉考核不合格等情形的,按有关规定收回经营权。

第三节 出租汽车经营模式

出租汽车经营模式的选择,关系到出租汽车行业的发展方向,影响着出租汽车的服务质量和政府的管理效率,涉及出租汽车经营者和驾驶员的切身利益。当前,我国出租汽车的经营模式总体上可分为公司化经营和个体经营两类。近年来,对于出租汽车经营模式如何选择,大家众说纷纭,未形成一致意见,已为社会所关注。

从国内外出租汽车行业管理实践,以及社会各界观点来看,目前对出租汽车行业究竟应实行哪种经营模式,主要存在三种不同观点:一是主张实行公司化经营;二是主张实行个体经营;三是主张公司化经营和个体经营两种模式并存。

不管任何事物,增加一个中间环节,就可能会增加相应的成本。对于出租汽车行业,出租汽车公司这个中间环节是否有存在的必然性,要重点从以下两点考虑:一是能否增加运营效率,二是能否形成规模经济效益。此外,还要看出租汽车公司有没有发挥相应的功能。

一、我国国情下的经营模式选择考虑的因素

我国正处在转型的重要时期,出租汽车行业由于历史原因在劳动报酬、社会保险、劳动条件等方面,引发了诸多劳动关系问题,并使一些矛盾凸显,成为社会关注的焦点。从本质上看,出租汽车经营模式选择问题的关键,不仅仅在于实行公司化经营还是个体化经营,更重要的是如何有效监管、协调经营权持有人与驾驶员的收益分配关系,妥善处理好各方的利益问题。合理的出租汽车经营模式,应该有助于解决当前出租汽车行业存在的问题,保证行业服务水平和乘客正当权益。因此,选择出租汽车经

营模式时,可以从以下几方面来考虑。

(1)从服务质量保障看经营模式选择。

出租汽车在城市综合运输体系中占有重要地位,其服务质量是城市管理水平的"晴雨表",对提高居民生活水平、提升城市整体形象不可或缺。一方面,出租汽车作为服务于社会公众出行的基本方式之一,为社会公众提供满意、高质量的运输服务应是出租汽车行业追求的目标。另一方面,乘客在选择出行方式的过程中,也希望能获得与其所支付的成本相匹配的服务质量,要求"价有所值"。因此,不管选择哪种经营模式,都要有利于保障出租汽车行业的服务质量。

当前,我国出租汽车行业诚信体系还不健全,市场的优胜劣汰机制并不完善,仍然存在经营行为不规范、服务质量不高、技术水平较低和行业总体形象有待提升等突出问题。如果单纯依靠出租汽车驾驶员的自我管理和自我约束来保障出租汽车行业的整体服务质量,这并不现实。因此,从客观上讲,需要建立相对完整的规范制度体系。从这个方面看,在公司化经营模式下,通过建立政府、公司、驾驶员等不同的管理层级,由政府制定法律法规来规范出租汽车行业的运营秩序,由公司建立规章制度来加强对驾驶员的从业管理,由驾驶员恪守职业道德、遵守行为规范来提供可靠的运输服务,这种"政府管公司、公司管驾驶员"的层级递进模式,可能会更有利于保证出租汽车行业的服务水平。

(2)从驾驶员权益保障看经营模式选择。

驾驶员是出租汽车服务的实际提供者,是出租汽车市场的重要参与主体。驾驶员的权益能否得到保障,决定着其能否安心在出租汽车行业从业,能否为社会公众提供满意、高质量的出行服务。如果驾驶员时刻为收入担忧,就很难做到爱岗敬业、发自内心地做好服务。因此,不管选择哪种经营模式,都应当有利于保障驾驶员的权益。通过有效保障驾驶员权益,解决驾驶员的后顾之忧,让驾驶员能够体面工作、有尊严的劳动,让经营者健康发展,才符合出租汽车行业发展的价值取向。

在个体经营模式下,尽管驾驶员具有追求自身利益最大化的动力,但是其抗风险能力要远远低于公司化经营。出于节约成本等因素的考虑,个体经营者通常不能按规定主动参加社会保险,社会保障水平较低。特别是当个体经营权层层转包后,最终接手从事实际运营的一线驾驶员,往往背负着沉重的经济负担,其权益保障难度较大。在公司化经营模式下,公司与出租汽车驾驶员依法签订劳动合同,让驾驶员成为公司的员工,享受基本的社保、工资等待遇。规范化的公司经营,不会像其他经营模式那样简单地以包代管,而是承担经营风险,并提供更好的管理和服务。

(3)从运营安全保障看经营模式选择。

运营安全不仅是乘客对出租汽车驾驶员最基本的要求,也是出租汽车行业优质服务的主要标志之一,更是行业维持正常运营的前提。安全犹如出租汽车行业机体上的中枢神经,关系着整个系统的正常运行,没有安全作为保证,其他一切工作就会失去存在的意义。出租汽车经营者和服务人员为乘客提供安全、快捷、舒适、文明、持续改进的出租汽车经营服务,其中第一要求便是安全。因此,衡量一种经营模式是否合适,要从如何更有利于保障出租汽车运营安全的角度进行考虑。

在个体经营模式下,由于单车运营的特征,出于对节约成本、追求最大经济利益的考虑,加之普遍缺乏完善的安全管理制度,车辆常常不能及时得到维护。车主对驾驶员的管理力度也难以到位,驾驶员缺乏持续接受教育、改善服务的动力,仅仅依靠驾驶员的自我约束管理,规范经营、安全行车、优质服务的积极性与主动性得不到发挥。另一方面,在个体经营模式下,出租汽车更容易成为投资的手段,经营权的私下转让炒卖及层层转包,会导致驾驶员的经济负担加重,只能通过长时间的超时劳动来弥补经济上的压力。在此前提下,安全生产责任也是"纸上谈兵、形同虚设"。在公司化经营模式下,公司落实安全生产主体责任,建立有关安全运营管理制度,通过健全的内部组织机构,加强对公司所属驾驶员的管理,相比个体经营模式而言,在体制机制上更有保障。

二、我国国情下经营模式的选择

我国从计划经济体制向社会主义市场经济体制转型的过程中,形成了出租汽车多种经营模式并存的局面。目前,个体经营模式和公司化模式虽各有利弊,但在现有的市场经济运行机制下,公司化经营特别是公车公营模式拥有更多的优点和更大的适应范围,应当成为我国目前出租汽车经营管理模式的主流方向,但同时可根据城市的特点以及当地的居民生活水平,还应适度保留个体经营等经营模式。我国国情下经营模式的选择应考虑以下几方面。

1)从城市服务能力角度出发,出租汽车行业应当提供高品质的服务,需要推进公司化经营力度。

(1)城镇化进程推动总体出行服务需求"量"与"质"同步提升。

近年来,我国城镇化率以每年约1%的速度增长,每年有1000多万人从农村转入城市生活。城市规模迅速扩大,城市群、都市圈快速崛起,城镇体系初步形成,人口持续向城镇集聚,城市居民的出行总量和出行距离呈现大幅度增长,城市客运占客运总量的比例持续提高、重要性显著增强。人民群众的出行需求在"量"和"质"方面同步提升,对于安全可靠、经济高效、便捷舒适乃至个性化的出行需求显著增强,越来越多的人希望乘坐出租汽车出行。

(2)出租汽车需要提供更高品质服务适应城镇化进程的需要。

随着社会经济的飞速发展,城市的集聚效应明显增强。特别是特大型城市,资源的聚集进一步增强了对人口的集聚作用,导致各类城市基础设施的供给滞后于城市人口的增长,交通拥堵、出行不便俨然成为了城镇化发展所带来的"城市病",是社会各界高度关注、集中关心的焦点、热点和难题问题。高速城镇化和机动化,增加了城市对交通的依赖,使得城市交通拥堵治理越来越复杂,越来越困难。要解决这些"城市交通病",只有从城市发展整体出发,从建立综合运输体系出发,综合治理。而从出租汽车的行业发展定位上看,出租汽车在城市综合运输体系中,主要满足社会公众特殊出行和具有一定消费能力的出行需要,不同于城市公共交通。在明确定位基础上,为更好地适应城镇化进程的需要,应提高出租汽车服务品质,与城市发展和社会公众需求相适应,向健康、稳定、有序方向发展。

(3)公司化经营保障出租汽车行业服务水平的提高。

良好的服务态度和满意的服务质量源自于和谐的劳动关系和有效的组织管理,这一点已经在餐饮等行业做出了良好的示范。要不断改善出租汽车服务品质,适应城镇化进程的发展需要,必然要立足于保障出租汽车行业服务质量,保证驾驶员的正当权益,保证行业的安全运营。从这些因素上看,通过推进公司化经营,有助于实现出租汽车行业整体服务水平的提升。

一是公司化经营模式促进行业服务质量提升。正规化的出租汽车公司,能够通过规范化管理保证出租汽车服务质量,能够通过安全管理制度保证运营安全。公司为车辆购买足额的保险,具有更强的抗风险能力。公司化经营模式下,公司在驾驶员进入出租汽车行业时严格把关,达不到条件的人员不予聘用,即使达到条件的人员进入行业后也要不断对其进行培训、教育。同时建立有效的激励制度,鼓励驾驶员诚信经营、优质服务,使得服务好、态度佳的驾驶员能够得到尊重,得到行业和社会的认可。政府部门在行业管理过程中,通过对出租汽车服务质量信誉考核,并根据考核结果对出租汽车公司奖优惩劣,鼓励出租汽车行业做大做强,引导出租汽车公司努力提高管理水平、提高服务质量,创建品牌效应,形成公司之间真正的良性竞争,使整个行业在竞争中健康发展。

二是公司化经营模式促进出租汽车司企关系和谐。在国内实践中,部分个体经营者取得经营权后很快变成了老板,雇佣其他驾驶员运营,从中收取"份钱"。个体车主对出租汽车层层转包甚至转卖,自己不进行经营,将车委托、承包给别人经营而成为"食利者"。从这些情况看,把出租汽车经营权许可给个人,并不一定能够减轻一线驾驶员的负担,反而增加了一线驾驶员的负担,真正进行经营的驾驶员状况可能没有什么改变,甚至有可能比以前更差。理想和现实仅一步之遥,但这一步往往很大,很难轻易迈过去。在公司化经营模式下,公司与驾驶员之间是劳动雇佣关系,可以有效减少中间阶层,并且通过规范公司和驾驶员的合同管理,建立对驾驶员群体有利的运营环境,提高驾驶员的收入水平。公司和驾驶员作为利益的共同体,驾驶员权益的充分保障有助于增强驾驶员对企业的归属感和职业自豪感,减少出租汽车行业服务和管理的不稳定。出租汽车公司也从"不想管、管不了"的状态转变到"主动管、用心管且必须管好"的状态,有助于促进行业的稳定、健康发展。

三是公司化经营模式提高运营效率和规模效应。公司化经营模式下,公司投入必要的服务设施,如公司通过信息化建设,为驾驶员提供有组织、有针对性的服务,避免个体经营模式下驾驶员"单打独斗、各自为战"的局面。在重大节假日和特殊天气情况下,公司化经营模式更有利于加强对出租汽车运力的调度,增强对社会公众出行需求的保障。实行公司化经营具有管理上的规模效应。在公司化经营模式下,对一辆出租汽车的违规行为的处罚,会影响到公司的整体利益,相对于政府面对若干相互独立的个体出租汽车,具有"以一代十"的管理效果。此外,虽然公司化经营存在单车经营成本要比个体经营成本高等问题,但是完全可以通过优秀的管理、知名的品牌、完善的服务以及现代信息技术的应用来降低成本,取得规模化效应,从而实现社会福利最大化,从而弱化了公司这一中间环节的额外成本问题。

2)区分不同城市,考虑不同发展阶段,综合考虑经营模式的选择。

针对某个特定城市,是采用公司化经营还是个体经营或者是二者相结合的经营模式,这要结合该城市本身的特点、出租汽车发展阶段等因素来综合确定。对于大中型城市,出租汽车总量规模巨大,出租汽车服务过程高度流动分散。对出租汽车的监管是一种日常性的监管,显然"政府—驾驶员"的管理模式将极大地增加政府部门的监管难度和监管成本。特别是在目前我国出租汽车行业整体发展还不成熟、社会整体诚信水平较低、从业人员素质参差不齐、驾驶员自律意识不强和行业协会不完善等阶段下,应当发展政府监管企业、企业监管车辆及驾驶员运营的公司化经营模式。中小城市特别是小城市或者乡镇,由于市场总量相对有限,可以采取多样化的经营模式,以调动各种经营模式的积极性,促进市场的良性竞争,形成健康、有序的出租汽车市场。

总体而言,推进出租汽车行业公司化经营、员工制管理的经营模式,能够有力促进出租汽车行业健康规范发展。考虑到目前我国个体经营出租汽车普遍存在、涉及面广的实际情况,各地在推进公司化模式时不应采取"一刀切"的做法,还应根据本地区实际情况,按照依法依规、循序渐进、逐步引导、平等自愿的原则,通过制度创新、规范管理和加强引导,以增量带动存量,允许在现有模式的基础上,按照实际情况逐步规范和过渡,积极探索新的模式,逐步调整和理顺各种关系,避免引发新的矛盾。

3)加强不同经营模式的管理,切实提高出租汽车服务质量。

一是加强企业的经营管理职能。强化出租汽车公司的经营管理职能,避免挂靠经营,防止企业成为有形式而无实质经营管理职能的空壳。理顺公司作为组织实体的权、责、利关系,使公司成为真正的权、责、利主体,将安全保障体系和公司的整体利益联系在一起,通过强化对公司的监管,促使其建立安全保障体系,以规范服务行为、提高服务质量,促进出租汽车行业健康发展。具体而言,公司应与驾驶员依法建立劳动关系,为驾驶员依法缴纳社会保险;规范与驾驶员的经营承包合同,避免公司通过收取高额的风险抵押金等方式向驾驶员转嫁经营风险。

二是规范企业的经营行为。政府对于出租汽车行业的管制,容易导致获得出租汽车经营权的经营者产生"垄断综合症",包括服务质量下降、忽视消费者利益、缺乏创新动力等。政府在兼顾消费者和经营者利益的基础上,应制定服务质量信誉考核等制度,建立有效的监督机制,为政府管公司、公司管车辆、公司管驾驶员提供外部动力。公司在监管链条中处于承上启下的位置,应充分调动公司的积极性,强化公司承担的社会责任,规范公司的经营行为,发挥社会参与监督的作用。同时,公司要加强对所属驾驶员的管理,防止车辆由主班驾驶员承包后再转包给副班驾驶员,甚至多次承包给其他驾驶员等行为。

三是加强对个体经营的管理。要充分发挥个体经营的特点,引导个体经营者不断规范经营行为,同时要加强监管,提高服务水平。在个体经营模式下,要特别注意防止经营权的转包、私下转让和炒卖等行为。要防止个体出租汽车经营者全部委托给他人经营管理,成为纯粹的投资者,使真正一线营运驾驶员的利益得不到应有保障。

第四节 出租汽车经营服务方式

服务性是出租汽车行业的根本特征。不同服务方式发展程度和所占比重,不仅是满足公众出行需求的直观体现,也是衡量出租汽车行业整体发展水平的重要标志。

一、出租汽车经营服务方式的主要观点

出租汽车提供服务的方式主要有三种:一是巡游服务,即出租汽车驾驶员看见街道旁候车乘客扬手示意,则停车载客;二是站点服务,即出租汽车在政府有关部门规定的候车站点接送乘客;三是预约服务,即出租汽车根据乘客电话或网络预约,前往预约地点接送乘客。预约服务还可进一步细分:如果通过传统巡游服务或站点服务方式运营的车辆从事预约服务,那么这种预约服务也可称为电召服务;而如果仅允许采取预约服务方式,不允许通过巡游服务和站点服务方式运营的,则称为约租车服务。出租汽车经营服务方式具体分类如下图所示。

出租汽车经营服务方式

目前,社会各界针对出租汽车究竟应该采用哪种经营服务方式主要有以下三种观点。

观点一:主张以巡游服务方式为主。巡游服务是目前我国各个城市主要的出租汽车服务方式,主张出租汽车以巡游服务方式为主,主要基于三方面考虑。①乘客方便。对乘客而言,打车最重要的考虑因素是方便。在出租汽车巡游服务方式下,乘客不必花时间到处找车,方便省时。②已养成固有习惯。多年来,出租汽车巡游不仅使驾驶员收益可观,乘客也养成了"招手即停、抬腿上车"的打车习惯。从招手上车到电话预约,是出租汽车运营模式和乘客消费习惯的改变,实施起来并不容易。③与其他服务方式相比具有一定优势。从出租汽车不同服务方式的发展现状来看,巡游服务方式依

然具有一定的优势。

观点二：主张以站点服务方式为主。主张以站点服务方式为主，主要基于三方面考虑。①节约乘客时间。与出租汽车巡游服务相比，站点服务方式不再需要乘客沿街找车，只需要到附近站点即可，由于站点车辆较多，打车有保证，能够减少寻找出租汽车而产生的时间成本。②减少驾驶员支出。对出租汽车经营者来说，出租汽车站点服务能够避免因巡游揽客而产生的车辆空驶，从而可以降低运营成本。③缓解城市交通拥堵。在出租汽车巡游服务方式下，出租汽车在运营期间几乎不停，长时间占用城市道路资源，会加剧城市交通拥堵，增加废气排放。此外，在出租汽车巡游服务方式下，出租汽车驾驶员工作时间长、劳动强度大，而出租汽车站点服务方式，可以使驾驶员在站点待客时短暂休息，有效缓解疲劳，利于保障行车安全。

观点三：主张以预约服务方式为主。随着市场需求的多样化以及电信与网络技术的不断发展完善，目前出租汽车预约服务的种类已经不仅仅局限于电话约车，还包括网站约车、手机上网约车、短信约车等多种方式。在服务次数上，有一次性、多次性、中长期预约服务等方式。在支付手段上，有预付费、后付费等方式，不仅更加灵活，还能够有效应对各种违约行为。

二、我国国情下的出租汽车经营服务方式选择

巡游服务、预约服务和站点服务三种方式各有特点，能够满足不同的消费需求。在实际中，无论是发达国家还是我国目前各城市，这三种服务方式也都不是孤立存在的。以下将对出租汽车经营服务方式的理论基础和现实选择进行分析，从而为我国出租汽车经营服务方式的健康发展提供参考。

从运营方式的经济性、运营效率、服务质量和满足差异化需求来看，预约服务都具有明显的优势。当然，考虑到社会公众传统习惯和各地情况各异，预约服务发展不能一蹴而就。因此，适当兼顾巡游和站点服务方式，在此基础上不断扩大预约服务所占比重，理应成为出租汽车经营服务方式未来发展方向。

（一）发展现状及面临形势

总体来看，受信息平台建设、传统运营模式和消费习惯以及信用体系建设等方面的制约，我国目前出租汽车预约服务发展水平逐步提升，预约服务面临难得的发展机遇。

第一，突破出租汽车行业发展困境为预约服务带来了机遇。随着城市规模的不断扩大与收入水平的不断提高，出租汽车需求越来越多。在现阶段，单纯依靠加大出租汽车运力投放来满足出行服务的方式并不完全可取。而预约服务作为一种新型的经营模式，不仅能够满足乘客需求，还减少了出租汽车对城市道路资源的过度占用。同时，通过先进的信息网络技术完成业务，也为出租汽车经营带来了技术上的革新，有利于供给资源的高效整合。此外，预约服务对于传统出租汽车市场冲击较小，这对于推动出租汽车行业变革，一定程度上破解数量管制难题具有重要意义。

第二，低碳绿色发展理念为预约服务指明了方向。"资源节约型、环境友好型"社会发展背景下，交通运输作为能源消耗大户，低碳发展、绿色发展理念已经成为行业内外的广泛共识。出租汽车预约服务能够减少车辆空驶和废气排放，有利于缓解拥堵和减轻交通压力，符合低碳绿色发展理念。

第三，现代信息技术发展为预约服务提供了支持。随着现代信息技术和网络技术的不断发展，以车载终端和出租汽车服务管理信息系统为依托，能够对出租汽车实时运行和日常运营信息进行采集与共享，实现出租汽车的实时监控、预警、智能调度、语音通话、路线查询、失物查找等功能，为出租汽车预约服务的发展提供有效技术支撑。

（二）大力发展出租汽车预约服务

把握未来发展机遇，还需要采取综合措施，促进我国出租汽车预约服务的健康发展。

第一，树立差异化服务的理念。从发展定位上，出租汽车主要满足一般人的特殊需求和特殊人群的一般出行需求。从目前我国部分城市发展实际来看，与传统运营方式相比，预约服务在主要服务人群、服务价格等方面都可能存在一定差异，能够保障在公众可选择方式有限时，其出行需求能够得到满足。不同方式发展各有侧重，共同构成我国出租汽车经营服务方式的有机整体。

第二，加强管理服务信息系统建设。出租汽车服务管理信息系统是发展预约服务的重要载体，通过智能化的信息采集和运行管理，能够为运力调度、路线设计以及服务质量监督等提供依据，对于出租汽车预约服务的发展和普及具有重要作用。

第三，创新电召服务模式。积极推广电话、网络、服务站点、手机终端等多种出租汽车电召服务模式。一是优化电话约车服务流程，推广自动式电话约车服务，提高电召服务中心处理能力。二是依托电召服务中心，建设研发出租汽车电召服务网站和手机电召服务终端，开展出租汽车网络、手机电召等新型服务，实现对电召服务的记录和跟踪，切实保障乘客的合法权益。三是在宾馆、酒店、旅游景点等乘客密集区域，专门设置电召服务终端，推动电召服务向智能化、自动化、精确化方向发展。

第四，完善配套政策措施。发展出租汽车预约服务是一项系统工程，还需要相关配套政策措施予以支持。一是充分调动驾驶员积极性。预约服务收入分配应重点向驾驶员倾斜，增加驾驶员收入，调动驾驶员积极性，让驾驶员愿意主动提供预约服务。二是合理确定收费标准。根据本地实际情况和消费水平，科学合理确定出租汽车预约服务收费标准，积极争取将预约服务费列入出租汽车发票费目，探索根据交通高低峰实行分时段差别化价格，引导社会公众合理选择出行方式。三是加强诚信体系建设。加快出租汽车驾驶员和乘客预约服务诚信体系建设，建立诚信档案和奖惩机制。四是加强预约服务监管。根据本地区实际情况制定出租汽车预约服务管理办法，规范出租汽车企业、驾驶员、预约服务中心，以及第三方预约服务平台的经营行为，提升服务质量。五是建立考核奖励机制。将出租汽车预约服务中心建设运营情况、驾驶员预约服务开展情况，纳入出租汽车服务质量信誉考核，对预约服务开展较好的企业和驾驶员予以相应加分奖励。

第五，加快专用停车站点的建设。专用停车站点建设是发展预约服务的重要基础设施条件，也是提高便民服务和运营管理水平的重要手段。受土地资源、部门协调等因素影响，目前各地专用停车站点建设总体滞后。今后，要在城市人民政府的统一领导下，加强规划、土地、建设、交通、公安等部门的协调配合，加快推进专用停车站点的建设，为预约服务发展提供保障。

（三）规范网络预约出租汽车经营服务

网络预约出租汽车（简称网约车）经营服务，是指以互联网技术为依托构建服务平台，整合供需信息，使用符合条件的车辆和驾驶员，提供非巡游的预约出租汽车服务的经营活动。网约车经营者，是指构建网络服务平台，从事网约车经营服务的企业法人。《网络预约出租汽车经营服务管理暂行办法》明确指出，从事网约车经营服务，应当遵守本办法，规范经营服务。

第五节 出租汽车行业劳动关系

劳动关系作为生产关系的重要组成部分，是最基本、最核心、最重要的社会关系之一。劳动关系的构建，强调劳资双方平等互利，公正合理，但更为强调劳动者的权益保护。如果劳动者权益受到损害，就会影响劳动力供给，不利于高素质的职工队伍的形成，最终企业利益也会受到损害。建立规范有序、公正合理、互利共赢、和谐稳定的劳动关系，对企业和行业的健康成长、经济社会的又好又快发展至关重要。

创建和谐劳动关系是保障出租汽车驾驶员权益、提高出租汽车服务水平、促进出租汽车行业健康发展的重要基石。当前，我国出租汽车经营模式非常复杂，加之法制建设相对滞后，随着出租汽车行业的不断发展和经济利益结构的深化调整，劳动关系主体多元化、劳动关系不规范、劳动关系矛盾增多和加深、劳动者权益难以得到有效保障的趋势明显，需要予以高度重视，并认真予以解决。

出租汽车行业管理既是一个经济问题，也是一个社会问题，需要综合运用法律、经济、行政、技术等手段。出租汽车公司和驾驶员之间依法建立劳动关系，是加强出租汽车管理、促进行业健康发展的重要内容。

《国务院办公厅关于深化改革推进出租汽车行业健康发展的指导意见》明确要求，出租汽车经营者要依法与驾驶员签订劳动合同或经营合同。采取承包经营方式的承包人和取得经营权的个体经营者，应取得出租汽车驾驶员从业资格，按规定注册上岗并直接从事运营活动。要利用互联网技术更好地构建企业和驾驶员运营风险共担、利益合理分配的经营模式。鼓励、支持和引导出租汽车企业、行业协会与出租汽车驾驶员、工会组织平等协商，根据经营成本、运价变化等因素，合理确定并动态调整出租汽车承包费标准或定额任务，现有承包费标准或定额任务过高的要降低。要保护驾驶员合法权益，构建和谐劳动关系。严禁出租汽车企业向驾驶员收取高额抵押金，现有抵押金过高的要降低。

一、建立出租汽车行业劳动关系的必要性

劳动关系是生产关系的重要组成部分。和谐劳动关系是和谐社会的重要基础。

1. 从利益共同体角度看劳动关系问题

出租汽车公司和驾驶员是利益的共同体,双方围绕"经济效益共创、发展成果共享"这一目标形成合力,朝着共同的利益目标发展。因此,出租汽车公司要关心驾驶员,尊重驾驶员的主体地位和首创精神,最大限度地激发驾驶员的工作热情和创造活力,尊重和保障驾驶员的合法权益。同时,驾驶员要热爱出租汽车公司,维护企业利益和形象,为企业发展积极贡献,在本职岗位上创造一流业绩,提高服务能力,服从企业管理,努力做到以提高素质推动和谐、以维护稳定保障和谐,推动出租汽车公司又好又快发展。

2. 从事业共同体角度看劳动关系问题

对出租汽车公司而言,形成和谐的劳动关系是企业履行社会责任的最好体现。出租汽车公司和驾驶员应当认识到,企业和驾驶员是共生、共赢、共长的关系,双方为了共同的价值观而奋斗,企业对驾驶员负责,驾驶员对企业负责,双方形成良性的互动、信任机制。因此,企业应尽可能维护驾驶员的就业稳定,给予其合理的薪酬和福利,为其提供增长才干的机会,帮助和促进驾驶员实现个人在事业上的发展。对驾驶员而言,应当树立与企业一同发展的事业共同体观念,努力顺应市场发展要求,加强业务培训,提高职业素养,恪守职业道德,强化责任感,培养对企业的归属感和忠诚度,与企业发展共荣辱。

3. 从命运共同体角度看劳动关系问题

没有合适的出租汽车公司,驾驶员不能实现自身的利益;没有合适的驾驶员,企业就不能正常经营,更无法实现效益。出租汽车公司和驾驶员在一定程度上是命运共同体。出租汽车公司应当把驾驶员视为公司发展的动力和源泉,依靠驾驶员把企业经营好,在追求企业利润最大化的同时,充分保障驾驶员的各项权益。驾驶员要把企业视为实现自身权益的条件和平台,在追求自身利益最大化的同时,把自己的命运与企业的命运联系在一起,充分发挥积极性、主动性和创造性,为企业发展献计出力,从而实现双方共同发展,互利双赢。

二、现阶段推动员工制企业建立劳动关系

我国社会目前正处在转型的重要时期,出租汽车行业由于历史原因在劳动报酬、社会保险、劳动条件等方面,引发了诸多劳动关系问题,并使一些矛盾凸显,成为社会关注的焦点。目前,我国出租汽车行业还普遍存在承包经营、挂靠经营等模式,劳动用工还不规范,企业、承包经营者和驾驶员之间利益关系较为复杂。正是由于出租汽车行业经营模式多种多样,各地发展水平参差不齐,因此要求出租汽车行业完全建立劳

动关系,由出租汽车公司与驾驶员签订劳动合同,不符合当前的客观实际。现阶段,在尊重现实的情况下,应结合行业特点分步骤、分阶段积极推进出租汽车公司化经营、员工制管理,提高劳动合同签订率,切实保障出租汽车驾驶员的合法权益,促进出租汽车行业健康发展。

1. 推进员工制管理模式

一是引导向员工制企业发展。传统的承包经营模式下,驾驶员要承担巨大经济压力的同时还要承担运营过程中的全部责任,而自己与企业仅仅存在承包关系,不具有劳动关系,得不到出租汽车公司提供的正常保障。为了能早日收回前期投入的巨大成本,驾驶员的工作越来越倾向于获取更大的经济利润,根本无暇顾及工作的积极性和个人的发展。实行员工制管理的经营模式,出租汽车公司与驾驶员建立规范的劳动关系,有利于避免企业向驾驶员转嫁经营风险,驾驶员也能在保险、医疗、养老等方面解除后顾之忧,能够踏实工作、体面劳动,使驾驶员精神上有追求,劳动有尊严,权益有保障,增强驾驶员对企业的归属感和职业自豪感。企业建立一支相对稳定、高素质、职业化的驾驶员队伍,对驾驶员的管理将会更为有力,乘客可以享受到更好的出租汽车服务。因此,应坚持出租汽车公司实行员工制管理的发展方向。

二是逐步增加员工制企业的比例。为进一步促进出租汽车行业的健康发展,可在出租汽车经营权服务质量招投标、服务质量信誉考核、先进单位评比等方面对工作成绩突出的员工制企业给予扶持。对于尚未实行员工制经营模式的出租汽车公司,鼓励深化企业经营模式改革,适时推进员工制经营模式。对于新投放的出租汽车运力,大力推行公车公营,实行公司化经营、员工制管理,逐步增加员工制企业的比例。

2. 积极推动员工制企业依法建立劳动关系

实行员工制管理的出租汽车公司,应积极与出租汽车驾驶员依法建立劳动关系,签订劳动合同,明确双方的权利义务,维护双方的合法权益。

一是要符合有关法律法规要求。《中华人民共和国劳动法》第二条规定:"在中华人民共和国境内的企业、个体经济组织和与之形成劳动关系的劳动者,适用本法。"第十六条规定:"建立劳动关系应当订立劳动合同。"第七十二条规定:"用人单位和劳动者必须依法参加社会保险,缴纳社会保险费。"对员工制出租汽车公司而言,必须依法与驾驶员建立劳动关系,这也是企业所应承担的社会责任。

二是以保障驾驶员权益为立足点和落脚点。作为社会主义市场经济的参与主体,劳动者享有平等就业和选择职业的权利、取得劳动报酬的权利、休息休假的权利、获得劳动安全卫生保护的权利、接受职业技能培训的权利、享受社会保险和福利的权利、提请劳动争议处理的权利以及法律规定的其他劳动权利。出租汽车公司应以保障驾驶员权益为立足点和落脚点,保障驾驶员的切身利益和合理的工资收入,实现驾驶员劳有所得、老有所保,解决驾驶员的后顾之忧。

三是进一步促进行业规范发展。出租汽车行业的发展需要稳定、和谐的环境。从长远看,员工制出租汽车公司与驾驶员建立劳动关系,可以使企业和驾驶员合理分配收益,实现收益共享、风险共担,避免企业将经营风险转嫁给驾驶员,切实保障驾驶员权益。依法推进建立劳动关系,提高驾驶员的整体素质,规范经营服务行为,提升行业服务水平,推动出租汽车公司的品牌化建设,实现企业做大做强,规范出租汽车行业发展。

三、推动非员工制企业保障驾驶员权益

对非员工制管理的出租汽车公司,应当进一步理顺企业与驾驶员的利益关系,进一步规范企业的管理,明确出租汽车公司和驾驶员的利益分配机制,从制度上保障驾驶员的各项权益。

一是规范出租汽车经营合同管理。经营合同是决定出租汽车公司和驾驶员利益分配的重要载体。为保证两者能够合理分享收益,应制定非员工制企业的承包管理费最高限额标准,同时根据出租汽车经营成本、市场状况、车辆使用年限、运价结构、驾驶员休息休假等因素,合理确定经营承包费用和劳动定额标准。规范出租汽车经营合同,严禁企业向驾驶员收取高额风险抵押金和高额保证金。企业与主班、副班(替班)驾驶员应分别签订经营合同,防止驾驶员将经营权层层转包。

二是加强出租汽车驾驶员权益保障。一方面,政府各部门要为出租汽车驾驶员参加社会保险创造条件,企业可以通过直接缴纳或者代收代缴等方式,按照自由职业者身份为驾驶员缴纳社会保险,解决驾驶员的后顾之忧;另一方面,鼓励出租汽车公司建立替班驾驶员队伍,配备必要的替班驾驶员。通过减免驾驶员休息日经营承包费用,从制度上让驾驶员放心休息。企业还可通过建立完善驾驶员关爱制度,定期对无事故、无违章、无投诉的驾驶员进行精神和物质奖励,开展送温暖、帮困扶难、思想交流及各种文化活动等方式,增强驾驶员对企业的归属感和职业自豪感。

四、规范个体出租汽车经营管理

规范个体出租汽车经营管理,目的是加强对车主、副班驾驶员的运营管理,避免出租汽车经营权的层层转包、私下转让和炒买炒卖等。加强对个体出租汽车的服务质量信誉考核,引导规范经营、诚信服务,不断提高服务质量和水平。积极支持个体出租汽车经营者和所聘驾驶员主动参加社会保险,并按照自由职业者身份参保的相关规定缴纳社会保险。除按规定购买机动车交通事故责任强制保险之外,鼓励购买第三者责任险、承运人责任险等,提高个体出租汽车经营的抗风险能力,保障乘客等有关各方的合法权益。

扩展阅读1:

巡游车和网约车驾驶员的申请条件是否一样?

根据修订后的《出租汽车驾驶员从业资格管理规定》,申请参加出租汽车驾驶员从业资格考试的,应当满足以下条件:取得相应准驾车型机动车驾驶证并具有3年以

上驾驶经历;无交通肇事犯罪、危险驾驶犯罪记录,无吸毒记录,无饮酒后驾驶记录,最近连续3个记分周期内没有记满12分记录;无暴力犯罪记录;城市人民政府规定的其他条件。作为出租汽车驾驶员,无论是从事巡游还是网络预约服务,在申请条件上并无区别,为促进新老业态公平竞争创造积极条件。

扩展阅读2:

巡游车和网约车驾驶员的从业资格注册管理有何不同?

修订后的《出租汽车驾驶员从业资格管理规定》对巡游车驾驶员原有的注册规定有关要求基本予以保留,同时考虑到网约车新业态的特点,规定网约车驾驶员的注册及注销,可以通过网约车平台公司向发证机关所在地出租汽车行政主管部门报备来完成。

扩展阅读3:

各地方制定的网约车管理细则引起网友的热议?

北京、上海、深圳等地陆续出台了网约车新政意见稿,意见稿中对车辆的车型、排量、轴距、户籍等要求都有要求,引起网友的热议。

交通运输部发布的《网络预约出租汽车经营服务管理暂行办法》仅对网约车车辆和司机做出了相对宏观的规范。其中,《网络预约出租汽车经营服务管理暂行办法》对车辆方面的要求有以下条件:7座及以下乘用车,安装具有行驶记录功能的车辆卫星定位装置、应急报警装置,车辆技术性能符合运营安全相关标准要求。车辆所有人或者网约车平台公司申请后,由服务所在地出租汽车行政主管部门审核发放《网络预约出租汽车运输证》。《网络预约出租汽车经营服务管理暂行办法》对司机方面的要求有以下条件:取得相应准驾车型机动车驾驶证并具有3年以上驾驶经历;无交通肇事犯罪、危险驾驶犯罪记录,无吸毒记录,无饮酒后驾驶记录,最近连续3个记分周期内没有记满12分记录;无暴力犯罪记录;城市人民政府规定的其他条件。驾驶员或者网约车平台公司申请后,由服务所在地设区的市级出租汽车行政主管部门为符合条件且考核合格的驾驶员,发放《网络预约出租汽车驾驶员证》。在多地公布网约车落地细则后,大多网友表示,各地的落地措施,落实了交通运输部"一城一策"的要求。部分城市人口压力大、环境污染压力大,有其特殊性,对于车辆和驾驶员准入有户籍、车型、排量、轴距等严格要求可以理解。

第七章 汽车租赁管理

汽车租赁是一种满足人民群众个性化出行、商务活动需求和保障重大社会活动的重要交通运输服务形式。随着我国经济社会的快速发展，人民生活水平显著提高，驾驶技能广泛普及，社会公众生活方式和消费习惯逐步改变，汽车租赁需求日益旺盛，市场前景十分广阔，汽车租赁业已进入难得的发展机遇期。各级交通运输主管部门要在优先发展大运量客运、公共交通等集约出行方式的同时，鼓励发展汽车租赁，充分代替自有车辆出行，提高汽车资源使用效率。

第一节 概 述

一、汽车租赁的概念和特点

(一)汽车租赁的概念

汽车租赁是指汽车租赁经营者将汽车交给承租人使用，并收取租车费用的经营活动。通常，汽车租赁经营者与承租人签订各种形式的付费合同，承租人以在约定时间内获得汽车的使用权为目的，汽车租赁经营者通过为承租人提供车辆、税费、保险、维修、配件等服务实现投资增值，不提供驾驶服务。

从法律意义上讲，汽车租赁经营者是指具备从事汽车租赁经营条件的企业或者个人；承租人是指与汽车租赁经营者签订租赁合同并获得租赁车辆使用权及租赁服务的自然人、法人和其他组织；租赁汽车是指汽车租赁经营者合法拥有的用于租赁经营的车辆。

汽车租赁业是租赁业的分支，是以汽车为租赁物提供租赁服务的一个行业。租赁是指按照出租人和承租人达成的协议，出租人把拥有的特定财产（包括动产和不动产）在特定时期内的使用权转让给承租人，承租人按照协议的约定支付租金的交易行为。租赁实际上是一种以一定费用借贷实物的经济行为。

按照我国《国民经济行业分类》（GB/T 4754—2011）标准，租赁业和商务服务业属于同一门类。其中，租赁业包括机械设备租赁和文化及日用品出租两类。机械设备租赁包括汽车租赁、农业机械租赁、建筑工程机械和设备租赁、计算机及通讯设备租赁、其他机械与设备租赁；文化及日用品出租包括娱乐及体育设备出租、图书出租音像制品出租、其他文化及日用品出租。汽车租赁即租赁业务其中之一。

(二)汽车融资租赁的概念

《中华人民共和国合同法》根据合同中主要内容的区别,将租赁合同与融资租赁合同区分开来。租赁合同是出租人将租赁物交付承租人使用、收益,承租人支付租金的合同。融资租赁合同是出租人根据承租人对出卖人、租赁物的选择,向出卖人购买租赁物,提供给承租人使用,承租人支付租金的合同。融资租赁以融通资金为主要目的,兼具融资和租赁两种功能。融资租赁和传统租赁的一个本质区别是,传统租赁以承租人使用租赁物的时间计算租金,而融资租赁以承租人占用融资成本的时间计算租金,租金是融通资金的代价,具有贷款本息的性质。

相应地,根据汽车租赁业务类型的不同,汽车租赁也可分为普通汽车租赁和汽车融资租赁。普通汽车租赁是指出租人拥有汽车所有权,通过为承租人提供车辆、税费、保险、维修、救援等服务收取租金的经营活动。汽车融资租赁是指出租人拥有汽车所有权,并通过租赁的方式获取租金,而将与租赁汽车所有权有关的风险和利益全部转移给承租人的一种经济行为。汽车融资租赁一般是由承租人选定车辆以及生产厂家,委托出租人融通资金购买车辆交付承租人使用,并支付租金。汽车融资租赁是一种买卖与租赁相结合的汽车融资方式,具有融资融物双重属性。与其他融资租赁相比,汽车融资租赁的销售特征更为明显,车辆维修、救援、保险理赔等服务,一般由汽车销售商提供。

汽车融资租赁有两大特点:一是期限较长,一般在 2 年以上;二是出租人不承担车辆的经营和投资风险,只承担承租人是否履行合同的信用风险。

本书中所称的汽车租赁,一般指普通汽车租赁,不包括汽车融资租赁。

(三)汽车租赁的分类

汽车租赁业务可以按不同的标准进行分类,主要有以下三种分类方式。

1. 按租赁时间长短划分

按照租赁时间长短,汽车租赁可以分为长期汽车租赁和短期汽车租赁两种。

长期汽车租赁是指出租人与承租人签订长期租赁合同,按照租赁期间发生的费用(通常包括车辆折旧、维修、各种税费开支、保险及利息等)扣除预计剩余价值后,按合同月数平均收取租赁费用,并提供汽车税费、保险、维修及配件等综合服务的租赁形式。长期汽车租赁通常以月、年为计算单位,时间一般在 3 个月以上,租赁对象主要是企业。但随着社会经济的发展和传统习惯的改变,越来越多的个人也开始喜欢长期租赁汽车。

短期汽车租赁是指出租人与承租人签订短期租赁合同,为承租人提供短时期内的用车服务,收取短租费用的租赁形式。短期租赁通常以小时、天为计时单位,租期一般不超过 3 个月。短期汽车租赁一般以个人零散租赁为主,主要用于休闲旅游、公务出差等目的,但越来越多的企事业单位,为降低成本而短期租赁汽车使用,其主要用于会议、商务接待等。

对于汽车租赁经营者而言,长期汽车租赁业务具有风险低、现金回流稳定的特点;

短期汽车租赁业务具有周期性强、风险高但投资回报率高的特点。为维持一定的赢利水平,控制经营风险,汽车租赁经营者通常将长期、短期汽车租赁业务进行合理匹配,以获取更大的经济收益。

2. 按租赁车型划分

根据租赁车型不同,汽车租赁可分为客车租赁和货车租赁,其中客车租赁又可分为小型客车租赁和大型客车租赁。在我国,从事汽车租赁的客车原则上应为9座及以下的小型客车或者商务车。我国的货车租赁业务已有发展,但尚在探索发展过程中。本书主要介绍9座以下的小型客车或商务车租赁。

3. 按租用目的划分

根据承租人租用汽车的目的,汽车租赁可分为商务及公务租车、旅游租车、婚庆租车和会务租车等。商务及公务租车、会务租车等主要满足企事业单位的临时性用车需求,有些商务租赁车辆也可能长期为一些企事业单位服务。旅游租车和婚庆租车多为个人或者家庭租车,婚庆租赁车辆一般为豪华高档车辆。随着假日经济的不断发展,旅游租车在汽车租赁业务中越来越受欢迎。

(四)汽车租赁的特点

1. 服务性

汽车租赁业属于服务业,汽车租赁经营者通过提供租赁车辆的服务从而在汽车上获得增值利润。因此,服务性是汽车租赁业务具备的首要基本特性。从广泛意义上来讲,汽车租赁能够为全社会提供"车辆资产管理服务",这种服务包括车辆购置、车辆租赁、车辆维修、车辆救援、车辆保险、车队管理等内容。从满足需求角度来看,汽车租赁可在一定程度上满足政府机关、企事业单位和个人的用车需求。

2. 所有权与使用权分离性

在汽车租赁期间,汽车的所有权始终属于汽车租赁经营者。承租人在租赁期间,只能以支付租金为条件,取得汽车的使用权。在汽车租赁经营活动中,租赁汽车的所有权和使用权始终相分离。

3. 契约性

汽车租赁经营活动,一般都通过签订汽车租赁合同进行。通过签订租赁合同,明确租赁双方当事人的权利和义务、违约责任和特别约定条款,以保障租赁双方当事人的合法权益。汽车租赁合同一经签订,双方都有遵守义务,任何一方不可擅自变更或解除合同,否则应当承担相应的违约责任。

4. 风险性

汽车租赁业是资本密集型行业,也是一个信用消费特征比较明显的行业,具有一定的风险性,主要表现在以下三个方面。

(1)信用风险。汽车是一种高价值的消费品,将其租给承租人,汽车租赁经营者将面临承租人欠租甚至骗租的信用风险。

(2)交通事故风险。租赁汽车作为交通工具,承租人在使用过程中,存在发生道路交通事故的可能性。发生交通事故后,租赁车辆损坏会造成车辆价值降低,影响车辆性能,缩短车辆使用年限;此外,汽车租赁企业还将承担车辆维修期间因无法经营而造成的损失。

(3)残值波动风险。租赁汽车更新较快,更新下来的车辆一般都进入二手车市场。但是二手车贬值较大,且还受到市场供给和二手车价格波动带来的影响,这使汽车租赁经营者面临资产残值低于预期的风险。

此外,汽车租赁业还受到国家宏观政策趋势,如经济发展变化、企业制度改革、财政与货币政策改革、监管体系变化等的影响,这些不确定的因素可能使汽车租赁经营者承担较大的经营风险。

5. 规模经济性

规模经济理论是经济学中的基本理论之一,是指在一定时期内,企业产品绝对量增加时,其单位成本下降,即扩大经营规模可以降低平均成本,从而提高利润水平。

汽车租赁业符合规模经济性行业的发展特点。在汽车租赁经营中,购置汽车、运营网点布局、开发汽车租赁信息系统等都需要大量的资金投入,固定成本在总成本中所占比例较高,而汽车租赁经营者只有当租赁汽车达到一定数量规模后,才能达到盈亏平衡点。也就是说,随着租赁汽车规模的扩大,单车成本才会呈现出下降趋势。从市场竞争看,具有一定规模的汽车租赁经营者,其经营成本低于市场平均成本,具有更大的盈利空间。

二、汽车租赁业的地位和作用

汽车租赁能为人民群众提供个性化的出行方式,为重大社会活动提供交通保障,能够有效配置车辆资源,并与铁路、航空、水路等运输方式充分衔接,丰富了道路运输服务的内容,是综合运输体系的重要组成部分。同时,汽车租赁是一种新型的消费方式,对于促进消费,带动汽车产业、旅游业和金融保险业的发展具有重要作用。

(一)汽车租赁业在交通运输服务业中的地位和作用

1. 汽车租赁业在交通运输服务业中的地位

按照不同的运输方式,交通运输服务业一般分为道路运输服务业、铁路运输服务业、水路运输服务业、航空运输服务业和管道运输服务业。道路运输服务业又可分为道路旅客运输、道路货物运输和道路运输相关业务。道路旅客运输包括公共汽电车运输、班线客运、包车客运、旅游客运和出租汽车客运。道路货物运输包括道路普通货运、道路货物专用运输、道路大型物件运输和道路危险货物运输。道路运输相关业务包括机动车维修、机动车驾驶员培训、运输站场和汽车租赁。汽车租赁业在交通运输服务业中的位置如下图所示。

(1)衔接其他交通运输方式。

汽车租赁属于交通运输服务业里道路运输服务业中的道路运输相关业务,是一种新型交通运输服务业态。汽车租赁具有道路运输机动灵活的特点。同时,汽车租赁门店普遍设在机场、火车站、水运码头等枢纽节点,实现与航空、铁路、水路运输等其他运输方式的有效衔接,是综合交通运输服务体系中的重要组成部分。在发达国家,汽车租赁企业在机场设置汽车租赁门店,是汽车租赁业的显著特点。据统计,美国50%的短期汽车租赁业务发生在机场。美国汽车租赁公司把争抢机场场地及开设门店作为重要发展战略,多在机场开设门店,并十分集中。在纽约约瓦克机场,无人驾驶列车连接着3个航站楼和4个停车场,聚集了多家汽车租赁公司的门店,每个停车场可以停放数千辆租赁汽车。

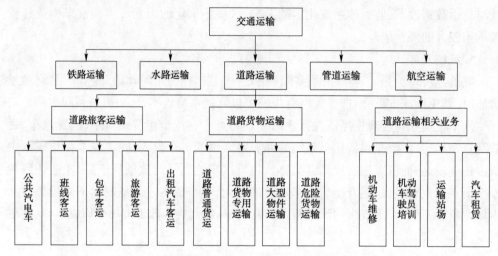

汽车租赁业在交通运输服务业中的位置

(2)丰富道路运输服务内容。

在现有的道路运输服务形式中,汽车租赁与出租汽车客运、包车客运等所起到的作用是相互补充的。汽车租赁业的发展,丰富了道路运输业的服务内容。

汽车租赁与出租汽车相比,有很大不同。汽车租赁与出租汽车之间的区别如下表所示。

汽车租赁与出租汽车之间的区别

对比内容	汽 车 租 赁	出 租 汽 车
性质	仅通过提供车辆满足社会公众个性化出行需求,不提供驾驶服务	为社会公众提供"门到门"便捷运输服务,出租汽车驾驶员参与运输服务全过程
功能	出行服务功能、融资功能、车辆资产管理功能、促销功能等	客运服务功能
服务对象	企事业单位、汽车生产厂商和汽车销售商、个人消费者	个人消费者
服务方式	自驾、融资、车辆资产管理、车队管理等服务方式	"门到门"运输服务
合同形式	一般签订书面合同	一般不签书面合同,以口头约定为主,运输简单、服务结束后完成合同
计费方式	通过合同主要按日、月、年等时间计费	主要按里程计费

汽车租赁与包车客运相比也有很大不同。包车客运的车辆一般都是大客车,特别是旅游包车一般由运输公司与旅行社合作,而汽车租赁主要满足消费者对小型客车的出行需求。从事包车客运的运输公司很少提供小型客车的包车运输服务,可以说汽车租赁是包车客运的有效补充。

2. 汽车租赁业在交通运输服务业中的作用

(1) 满足人民群众个性化出行需求。

租赁汽车最本质的属性是交通工具,承租人租用车辆最主要是满足出行需求,达到运输目的。因此,出行运输服务功能是汽车租赁的最基本功能,也是汽车租赁业得以发展的基础。特别是,汽车租赁满足了不同人群的个性化出行需求。例如,商务出行可以租用高档商务小汽车,假日旅行可以租用休闲度假车或越野车,购买车辆前可以租用同款车型试驾,婚庆可以租用豪华小汽车等。汽车租赁可提供多种车辆供用户选择,有利于提高人民群众生活水平,满足不同消费群体的多样化消费需求。

(2) 为重大社会活动提供交通保障。

汽车租赁可为社会重大活动提供车辆保障服务,是交通保障体系中的重要组成部分。随着经济的繁荣发展,各类大型社会活动的举办越来越多,如体育赛事、各种会议、展览展销会等。大型社会活动在短时间内形成大量的人员聚集,人员的集散运输需要大量的车辆、强大的交通系统提供运输保障,汽车租赁业可发挥"蓄水池"的作用,在较短的时间内提供大量车辆完成运输服务。汽车租赁在北京奥运会、上海世博会、广州亚运会等重大活动中都发挥了重要作用。

(3) 合理配置车辆资源。

随着社会经济发展和人民生活水平的提高,人们对出行的要求越来越高,出行需求也越来越多样化,希望在有出行需要时有一辆自己能完全支配的汽车。如果没有汽车租赁服务,人们出行可能需要自己购买汽车,当使用效率较低的情况下,购买车辆不经济,会造成车辆资源的浪费。同时,机动车的过度发展,会加剧城市交通拥堵,影响人们出行。当汽车租赁服务比较完善时,出行者可以通过租赁车辆来满足自驾车出行的需求,引导消费者减少购买机动车,从而减少社会车辆总量。此外,租赁汽车可供不同的承租人使用,不为某个人单独拥有,有利于合理配置车辆资源,降低车辆空驶率,提高车辆利用率。

(二) 汽车租赁业在经济社会发展中的地位和作用

1. 汽车租赁业拉动经济增长

促进消费增长一直是我国转变经济增长方式的重点。消费增长有两种情况:一是原有消费的数量扩张;二是由新的消费方式引起的消费扩张。第一种消费增长是简单的数量扩张,到一定程度时就会减缓,直至停止增长。第二种由消费方式变化引起的消费增长具有广阔的扩展空间。汽车租赁业正是属于第二种情况。汽车租赁将车辆的所有权和使用权分离,消费者只需支付租金使用车辆,而不必花更多的钱购置车辆,形成了一种新型的消费模式,满足了由于种种原因,只想使用车辆而不想拥有车辆群体的消费愿望。而且汽车租赁经营者大量购置租赁汽车,加快了汽车产业的产销过程,形成了新的汽车销售渠道,促进了汽车的消费增长。汽车租赁对于转变消费方式,促进消费增长具有重要的作用。

我国汽车租赁业发展时间较短,对经济的拉动作用还不明显,随着汽车租赁业的发展成熟,将会形成巨大的汽车消费市场。随着我国经济的发展,汽车租赁市场不断成熟、规模不断扩大,所占比例将不断提升。此外,汽车租赁业对于旅游和金融业等关联产业也具有巨大的促进作用。因此汽车租赁业对于经济发展具有拉动作用,发展前景广阔。

2.汽车租赁业带动汽车产业发展

汽车租赁业是汽车产业链的重要组成部分。在整个汽车产业链中,汽车租赁的上游是汽车制造商,下游是二手车交易市场与各类消费群体,汽车租赁的功能是在其上、下游之间促进汽车所有权、使用权的转移和货币资本的循环流通。汽车租赁业和汽车制造业关系十分密切。一方面,汽车制造业通过汽车租赁为其新车的推广和销售服务;另一方面,汽车租赁业依靠与汽车制造业的合作,可减少资金压力,获得租赁汽车的供应支持。

此外,汽车制造商还通过车辆回购方式与汽车租赁公司合作。汽车租赁业通过与汽车工业上下游产业链各环节的全面合作,降低了自身成本,提高了核心竞争力,同时也大大带动了汽车产业的发展,实现了双赢。

3.汽车租赁业促进旅游业发展

在欧美一些发达国家,汽车租赁已经成为旅游业中非常重要的环节,很多机场、码头和火车站都设有汽车租赁站点,并且在预订酒店、机票、车票等方面实现了资源共享。为提高服务水平、吸引游客,许多知名旅游企业直接投资汽车租赁行业,或者与汽车租赁企业开展车辆预订、积分优惠等方面的合作。一些饭店、宾馆也与汽车租赁企业广泛开展合作,旅游者可以通过饭店、宾馆租赁汽车,并享受一定的优惠。

在我国,汽车租赁近年来越来越受到自助旅游者的青睐。随着旅游消费档次的提高,使用小型交通工具、自主设计旅游路线的自助旅游需求将不断扩大,这为汽车租赁带来了较大的潜在需求。同样,汽车租赁既能够满足自助旅游者对车辆的要求,也能够满足游客在旅游中对车型的多样化需求,通过高品质、多样式、个性化的汽车租赁服务,促进了旅游业的发展。

第二节 汽车租赁经营

开展汽车租赁经营应当对汽车租赁市场进行划分,确定要开展的服务类型,并选择适当的经营网络扩展方式和经营模式。

一、汽车租赁市场划分

按照租车时间的不同,我国汽车租赁市场可以划分为短期汽车租赁市场和长期汽车租赁市场。短期汽车租赁市场和长期汽车租赁市场的客户群体、用户需求及服务特点以及市场影响因素有所不同。

(一)短期汽车租赁市场

1. 客户群体

短期汽车租赁主要针对客户的临时性用车需求,如短期出差、旅游、公务和商务活动等,租期通常以小时、天为租期单位。短期汽车租赁满足的主要需求包括:①休闲旅游、探亲访友等出行需求;②短期差旅的出行需求;③企业临时性用车需求等。

随着生活水平的提高,越来越多的消费者选择自驾车出行,如休闲旅游、探亲访友等。这给短期汽车租赁市场带来了巨大商机。特别是近年来,随着驾驶技能的快速普及,许多人取得了机动车驾驶证,其中一部分人虽然暂时没有购买车辆,但希望能够享受驾车出行的便利,这对短期汽车租赁有着强烈的、持续性的需求。

2. 需求特点

短期汽车租赁市场用户的需求特点,主要体现在以下三个方面。

(1)要求租还车手续方便快捷。由于短期租赁服务的对象主要为个人用车,多属于临时性的休闲旅游和短途商务出行。因此,用户希望能够在较短的时间内到达租赁网点,并且能够在车辆使用结束后较为方便地将车辆归还。在短期汽车租赁经营中,汽车租赁企业应当注重租车、还车手续的便捷性,并不断扩大服务网络的覆盖面,不断优化服务流程,以提高服务的便捷性。

(2)要求租车价格相对低廉。爱好休闲旅游的租车客户,很大部分是虽拥有机动车驾驶证但是暂时没有购车,或者是认为租车比购车更经济实惠的消费者。这要求汽车租赁企业不断优化经营环节,统筹考虑从新车购置到旧车处置的各个环节,降低经营管理成本,为消费者提供更为经济实惠的租车价格。

(3)要求提供多种租赁车型。在汽车租赁的用户中,还存在部分特殊需求(如需要婚庆租车、野外探险租车、旅游房车租车等)的顾客。这种类型的车辆售价较高,消费者通过租赁可满足短时期的用车需求。例如,我国西藏、新疆等路况条件较差的旅游区,在汽车租赁经营中,则需要配置规格较高的越野车。

3. 服务特点

短期汽车租赁服务具有以下特点。

(1)网点分布广泛。以短期汽车租赁为主营业务的汽车租赁企业,一般实行网络化经营,网点能覆盖全国大部分地区,可实现异地租车、还车,方便顾客租用。

(2)用户群体多元化。短期汽车租赁市场所使用的车辆,面向所有用户开放,对承租人从事的职业、身份等没有任何限制。

(3)业务流程标准。由于短期汽车租赁市场对服务的方便性、快捷性要求较高,其租赁的过程必须实行标准化业务流程。汽车租赁企业对所有用户提供的应是统一的租车、还车服务规范,租金应对外统一公布,一般不协商议价。

(二)长期汽车租赁市场

1. 客户群体

长期汽车租赁的客户群体主要是政府机关、企事业单位。长期汽车租赁的租期一般在 3 个月以上。对于汽车租赁公司而言,长期租赁业务具有风险低、现金回流稳定的特点。

2. 需求特点

长期汽车租赁市场用户的需求特点,主要体现在以下三个方面。

(1)要求提供专业化的车队管理。很多长期汽车租赁用户将单位车队进行了外包委托管理,需要汽车租赁公司为其提供专业化的车队管理,汽车租赁公司应针对企业不同的业务特点,设计合理的车队组织、管理方案。

(2)要求提供综合服务项目。长期汽车租赁用户一般要求汽车租赁公司提供保险、维修、救援等综合服务项目,从而减少企业的管理成本。

(3)对车型有特定要求。与短期汽车租赁市场的用户相比,长期汽车租赁市场的用户一般对车辆的品牌、型号都有一定的特殊需求,企业提供的租赁车辆一般都是在租赁前根据客户的特定需求而专门购买。

3. 服务特点

长期汽车租赁服务具有以下特点。

(1)能够提供个性化的车队解决方案。以长期汽车租赁为主营业务的汽车租赁企业,一般能够根据长期汽车租赁用户的特点,提供与之相符的个性化车队解决方案,可根据客户的需要事先购置车辆。

(2)车辆使用对象为特定用户。在签订长期汽车租赁合同之后,车辆的使用对象为固定用户,租赁期间一般不能更改,这与短期汽车租赁客户相比,具有明显的排他性。

(3)定价方式具有弹性。长期汽车租赁市场的租金定价方式较为灵活,可根据长期汽车租赁客户的需求,将保险、维修等费用纳入租金的范畴,也可由客户自由选择保险的项目和维护的实施方案。

(三)汽车租赁其他服务

1. 救援服务

在车辆租赁期间,当客户车辆发生故障或交通事故时,为其提供紧急救援、修车、拖车等服务。

2. 替代车服务

当客户车辆发生事故进行保险理赔或车辆维修时,汽车租赁企业可提供车辆替换服务。

3. 异地调车

租赁车辆的流动具有季节性、方向性的显著特点。汽车租赁企业为了维持整个汽车租赁网络的平衡，需要在全国各城市之间进行车辆调度。异地调度车辆，需要多支付燃油费、过路过桥费等费用。为保证各汽车租赁门店车辆的平衡，汽车租赁企业还通过一些优惠活动，如降低租赁费用等方式，希望顾客在规定时间内，到异地指定的汽车租赁门店还车。

4. 高端客户服务

针对高端客户，部分汽车租赁企业推出了个性化的高端优质服务，如提供机场贵宾室休息、机场往返高尔夫球场或往返商务会所等服务。

5. 其他增值服务

除了常规汽车租赁、车辆救援、替换服务外，汽车租赁企业一般还为客户提供一些可选服务，如送车上门、上门取车、同城异店还车、异地还车、卫星定位及导航、儿童座椅、急救包、卫生清洁用品等。

（1）送车上门服务。汽车租赁企业根据客户指定的地点，将车辆送至客户处，现场办理租车手续。

（2）上门取车服务。租期结束后，汽车租赁企业可以到客户指定的地点取回租赁车辆，现场办理还车手续。

（3）同城异店还车服务。客户根据自己的需要，可在同一个城市内的任意门店归还租用的车辆。

（4）异地还车服务。客户可在汽车租赁企业全国连锁的任意门店归还车辆。

（5）卫星定位及导航服务。为承租人提供卫星导航服务，在车辆内单独加装卫星导航设备供客户使用。

（6）儿童座椅服务。为带小孩出行的客户提供安装儿童座椅的服务，保障儿童的乘车安全。

此外，汽车租赁企业还可针对大客户提供车队组建、车辆托管、会议或大型活动集中用车等服务。目前，部分大型汽车租赁企业还在全国范围内设立了24小时门店，为客户提供24小时取还车服务。

二、经营网络扩展方式

由于短期汽车租赁和长期汽车租赁市场的客户群、需求及服务特点不尽相同，汽车租赁企业在选择经营网络扩张方式时，也应有所侧重。

（一）全国逐级扩展方式

全国逐级扩展方式是汽车租赁企业最普遍的网点扩展方式，该扩展方式又可以细分为两种方式。第一种是，汽车租赁企业总部下设几个大区，这些大区是依据行政区域或负责半径距离划分的，大区下设分管的城市，每个城市再根据自身情况管理城市网点。第二种是，汽车租赁企业总部直接管理各个城市的网点。目前，一些城市为了控制过度扩展,疏散过分集中的人口和工业,在大城市外围建立卫星城。为了满足在主城区和卫星城之间往返的客户群体需求,可在卫星城中设置汽车租赁网点。如神州租车就是采用的全国逐级扩展方式。

(二)客户追踪扩展方式

客户追踪扩展方式主要是长期汽车租赁业务采取的网络扩展方式。汽车租赁企业通过合同与客户建立长期的合作关系,客户经营网络扩展后,在新开展业务的一些城市有租车需求时,汽车租赁企业也在相应的城市设立门店或服务部门,为客户提供汽车租赁服务以及全方位的租赁汽车维护与修理等售后服务。如北京通利达汽车租赁有限责任公司就是采用的客户追踪扩展方式。

(三)依托渠道扩展方式

目前,汽车租赁服务与餐饮住宿业、汽车销售4S店以及在线旅行服务商等相结合,已成为发达国家汽车租赁企业的一种网点扩展重要方式。

将汽车租赁网点布设在酒店、宾馆内,依托已有实体服务业扩展汽车租赁网点。比如,在宾馆、饭店中居住的多数为商务人员、旅游者,一般不会自带车辆,汽车租赁企业可为这类有较大用车需求的群体提供租车服务。

还有一种渠道扩展方式是依托汽车销售的4S店,销售商将部分车辆以租赁的形式进入市场。但是,这种渠道扩展方式所能提供的车型有限。另外,目前十分流行的在线旅行服务网站也提供汽车租赁服务。这类扩展方式并没有设置实体服务点,一般是与其他汽车租赁企业进行合作。如广州瑞卡租车股份有限公司就是采用的依托渠道扩展方式。

三、企业经营模式

汽车租赁企业在经营模式的选择上,一般均采用连锁经营的模式。连锁经营模式是指经营同类商品或服务的若干组织,以一定的形式组织一个联合体,通过企业形象的标准化、经营活动的专业化、管理方式的规范化以及管理手段的现代化,使复杂的商业活动在职能分工的基础上实现相对的简单化,从而实现规模效益。

对于汽车租赁企业来说,连锁经营模式就是指某一汽车租赁企业在全国各地以连锁店的形式提供汽车租赁服务,包括汽车租赁、车辆救援、车辆维护和修理等。这种经营模式始于欧美经济发达国家,并伴随着汽车制造业的繁荣而发展。从整体上来看,发达国家从事汽车租赁企业连锁经营在技术、管理和服务等方面,经历了不断完善的过程。连锁经营有三种基本模式,分别为直营连锁模式、特许经营模式和自由连锁模式。

(一)直营连锁模式

1. 直营连锁模式的定义

直营连锁是指总公司直接经营各个汽车租赁连锁店,即由公司总部直接经营、投资、管理各个汽车租赁网点的经营形态,是连锁经营最基本的模式。总部采取纵深式的管理方式,直接下令掌管所有的汽车租赁网点,汽车租赁网点也必须完全接受总部指挥。直接连锁的主要任务在"渠道经营",透过经营渠道的拓展从消费者手中获取利润。因此直营连锁实际上是一种"管理产业"。这是大型垄断商业资本通过吞并、兼并或独资、控股等途径,发展壮大自身实力和规模的一种形式。

2. 直营连锁模式的主要特点

直营连锁模式的主要特点是各个汽车租赁连锁店所有权和经营权集中统一于总部。主要表现在以下两点。

(1)所有成员企业必须是单一所有者,归一个公司、一个联合组织或单个人所有,总部不向连锁店收取经营权利金。

(2)由总部集中领导、统一管理,总部对连锁店的约束控制能力很强,如人事、采购、计划、广告、会计和经营方针都集中统一,实行统一核算制度。各直营连锁店经理是雇员而不是所有者,各汽车租赁直营连锁店实行标准化经营管理,连锁店数量扩张速度较慢。

(二)特许经营模式

1. 特许经营模式的定义

特许经营也称特许加盟,是目前汽车租赁行业普遍采用的连锁经营模式之一。按照有关法律规定,特许经营是指特许人将自己拥有的商标(包括服务商标)、商号、产品、专利和专有技术、经营模式等以合同的形式授予受许人使用,受许人按合同规定,在特许人统一的业务模式下从事经营活动,并向特许人支付相应的费用。

汽车租赁的特许经营,即汽车租赁公司授予某一候选人特许经营权,使其加入汽车租赁公司的服务网络,使用汽车租赁公司的品牌和标识,按照汽车租赁公司的统一规范进行业务运作,汽车租赁公司对特许经营点的经营进行监督和指导,并收取特许经营权使用费。

2. 特许经营模式的主要特点

特许经营模式的主要特点是整个连锁体系由契约结合而成,连锁店所有权不属于总部。主要表现在:总部对商标、服务标志、专利、经营诀窍等拥有所有权,权利所有者授权其他人使用上述所有权。汽车租赁公司总部约束连锁店的经营管理方式;在授权合同中包含一些调整和控制条款,以指导受许人的经营活动;汽车租赁公司总部既分担各连锁店部分费用亦分享其部分利润,受许人需要支付权利使用费和其他费用。

(三)自由连锁模式

1. 自由连锁模式的定义

自由连锁也称自愿连锁,即自愿加入连锁体系的商店。这种商店由于原本就已存在,而非加盟店开店伊始就由连锁总公司辅导创立,所以在名称上自应有别于加盟店。自愿加盟体系中,商品所有权是属于加盟主所有,而运作技术及商店品牌则归总部持有。也就是说,各汽车租赁加盟店在保留单个资本所有权的基础上实行联合,汽车租赁公司总部同加盟店之间是协商、服务关系,集中购进租赁车辆、维护修理、救援等,统一制订经营战略,统一使用物流及信息设施。

2. 自由连锁模式的主要特点

自由连锁模式的各汽车租赁加盟店不仅独立核算、自负盈亏、人事自主,而且在经营品种、经营方式、经营策略上也有很大的自主权,但要按销售额或毛利的一定比例向汽车租赁公司总部上交加盟金及指导费。汽车租赁公司总部经营的利润,也要部分返还各加盟店。同时,连锁店扩张速度较快,汽车租赁公司总部对连锁店的控制约束能力较差。

(四)模式比较

在汽车租赁三种经营模式中,特许经营模式在汽车租赁行业中最为普遍,它与直营连锁和自由连锁均有较大区别。由于直营连锁是由汽车租赁公司总部全资或控股开设连锁公司分店,各分店在总部的直接领导下统一经营,它要求总部筹集足够资金,配备大批管理人员。而特许经营中受许人是独立的企业法人,特许人无权干涉各加盟店的人事和财务关系,特许人只需选择受许人,并向其提供培训和服务即可,而无需为其提供资金。在自由连锁中,各连锁公司的店铺均为独立法人,各自的资产所有权关系不变,各成员使用共同的店名,与总部订立有采购、促销、宣传等方面的合同,并按合同开展经营活动,各成员可自由退出。自由连锁中成员店的经营自主权比特许经营加盟店多,特许经营加盟店在合同期内不能自由退出,而自由连锁店则可自由退出。

第八章　机动车维修管理

为规范机动车维修经营活动,维护机动车维修市场秩序,保护机动车维修各方当事人的合法权益,保障机动车运行安全,保护环境,节约能源,促进机动车维修业的健康发展,根据《中华人民共和国道路运输条例》及有关法律、行政法规的规定,规范机动车维修经营活动,加强机动车维修行业管理非常必要。

第一节　概　　述

一、基本概念

1. 机动车维修的含义

机动车维修包含机动车维护和机动车修理。机动车维护是为维持机动车完好技术状况或工作能力而进行的作业,主要包括日常维护、一级维护和二级维护;机动车修理是为恢复机动车完好技术状况或工作能力及寿命而进行的作业,主要包括机动车整车修理、总成修理和零部件修理等。

机动车维修经营,是指以维持或者恢复机动车技术状况和正常功能,延长机动车使用寿命为作业任务所进行的维护、修理以及维修救援等相关经营活动。

特约维修经营者是指经车辆生产企业授权从事质量保证期内售后特约维修服务的机动车维修经营者。

危险品车辆维修是指运输易燃、易爆、腐蚀、放射性、剧毒等性质货物的机动车维修和燃气机动车的维修,不包含对危险品运输车辆罐体等的维修。

2. 机动车维修行业的含义

机动车维修行业是指机动车维护、修理、维修救援和其他相关服务的劳动群体。本章所讲的机动车维修行业管理指的是对机动车维修行业中从事机动车维护、修理、维修救援和其他相关服务经营的管理。

二、基本原则

(1)机动车维修经营者应当依法经营,诚实信用,公平竞争,优质服务。

(2)机动车维修管理,应当依法、公平、公正、公开和便民。机动车维修管理实行经营许可制度和维修质量保证期制度。

(3)鼓励机动车维修企业实行集约化、专业化、连锁化经营,促进机动车维修行业的合理分工和协调发展。

（4）鼓励推广应用机动车维修环保、节能、不解体故障诊断和检测技术，推进行业信息化建设，加强从业人员职业培训，提高机动车维修行业整体素质，满足社会对机动车维修服务需要。任何单位和个人不得封锁和垄断机动车维修市场。

（5）县级以上地方人民政府交通主管部门负责组织领导本行政区域的机动车维修管理工作。县级以上道路运输管理机构具体实施本行政区域内的机动车维修管理工作。道路运输管理机构应积极发挥机动车维修行业协会等相关行业组织的作用，支持其加强对机动车维修行业的自律管理。

第二节　机动车维修经营许可

一、机动车维修经营许可事项及实施主体

县级道路运输管理机构负责实施机动车维修经营许可。未设县级道路运输管理机构的，由上一级的道路运输管理机构负责实施本辖区内机动车维修经营的行政许可。中华人民共和国交通运输部负责外商投资机动车维修经营业务的立项审批。

机动车维修经营依据维修车型种类、服务能力和经营项目实行分类许可。

二、机动车维修经营业务分类

机动车维修经营业务根据维修对象分为汽车维修经营业务、危险货物运输车辆维修经营业务、摩托车维修经营业务和其他机动车维修经营业务四类。其中，汽车维修经营业务、其他机动车维修经营业务根据经营项目和服务能力分为一类维修经营业务、二类维修经营业务和三类维修经营业务；摩托车维修经营业务根据经营项目和服务能力分为一类维修经营业务和二类维修经营业务。

三、机动车维修经营范围的核定

1. 汽车维修和其他机动车维修的经营范围

获得一类、二类汽车维修经营业务或者其他机动车维修经营业务许可的，可以从事相应车型的整车修理、总成修理、整车维护、小修、维修救援、专项修理和维修竣工检验工作；获得三类汽车维修经营业务（含汽车综合小修）、三类其他机动车维修经营业务许可的，可以分别从事汽车综合小修或者发动机维修、车身维修、电气系统维修、自动变速器维修、轮胎动平衡及修补、四轮定位检测调整、汽车润滑与养护、喷油泵和喷油器维修、曲轴修磨、气缸镗磨、散热器维修、空调维修、汽车美容装潢、汽车玻璃安装及修复等汽车专项维修工作。具体有关经营项目按照《汽车维修业开业条件》（GB/T 16739—2014）相关条款的规定执行。

2. 摩托车维修的经营范围

获得一类摩托车维修经营业务许可的,可以从事摩托车整车修理、总成修理、整车维护、小修、专项修理和竣工检验工作;获得二类摩托车维修经营业务许可的,可以从事摩托车维护、小修和专项修理工作。

3. 危险货物运输车辆维修的经营范围

获得危险货物运输车辆维修经营业务许可的,除可以从事危险货物运输车辆维修经营业务外,还可以从事一类汽车维修经营业务。

四、机动车维修许可条件

道路运输管理机构受理机动车维修经营许可申请,应当审查申请人的相关条件。

(一)汽车和其他机动车维修经营的许可条件

申请从事汽车维修经营业务或者其他机动车维修经营业务的,县级道路运输管理机构应当审查申请人是否符合下列条件。

(1)有与其经营业务相适应的维修车辆停车场和生产厂房。租用的场地应当有书面的租赁合同,且租赁期限不得少于1年。停车场和生产厂房面积按照申请许可时执行的国家标准《汽车维修业开业条件》(GB/T 16739)相关条款的规定执行。

(2)有与其经营业务相适应的设备、设施。所配备的计量设备应当符合国家有关技术标准要求,并经法定检定机构检定合格。从事汽车维修经营业务的设备、设施的具体要求按照申请许可时执行的国家标准《汽车维修业开业条件》(GB/T 16739)相关条款的规定执行;从事其他机动车维修经营业务的设备、设施的具体要求,参照申请许可时执行的国家标准《汽车维修业开业条件》(GB/T 16739)执行,但所配备设施、设备应与其维修车型相适应。

(3)有必要的技术人员。

①从事一类和二类维修业务的,应当至少配备技术负责人员、质量检验人员各1名;至少配备从事机修、电器、钣金、涂漆专业的维修技术人员各1名,且应符合以下要求:

a. 技术负责人员应当熟悉汽车或者其他机动车维修业务,并掌握汽车或者其他机动车维修及相关政策法规和技术规范;

b. 质量检验人员应当熟悉各类汽车或者其他机动车维修检测作业规范,掌握汽车或者其他机动车维修故障诊断和质量检验的相关技术,熟悉汽车或者其他机动车维修服务收费标准及相关政策法规和技术规范;

c. 从事机修、电器、钣金、涂漆的维修技术人员应当熟悉所从事工种的维修技术和操作规范,并了解汽车或者其他机动车维修及相关政策法规;

d. 技术负责人员和质量检验人员总数的60%,应当经全国统一考试合格;

e. 机修、电器、钣金、涂漆维修技术人员总数的40%应当经全国统一考试合格。

②从事三类维修业务的,一般按照其经营项目分别配备相应的机修、电器、钣金、涂漆的维修技术人员,且各类维修技术人员总数的40%应当经全国统一考试合格。

③三类维修业务中从事发动机维修、车身维修、电气系统维修、自动变速器维修项目的,除应当配备与经营项目相关的机修、电器、钣金、涂漆的维修技术人员外,还应当配备技术负责人员、质量检验人员,且技术负责人员、质量检验人员及各类维修技术人员总数的40%应当经全国统一考试合格。

(4)有健全的维修管理制度。其包括质量管理制度、安全生产管理制度、车辆维修档案管理制度、人员培训制度、设备管理制度及配件管理制度。具体要求按照申请许可时执行的国家标准《汽车维修业开业条件》(GB/T 16739)相关条款的规定执行。

(5)有必要的环境保护措施。具体要求按照申请许可时执行的国家标准《汽车维修业开业条件》(GB/T 16739)相关条款的规定执行。

(二)危险货物运输车辆维修的许可条件

申请从事危险货物运输车辆维修业务的,除应具备汽车维修经营一类维修经营业务的开业条件外,道路运输管理机构还应当审查申请人是否符合下列条件。

(1)有与其作业内容相适应的专用维修车间和设备、设施,并设置明显的指示性标志。

(2)有完善的突发事件应急预案,应急预案包括报告程序、应急指挥以及处置措施等内容。

(3)有相应的安全管理人员。

(4)有齐全的安全操作规程。

(三)摩托车维修经营的许可条件

申请从事摩托车维修经营的,道路运输管理机构应当审查申请人是否符合下列条件。

(1)有与其经营业务相适应的摩托车维修停车场和生产厂房;租用的场地应有书面的租赁合同,且租赁期限不得少于1年;停车场和生产厂房的面积按照申请许可时执行的国家标准《摩托车维修业开业条件》(GB/T 18189)相关条款的规定执行。

(2)有与其经营业务相适应的设备、设施。所配备的计量设备应符合国家有关技术标准要求,并经法定检定机构检定合格,具体要求按照申请许可时执行的国家标准《摩托车维修业开业条件》(GB/T 18189)相关条款的规定执行。

(3)有必要的技术人员。

①从事一类维修业务的应当至少有1名熟悉各类摩托车维修检测作业规范、掌握摩托车维修故障诊断和质量检验的相关技术、熟悉摩托车维修服务收费标准及相关政策法规和技术规范质量检验人员,且质量检验人员总数的60%应当经全国统一考试合格。

②各类摩托车维修业务均应按其经营业务分别配备相应的熟悉所从事工种的维修技术和操作规范、了解摩托车维修及相关政策法规的机修、电器、钣金、涂漆的维修技术人员。各类维修技术人员总数的30%应当经全国统一考试合格。

(4)有健全的维修管理制度。包括质量管理制度、安全生产管理制度、摩托车维修档案管理制度、人员培训制度、设备管理制度及配件管理制度。具体要求按照申请许可时执行的国家标准《摩托车维修业开业条件》(GB/T 18189)相关条款的规定执行。

(5)有必要的环境保护措施。具体要求按照申请许可时执行的国家标准《摩托车维修业开业条件》(GB/T 18189)相关条款的规定执行。

(四)《汽车维修业开业条件》(GB/T16739)的适用范围

道路运输管理机构在对机动车维修申请人实施行政许可时,应按照申请许可时执行的国家标准《汽车维修业开业条件》(GB/T16739)相关条款规定执行。各省(自治区、直辖市)如制定有相关要求高于国家标准的地方性机动车维修业开业条件标准,可以按照其地方机动车维修业开业条件标准执行。

五、机动车维修经营许可办理程序

(一)要求提交的申请材料

申请从事汽车、其他机动车、危险货物运输车辆、摩托车维修经营的,县级道路运输管理机构应当要求申请人提交下列材料。

(1)《交通行政许可申请书》。
(2)经营场地、停车场面积材料、土地使用权及产权证明复印件。
(3)技术人员汇总表及相应从业资格证明。
(4)维修检测设备及计量设备检定合格证明复印件。
(5)从事汽车维修业务,按申报类别(一、二、三类)提供有关证明文件及材料;从事其他机动车维修业务,按申报类别(一、二、三类)提供有关证明文件及材料;从事危险货物运输车辆维修业务,提供有关证明文件及材料;从事摩托车维修经营业务,按申报类别(一、二类)提供有关证明文件及材料。
(6)维修管理制度(副本)。
(7)环境保护措施。
(8)企业法人代表、许可申请经办人身份证明复印件和委托书。

(二)申请材料形式审查及处置

道路运输管理机构应当对申请材料的完整性进行审查。

(1)申请材料不齐全或者不符合法定形式的,应当要求申请人当场补全或者更正,当场不能补全或者更正的,应当场或在5个工作日内出具注明日期且加盖道路运输管理机构专用印章的《交通行政许可申请补正通知书》,一次性告知需补正的全部内容。
(2)申请材料齐全有效的,应出具《交通行政许可申请许可受理通知书》。
(3)申请事项依法不需要取得行政许可或申请事项依法不属于本级道路运输管理机构职权范围的,应出具《交通行政许可不予受理通知书》。

(三)受理公示

道路运输管理机构对材料齐全且符合法定形式的机动车维修经营申请,在本机构网站或办公场所进行公示,公示期限为5日。

(四)实质性审查

受理机动车维修经营申请后,道路运输管理机构应当对申请材料中关于机动车维修经营场地、设施设备等实质内容进行核实,并对照各项业务的许可条件进行审查。设区的市级道路运输管理机构应加强对县级道路运输管理机构开展相关实质性审查的监督。

(五)许可决定

道路运输管理机构应当自受理申请之日起15个工作日内做出许可或不予许可的决定。

(1)符合法定条件的,道路运输管理机构做出准予行政许可的决定,向申请人出具《交通行政许可决定书》。

(2)不符合法定条件的,道路运输管理机构做出不予许可的决定,向申请人出具《不予交通行政许可决定书》,说明理由,并告知申请人享有依法申请行政复议或者提起行政诉讼的权利。

(3)因需要延长许可办理时间的,须经道路运输管理机构负责人批准,向申请人出具《延长交通行政许可期限通知书》,并说明理由,但延长时间不得超过10个工作日。

(六)许可结果公告

许可决定书下达后,道路运输管理机构应当将许可结果在其网站或办公场所予以公布,接受社会监督,方便公众查阅。

(七)机动车维修许可证件发放

道路运输管理机构做出准予行政许可决定后,应当在10个工作日内向被许可人颁发机动车维修经营许可证件,明确许可事项。

机动车维修经营者应当持机动车维修经营许可证件依法向工商行政管理机关办理有关登记手续。

六、机动车维修连锁经营许可办理程序

机动车维修连锁经营,是指提供同类维修技术服务,具有统一采购与配送、统一品牌、标识、统一作业标准与服务规范,实行连锁经营总部统一管理的经营模式。机动车连锁经营总部,是指拥有连锁经营品牌的经营性组织。

(一)要求提交的申请材料

申请机动车维修连锁经营服务网点的,可由机动车维修连锁经营企业总部向连锁经营服务网点所在地县级道路运输管理机构提出申请。道路运输管理机构应当要求申请人提交下列材料。

(1)《交通行政许可申请书》。

(2)机动车维修连锁经营企业总部机动车维修经营许可证件复印件。

(3)连锁经营协议书副本。

(4)连锁经营的作业标准和管理手册。

(5)连锁经营服务网点符合机动车维修经营相应开业条件的承诺书。

(二)申请材料形式审查及处置

道路运输管理机构受理申请后,应当查验申请资料是否符合要求。

(三)许可决定和证件发放

道路运输管理机构在查验机动车维修连锁经营服务申请资料齐全有效后,应当场或在 5 个工作日内予以许可,并颁发相应许可证件。连锁经营服务网点的经营许可项目应当在机动车维修连锁经营企业总部许可项目的范围内。

七、机动车维修经营许可变更和终止经营

机动车维修经营者设立分支机构,合并、分立或者变更维修经营范围或者经营作业场所迁址的,按规定的许可条件和程序办理。经营作业场所迁出原许可行政区域的,还应当向原许可道路运输管理机构办理有关注销手续。

机动车维修经营者变更业户名称、法定代表人、地址以及设备挪移、设施条件变化等事项,但不影响原许可经营类别和经营范围、安全生产、环境保护的,应当向原做出许可决定的道路运输管理机构备案,同时到工商等部门办理相关手续。

机动车维修经营者拟终止经营的,应当在终止经营之日起提前 30 日告知做出许可决定的道路运输管理机构,办理有关注销手续。原许可道路运输管理机构应将注销情况书面告知原登记工商行政管理机关。

八、建档

道路运输管理机构对机动车维修经营申请做出行政许可后,应当将有关材料存入业户档案中,条件具备的,可同时存电子档案。具体应包括以下内容。

(1)《交通行政许可申请书》。

(2)经营场地、停车场面积材料、土地使用权及产权证明或合法的书面租赁合同书复印件。

(3)厂区平面图。

(4)机动车维修从业、技术人员花名册。

(5)机动车维修技术人员证书复印件。

(6)机具设备明细表。

(7)主要设施、设备照片及合格证、计量设备检定合格证书复印件。

(8)机动车维修管理制度。

(9)需补全或更正申请材料的,存档《交通行政许可申请补正通知书》。

(10)《交通行政许可受理通知书》。
(11)道路运输管理机构审核意见。
(12)《交通行政许可决定书》。
(13)道路运输行政许可文书(证件)送达回证。
(14)机动车维修许可证件复印件。
(15)其他存档材料。

第三节　机动车维修业务管理

一、机动车维修市场管理

道路运输管理机构应当加强对机动车维修市场的监管,规范机动车维修经营行为:①查处违反机动车维修经营许可的行为;②查处违反机动车维修经营规范的行为;③查处违反机动车维修从业人员管理规定的行为等。

二、机动车维修经营管理

(1)督促机动车维修经营者在经营作业场所的醒目位置悬挂《机动车维修标志牌》。《机动车维修标志牌》由机动车维修经营者按照统一式样自行制作。
(2)督促机动车维修经营者在业务接待室等场所醒目位置公示以下信息:
①道路运输经营许可证、工商营业执照、税务登记证等;
②业务受理程序;
③服务质量承诺;
④客户抱怨受理程序和受理电话(邮箱);
⑤属地道路运输管理机构监督投诉电话;
⑥经过备案的主要维修项目收费价格、维修工时定额、工时单价和常用配件现行价格;
⑦维修质量保证期;
⑧企业法人、企业负责人、技术负责人及业务接待员、质量检验员、维修技术人员(机修、电器、钣金、涂漆)、价格结算员照片、工号以及从业资格信息等;
⑨提供汽车维修救援服务的,应公示服务时间、电话、收费标准等。
(3)督促机动车维修经营者按照国家的有关规定处理机动车维修产生的废弃物。
(4)监督机动车维修经营者公布机动车维修工时定额和工时单价收费标准,合理收取费用。机动车维修工时定额可按三种标准执行:一是按照各省机动车维修协会等行业中介组织统一制定的标准执行;二是按照机动车维修经营者报所在地道路运输管理机构备案后的标准执行;三是按照机动车生产厂家公布的标准执行。三种标准不一致时,优先适用机动车维修经营者备案的标准。机动车维修经营者应当将其执行的机动车维修工时单价标准报所在地道路运输管理机构备案,并在经营场所明显位置进行公示。

(5)督促机动车维修经营者根据车辆进厂检验结果和客户需求,按自愿、合法、适用的原则,与客户协商签订机动车维修合同,使用维修记录和规定的结算票据,车辆竣工出厂时,向托修方交付竣工出厂合格证、全国统一格式的维修结算清单。

(6)引导和监督机动车维修经营者应用信息化技术经营管理企业。

(7)道路运输管理机构应当督促机动车维修经营者按照规定定期报送统计资料。

(8)督促机动车维修经营者明示原厂配件、副厂配件和修复件并明码标价,提供配件产地、生产厂家名称、质量保证期、联系电话等相关信息资料,供客户查询。鼓励使用触摸屏等自助电子信息查询设备。

(9)督促机动车维修经营者建立和公示维修服务流程,并按《机动车维修服务规范》(JT/T 816—2011)做好客户维修接待、进厂检验、合同签订、结算交车、返修与抱怨处理以及跟踪服务等各环节的服务工作。

(10)督促机动车维修经营者按照《机动车维修服务规范》(JT/T 816—2011)做好人员管理、设备设施管理、配件管理、安全管理、环保管理、现场管理、资料档案管理、服务质量控制等服务和质量管理工作。

三、机动车维修企业质量信誉考核

(一)质量信誉考核时间

道路运输管理机构应当对机动车维修企业进行质量信誉考核,质量信誉考核实行"常态化"管理。考核周期为1年,自企业许可日期或上年度申请考核日期至次年同一日期。

(二)质量信誉考核工作的实施

机动车维修企业质量信誉考核工作由省级道路运输管理机构组织,市级和县级道路运输管理机构根据管理职责、权限具体实施。

机动车维修企业下设的分公司与总公司一起进行质量信誉考核;子公司的质量信誉等级由其经营注册所在地道路运输管理机构单独考核。

(三)质量信誉考核程序

1. 质量信誉考核资料的申报

机动车维修企业应在考核周期前,根据本企业的质量信誉档案对上年度的质量信誉情况进行总结,向准予许可的道路运输管理机构申请考核,并提交质量信誉考核申请表、本企业上年度的质量信誉情况总结及与质量信誉考核指标相对应的相关材料。

在异地设有分公司的机动车维修企业,按上述要求提供材料时,应当提供分公司的质量信誉情况。分公司所在地县级或设区的市级道路运输管理机构应当对分公司的质量信誉情况进行核实,出具书面证明,抄送总部经营注册所在地道路运输管理机构,并对结果负责。

连锁经营机动车维修企业可直接由总部向准予许可的道路运输管理机构提出申请,按上述要求提供材料时,应当提供连锁经营网点的质量信誉情况。连锁经营网点的质量信誉情况由连锁经营总部进行核实,出具书面保证,并承担由此引发的法律责任。道路运输管理机构对连锁网点的相关情况不再进行实质考核。

2.质量信誉考核初评

(1)机动车维修企业所在地的县级道路运输管理机构应当根据本机构的机动车维修企业质量信誉管理档案,对机动车维修企业报送的质量信誉材料进行核实。发现不一致的,应当要求机动车维修企业进行说明或者组织调查。

(2)核实结束后,应当根据各项考核指标的初步结果进行评分,对机动车维修企业质量信誉等级进行初评,并将各项考核指标数据和所得分数、初评结果上报设区的市级道路运输管理机构。

(3)机动车维修企业所在地未设区市的,由所在地设区的市级道路运输管理机构负责对机动车维修企业质量信誉情况进行核实,并对企业质量信誉等级进行初评。

(4)市级道路运输管理机构应当将机动车维修企业的考核数据、所得分数和初步考核结果书面通知被考核机动车维修企业。

3.公示及评定

(1)设区的市级道路运输管理机构将辖区机动车维修企业的各项考核指标数据、所得分数和初步考核结果,在当地主要新闻媒体、本机构网站或本级交通运输主管部门网站上进行为期15天的公示。

(2)被考核企业或其他单位、个人对公示结果有异议的,可在公示期间向设区的市级道路运输管理机构书面申诉或举报。举报人应如实签署姓名或单位名称,并附联系方式,否则不予受理。道路运输管理机构应当为举报人保密,不得向其他单位或个人泄漏举报人的姓名及有关情况。

(3)公示结束后,设区的市级道路运输管理机构应当对企业的申诉和社会反映的情况进行调查核实,根据调查核实结果对企业的质量信誉等级进行评定,并将考核结果上报省级道路运输管理机构。

4.公告

省级和市级道路运输管理机构应于公示期满后在当地主要新闻媒体、本机构网站或本级交通运输主管部门网站上公布考核周期期满的机动车维修企业质量信誉考核结果,并在网站上建立专项查询系统,方便社会各界查询机动车维修企业历年的质量信誉等级。

AAA级机动车维修企业可由省级道路运输管理机构向社会发布,AA级及以下的机动车维修企业可由设区的市级道路运输管理机构向社会发布。具体发布权限由省级道路运输管理机构确定。

(四)《机动车维修服务规范》达标核查

《机动车维修服务规范》达标创建工作是年度质量信誉考核的基础性工作。道路运输管理机构要在维修企业经营服务质量达标的基础上,根据其经营服务水平评定维修企业质量信誉等级。《机动车维修服务规范》达标核查与年度质量信誉考核同步进行,由县级以上道路运输管理机构实施。

(五)质量信誉考核档案

机动车维修企业所在地县级或者设区的市级道路运输管理机构应当建立机动车维修企业质量信誉档案,并将相关信息存入机动车维修企业管理信息系统。其主要内容包括以下几个方面:

(1)企业基本情况和生产条件情况;

(2)安全生产事故记录;

(3)服务质量事件记录;

(4)违章经营情况;

(5)被投诉情况;

(6)企业管理情况;

(7)机动车维修企业各年度质量信誉考核表及考核结果。

第四节 机动车维修质量管理

一、机动车维修质量监督管理

道路运输管理机构应当督促机动车维修经营者加强和规范质量管理工作,不断提高维修服务水平。

(1)督促机动车维修经营者严格按照国家、行业或者地方标准和规范维修机动车。尚无标准或规范的,可参照机动车生产企业提供的机动车维修手册、使用说明书和有关技术资料维修机动车。

(2)监督机动车维修经营者使用正规的配件维修机动车,查处机动车维修经营者使用假冒伪劣配件维修机动车的行为。机动车维修经营者建立配件采购登记制度,记录配件购买日期、供应商名称、地址、产品名称及规格型号等,并要求机动车维修经营者查验产品合格证等相关证明;机动车维修经营者将换下的配件、总成交托修方自行处理;机动车维修经营者将原厂配件、副厂配件和修复配件分别标识,明码标价,供用户选择。

(3)督促机动车维修经营者在进行机动车二级维护、总成修理、整车修理作业时,严格实行维修前诊断检验、维修过程检验和竣工质量检验制度,并严格执行《机动车维修服务规范》。

(4)督促承担机动车维修竣工质量检验的机动车维修企业或机动车综合性能检测机构使用符合有关标准并在检定有效期内的设备,按照有关标准进行检测,如实提供检测结果证明,并对检测结果承担法律责任。

(5)加强对机动车维修经营的质量监督和管理工作,可委托具有法定资格的机动车维修质量监督检验中心对机动车维修质量进行监督检验。

(6)加强对机动车维修专业技术人员的管理,严格执行专业技术人员考试和管理制度。

二、《机动车维修竣工出厂合格证》发放和管理

机动车维修实行机动车维修出厂合格证制度。《机动车维修竣工出厂合格证》是机动车维修合格的凭证,由省级道路运输管理机构统一印制和编号。县级以上道路运输管理机构负责《机动车维修竣工出厂合格证》的发放和管理,应建立《机动车维修竣工出厂合格证》领用台账,台账内容包括《机动车维修竣工出厂合格证》领取的数量和编号以及发放到维修企业《机动车维修竣工出厂合格证》的数量和编号。鼓励在《机动车维修竣工出厂合格证》的发放和管理工作中使用计算机管理等信息化技术,实现《机动车维修竣工出厂合格证》的使用记录查询。

机动车维修竣工质量检验合格的,维修质量检验人员应当签发《机动车维修竣工出厂合格证》。未签发《机动车维修竣工出厂合格证》的机动车,不得交付使用,车主可以拒绝付费或接车。

道路运输管理机构应当查处机动车维修经营者伪造、倒卖、转借、签发虚假机动车维修竣工出厂合格证以及不签发机动车维修竣工出厂合格证的行为。

三、机动车维修竣工出厂质量保证期制度

道路运输管理机构应当督促机动车维修经营者严格落实竣工出厂质量保证期制度,自觉公示承诺的机动车维修质量保证期,按规定履行质量保证期有关责任,其承诺的质量保证期不得低于以下标准。

(1)汽车和危险货物运输车辆的整车修理或总成修理质量保证期为车辆行驶20000千米或者100日;二级维护质量保证期为车辆行驶5000千米或者30日;一级维护、小修及专项修理质量保证期为车辆行驶2000千米或者10日。

(2)摩托车的整车修理或者总成修理质量保证期为摩托车行驶7000千米或者80日;维护、小修及专项修理质量保证期为摩托车行驶800千米或者10日。

(3)其他机动车的整车修理或者总成修理质量保证期为机动车行驶6000千米或者60日;维护、小修及专项修理质量保证期为机动车行驶700千米或者7日。

质量保证期中行驶里程和日期指标,以先达到者为准。机动车维修质量保证期,从维修竣工出厂之日起计算。

在质量保证期和承诺的质量保证期内,因维修质量原因造成机动车无法正常使用,且承修方在3日内不能或者无法提供因非维修原因而造成机动车无法使用的相关证据的,机动车维修经营者应当及时无偿返修,不得故意拖延或者无理拒绝。

在质量保证期内,机动车因同一故障或维修项目经两次修理仍不能正常使用的,

机动车维修经营者应当负责联系其他机动车维修经营者,并承担相应修理费用。

四、机动车维修质量纠纷受理和调解

县级道路运输管理机构应当建立机动车维修质量投诉处理机制,公开投诉电话、通信地址,确保投诉渠道畅通,并为投诉者保密。

道路运输管理机构受理投诉时,应当登记投诉人姓名、单位、联系方式、投诉内容、理由和有关材料以及被投诉人姓名或者单位、地址。道路运输管理机构受理投诉后,应当自受理投诉之日起15个工作日内处理完毕,并将投诉处理结果及时告知投诉人。对情况复杂的质量投诉,经县级以上道路运输管理机构负责人批准,可以自受理之日起60个工作日内处理完毕,最终处理结果应分别告知投诉人和被投诉人。

对新闻媒体已经曝光的机动车维修投诉事项,且已造成社会影响的,发生地的县级道路运输管理机构应当及时、主动介入机动车维修投诉事项的处理。对机动车维修质量纠纷,道路运输管理机构应积极按照维修合同的约定和相关规定进行调解。

承修方和托修方请求道路运输管理机构对维修质量纠纷进行调解,且需要进行技术分析和鉴定,认定机动车维修质量责任的,道路运输管理机构应当组织专家组或委托具有法定检测资格的检测机构做出技术分析和鉴定,鉴定费用由责任方承担。

五、机动车维修档案

道路运输管理机构应当督促机动车维修经营者对所承接的机动车二级维护、总成修理、整车修理业务的机动车建立维修档案。机动车维修档案主要内容包括维修合同、维修项目、具体维修人员及质量检验人员、检验单、竣工出厂合格证(副本)及结算清单等。机动车维修档案保存期为两年。

第五节 机动车维修执法检查

一、执法检查部门

县级以上人民政府交通行政主管部门应当加强对道路运输管理机构实施机动车维修管理工作的指导监督。

道路运输管理机构应当加强机动车维修执法队伍建设,对执法人员开展法制知识和机动车维修管理业务培训、考核。考核不合格的,不得上岗执行公务。

上级道路运输管理机构应当加强对下级道路运输管理机构的行政执法和对管理活动的监督检查。

道路运输管理机构应当建立健全内部执法监督制度,实行执法责任制和执法过错责任追究制,及时纠正执法和管理过程中的错误和不当行为。

道路运输管理机构应当创造条件推行电子政务,鼓励运用信息化技术手段,实施对机动车维修经营者监督和管理。

二、执法检查的职权

道路运输管理机构的执法人员可以进入相关的单位、作业现场进行检查。实施监督检查时,应当有2名以上人员参加,并向当事人出示执法证件。道路运输管理机构实施监督检查时,可以行使下列职权。

(1)询问当事人或者有关人员,并要求其提供相关证明材料和与违法违规行为有关的其他资料。

(2)查询、复制与违法违规行为有关的维修台账、票据、凭证、文件及其他资料,核对与违法违规行为有关的技术资料。

(3)在违法行为查获地进行摄影、摄像取证。

(4)检查与违法违规行为有关的器具,必要时可以责令当事人暂停相关营业。

(5)在证据可能灭失或者以后难以取得的情况下,可以依法先行登记保存,当事人或者有关人员不得转移、隐匿或销毁。

检查的情况和处理结果应当记录,并按照规定归档。当事人有权查阅监督检查记录。

三、执法检查应注意的问题

执法检查应注意以下三个方面的问题。

(1)从事机动车维修经营活动的单位和个人,应当自觉接受执法人员的检查,如实反映情况,提供有关资料。

(2)道路运输管理机构实施监督检查,不得妨碍机动车维修经营者正常的经营活动,不得索取或者收受机动车维修经营者的财物,不得谋取部门和个人利益。

(3)道路运输管理机构对所发现的维修违法行为,应当立即予以制止,并实施处罚或采取相应的行政措施。

第九章　机动车驾驶员培训管理

机动车驾驶人培训和考试工作关系我国公共安全和亿万群众切身利益。为维护机动车驾驶培训市场秩序，规范培训行为，确保培训质量，保护学员和机动车驾驶培训机构的合法权益，根据《中华人民共和国道路交通安全法》《中华人民共和国道路运输条例》及相关法律法规，应当加强机动车驾驶员培训管理。

第一节　概　　述

一、基本概念和分类

机动车驾驶员培训业务是指以培训学员的机动车驾驶能力或者以培训道路运输驾驶人员的从业能力为教学任务，为社会公众有偿提供驾驶培训服务的活动，包括对初学机动车驾驶人员、增加准驾车型的驾驶人员和道路运输驾驶人员所进行的驾驶培训、继续教育以及机动车驾驶员培训教练场经营等业务。

机动车驾驶员培训业务根据经营项目分为普通机动车驾驶员培训、道路运输驾驶员从业资格培训和机动车驾驶员培训教练场经营三类。

普通机动车驾驶员培训根据培训能力分为一级普通机动车驾驶员培训、二级普通机动车驾驶员培训和三级普通机动车驾驶员培训三类。

道路运输驾驶员从业资格培训根据培训内容分为道路客货运输驾驶员从业资格培训和危险货物运输驾驶员从业资格培训两类。

二、机动车驾驶培训管理的机构

交通运输部主管全国机动车驾驶员培训管理工作。县级以上地方人民政府交通运输主管部门负责组织领导本行政区域内的机动车驾驶员培训管理工作。县级以上道路运输管理机构负责具体实施本行政区域内的机动车驾驶员培训管理工作。

第二节　机动车驾驶员培训经营许可

一、机动车驾驶员培训经营许可依据

道路运输管理机构应当按照《中华人民共和国道路运输条例》和《交通行政许可

实施程序规定》规范的程序实施机动车驾驶员培训业务的行政许可。

二、机动车驾驶员培训经营许可条件

(一)申请从事普通机动车驾驶员培训业务的条件

(1)取得企业法人资格。

(2)有健全的培训机构。

健全的培训机构包括教学、教练员、学员、质量、安全、结业考试和设施设备管理等组织机构,并明确负责人、管理人员、教练员和其他人员的岗位职责。具体要求按照《机动车驾驶员培训机构资格条件》(GB/T 30340—2013)相关条款的规定执行。

(3)有健全的管理制度。

健全的管理制度包括安全管理制度、教练员管理制度、学员管理制度、培训质量管理制度、结业考试制度、教学车辆管理制度、教学设施设备管理制度、教练场地管理制度、档案管理制度等。具体要求按照《机动车驾驶员培训机构资格条件》(GB/T 30340—2013)相关条款的规定执行。

(4)有与培训业务相适应的教学人员。

①有与培训业务相适应的理论教练员。机动车驾驶员培训机构聘用的理论教练员应当具备以下条件:持有机动车驾驶证;具有汽车及相关专业中专以上学历或者汽车及相关专业中级以上技术职称;具有两年以上安全驾驶经历,熟练掌握道路交通安全法规、驾驶理论、机动车构造、交通安全心理学、常用伤员急救等安全驾驶知识;了解车辆环保和节约能源的有关知识;了解教育学、教育心理学的基本教学知识,具备编写教案、规范讲解的授课能力。

②有与培训业务相适应的驾驶操作教练员。机动车驾驶员培训机构聘用的驾驶操作教练员应当具备以下条件:持有相应的机动车驾驶证;年龄不超过60周岁;符合一定的安全驾驶经历和相应车型驾驶经历;熟练掌握道路交通安全法规、驾驶理论、机动车构造、交通安全心理学和应急驾驶的基本知识;熟悉车辆维护和常见故障诊断、车辆环保和节约能源的有关知识;具备驾驶要领讲解、驾驶动作示范、指导驾驶的教学能力。

③所配备的理论教练员数量要求及每种车型所配备的驾驶操作教练员数量要求应当按照《机动车驾驶员培训机构资格条件》(GB/T 30340—2013)相关条款的规定执行。

(5)有与培训业务相适应的管理人员。

管理人员包括理论教学负责人、驾驶操作训练负责人、教学车辆管理人员、结业考核人员和计算机管理人员。具体要求按照《机动车驾驶员培训机构资格条件》(GB/T 30340—2013)相关条款的规定执行。

(6)有必要的教学车辆。

①所配备的教学车辆应当符合国家有关技术标准要求,并装有副后视镜、副制动

踏板、灭火器及其他安全防护装置。具体要求按照《机动车驾驶员培训机构资格条件》(GB/T30340—2013)相关条款的规定执行。

②从事一级普通机动车驾驶员培训的,所配备的教学车辆不少于80辆;从事二级普通机动车驾驶员培训的,所配备的教学车辆不少于40辆;从事三级普通机动车驾驶员培训的,所配备的教学车辆不少于20辆。具体要求按照《机动车驾驶员培训机构资格条件》(GB/T 30340—2013)相关条款的规定执行。

(7)有必要的教学设施、设备和场地。

具体要求按照《机动车驾驶员培训机构资格条件》(GB/T 30340—2013)相关条款的规定执行。租用教练场地的,还应当持有书面租赁合同和出租方土地使用证明,租赁期限不得少于3年。

(二)申请从事道路运输驾驶员从业资格培训业务的条件

(1)取得企业法人资格。

(2)具备相应车型的普通机动车驾驶员培训资格。

①从事道路客货运输驾驶员从业资格培训业务的,应当同时具备大型客车、城市公交车、中型客车、小型汽车(含小型自动挡汽车)四种车型中至少一种车型的普通机动车驾驶员培训资格和通用货车半挂车(牵引车)和大型货车两种车型中至少一种车型的普通机动车驾驶员培训资格。

②从事危险货物运输驾驶员从业资格培训业务的,应当具备通用货车半挂车(牵引车)和大型货车两种车型中至少一种车型的普通机动车驾驶员培训资格。

(3)有与培训业务相适应的教学人员。

①从事道路客货运输驾驶员从业资格培训业务的,应当配备2名以上教练员。教练员应当具有汽车及相关专业大专以上学历或者汽车及相关专业高级以上技术职称,熟悉道路旅客运输法规、货物运输法规以及机动车维修、货物装卸保管和旅客急救等相关知识,具备相应的授课能力,具有2年以上从事普通机动车驾驶员培训的教学经历,且近2年无不良的教学记录。

②从事危险货物运输驾驶员从业资格培训业务的,应当配备2名以上教练员。教练员应当具有化工及相关专业大专以上学历或者化工及相关专业高级以上技术职称,熟悉危险货物运输法规、危险化学品特性、包装容器使用方法、职业安全防护和应急救援等知识,具备相应的授课能力,具有2年以上化工及相关专业的教学经历,且近2年无不良的教学记录。

(4)有必要的教学设施、设备和场地。

①从事道路客货运输驾驶员从业资格培训业务的,应当配备相应的机动车构造、机动车维护、常见故障诊断和排除、货物装卸保管、医学救护、消防器材等教学设施、设备和专用场地。

②从事危险货物运输驾驶员从业资格培训业务的,还应当同时配备常见危险化学品样本、包装容器、教学挂图、危险化学品实验室等设施、设备和专用场地。

(三)申请从事机动车驾驶员培训教练场经营业务的条件

(1)取得企业法人资格。

(2)有与经营业务相适应的教练场地。

具体要求按照《机动车驾驶员培训教练场技术要求》(GB/T 30341—2013)相关条款的规定执行。

(3)有与经营业务相适应的场地设施、设备。具体要求按照《机动车驾驶员培训教练场技术要求》(GB/T 30341—2013)相关条款的规定执行。

(4)具备相应的安全条件。

其包括场地封闭设施、训练区隔离设施、安全通道以及消防设施、设备等。具体要求按照《机动车驾驶员培训教练场技术要求》(GB/T 30341—2013)相关条款的规定执行。

(5)有相应的管理人员。

其包括教练场安全负责人、档案管理人员以及场地设施、设备管理人员。

(6)有健全的安全管理制度。

其包括安全检查制度、安全责任制度、教学车辆安全管理制度以及突发事件应急预案等。

三、机动车驾驶员培训许可程序

申请从事机动车驾驶员培训经营的,应当依法向工商行政管理机关办理有关登记手续后,向所在地县级道路运输管理机构提出申请,并提交以下材料:

(1)《交通行政许可申请书》;

(2)申请人身份证明及复印件;

(3)经营场所使用权证明或产权证明及复印件;

(4)教练场地使用权证明或产权证明及复印件;

(5)教练场地技术条件说明;

(6)教学车辆技术条件、车型及数量证明(申请从事机动车驾驶员培训教练场经营的无需提交);

(7)教学车辆购置证明(申请从事机动车驾驶员培训教练场经营的无需提交);

(8)各类设施、设备清单;

(9)拟聘用人员名册、职称证明;

(10)申请人办理的工商营业执照正、副本及复印件;

(11)根据本规定需要提供的其他相关材料。

申请从事普通机动车驾驶员培训业务的,在递交申请材料时,应当同时提供由公安交警部门出具的相关人员安全驾驶经历证明,安全驾驶经历的起算时间自申请材料递交之日起倒计。

道路运输管理机构对机动车驾驶员培训业务申请予以受理的,应当自受理申请之日起15日内审查完毕,做出许可或者不予许可的决定。对符合法定条件的,道路运输管理机构做出准予行政许可的决定,向申请人出具《交通行政许可决定书》,并在10日内向被许可人颁发机动车驾驶员培训许可证件,明确许可事项;对不符合法定条件的,道路运输管理机构做出不予许可的决定,向申请人出具《不予交通行政许可决定书》,说明理由,并告知申请人享有依法申请行政复议或者提起行政诉讼的权利。

四、机动车驾驶员培训许可证件有效期

机动车驾驶员培训许可证件实行有效期制。从事普通机动车驾驶员培训业务和机动车驾驶员培训教练场经营业务的证件有效期为6年;从事道路运输驾驶员从业资格培训业务的证件有效期为4年。

机动车驾驶员培训许可证件由省级道路运输管理机构统一印制并编号,县级道路运输管理机构按照规定发放和管理。

机动车驾驶员培训机构应当在许可证件有效期届满前30日到做出原许可决定的道路运输管理机构办理换证手续。

五、许可事项变更及终止经营办理程序

机动车驾驶员培训机构变更许可事项的,应当向原做出许可决定的道路运输管理机构提出申请;符合法定条件、标准的,实施机关应当依法办理变更手续。

机动车驾驶员培训机构变更名称、法定代表人等事项的,应当向原做出许可决定的道路运输管理机构备案。

机动车驾驶员培训机构需要终止经营的,应当在终止经营前30日到原做出许可决定的道路运输管理机构办理行政许可注销手续。

第三节　教练员管理

一、机动车驾驶培训教练员资格

鼓励教练员同时具备理论教练员和驾驶操作教练员的教学水平。

机动车驾驶培训教练员应当按照统一的教学大纲规范施教,并如实填写《教学日志》和《中华人民共和国机动车驾驶员培训记录》(简称《培训记录》)。

机动车驾驶员培训机构应当加强对教练员的职业道德教育和驾驶新知识、新技术的再教育,对教练员每年进行至少一周的脱岗培训,提高教练员的职业素质。

机动车驾驶员培训机构应当加强对教练员教学情况的监督检查,定期对教练员的教学水平和职业道德进行评议,公布教练员的教学质量排行情况,督促教练员提高教学质量。

二、教练员管理

省级道路运输管理机构应当制定机动车驾驶培训教练员教学质量信誉考核办法，对机动车驾驶培训教练员实行教学质量信誉考核制度。

机动车驾驶培训教练员教学质量信誉考核内容应当包括教练员的基本情况、教学业绩、教学质量排行情况、参加再教育情况和不良记录等。

省级道路运输管理机构应当建立教练员档案，使用统一的数据库和管理软件，实行计算机联网管理，并依法向社会公开教练员信息。机动车驾驶培训教练员教学质量信誉考核结果是教练员档案的重要组成部分。

第四节 机动车驾驶员培训经营管理

一、机动车驾驶员培训监督管理

道路运输管理机构应当加强对机动车驾驶员培训机构的监督检查，规范培训行为，查处违法行为。

在未取得机动车驾驶员培训许可证件前，任何单位或者个人不得开展机动车驾驶员培训经营活动。机动车驾驶员培训机构应当按照经批准的行政许可事项开展培训业务。

机动车驾驶员培训机构应当将机动车驾驶员培训许可证件悬挂在经营场所的醒目位置，公示其经营类别、培训范围、收费项目、收费标准、教练员、教学场地等情况。

二、教学监督管理

道路运输管理机构应当加强对机动车驾驶员培训教学的监督，保证培训质量。

机动车驾驶员培训机构应当按照全国统一的教学大纲进行培训。培训结束时，应当向结业人员颁发《机动车驾驶员培训结业证书》（以下简称《结业证书》）。《结业证书》由省级道路运输管理机构按照全国统一式样印制并编号。

机动车驾驶员培训机构应当建立学员档案。学员档案主要包括：《学员登记表》《教学日志》《培训记录》《结业证书》复印件等。学员档案保存期不少于4年。

机动车驾驶员培训机构应当保持教学设施、设备的完好，充分利用先进的科技手段，提高培训质量。

机动车驾驶员培训机构应当按照有关规定向县级以上道路运输管理机构报送《培训记录》以及有关统计资料。《培训记录》应当经教练员审核签字。

道路运输管理机构应当根据机动车驾驶员培训机构执行教学大纲、颁发《结业证书》等情况，对《培训记录》及统计资料进行严格审查。

三、教学车辆管理

机动车驾驶员培训机构应当使用符合标准并取得牌证、具有统一标识的教学车辆。教学车辆的统一标识由省级道路运输管理机构负责制定,并组织实施。

机动车驾驶员培训机构应当按照国家的有关规定对教学车辆进行定期维护和检测,保持教学车辆性能完好,满足教学和安全行车的要求,并按照国家有关规定及时更新。禁止使用报废的、检测不合格的和其他不符合国家规定的车辆从事机动车驾驶员培训业务。不得随意改变教学车辆的用途。

机动车驾驶员培训机构应当建立教学车辆档案。教学车辆档案主要内容包括:车辆基本情况、维护和检测情况、技术等级记录、行驶里程记录等。教学车辆档案应当保存至车辆报废后1年。

机动车驾驶员培训机构在道路上进行培训活动,应当遵守公安交通管理部门指定的路线和时间,并在教练员随车指导下进行,与教学无关的人员不得乘坐教学车辆。

四、经营行为监督管理

各级道路运输管理机构应当加强对机动车驾驶员培训经营活动的监督检查,积极运用信息化技术手段,科学、高效地开展工作。

道路运输管理机构的工作人员应当严格按照职责权限和程序进行监督检查,不得滥用职权、徇私舞弊,不得乱收费、乱罚款,不得妨碍培训机构的正常工作秩序。

道路运输管理机构实施现场监督检查,应当指派2名以上执法人员参加。执法人员应当向当事人出示交通运输部监制的交通行政执法证件。执法人员实施现场监督检查,可以行使下列职权:

(1)询问教练员、学员以及其他相关人员,并可以要求被询问人提供与违法行为有关的证明材料;

(2)查阅、复制与违法行为有关的《教学日志》《培训记录》及其他资料,核对与违法行为有关的技术资料;

(3)在违法行为发现场所进行摄影、摄像取证;

(4)检查与违法行为有关的教学车辆和教学设施、设备。

执法人员应当如实记录检查情况和处理结果,并按照规定归档。当事人有权查阅监督检查记录。

机动车驾驶员培训机构在许可机关管辖区域外违法从事培训活动的,违法行为发生地的道路运输管理机构应当依法对其予以处罚,同时将违法事实、处罚结果抄送许可机关。

机动车驾驶员培训机构、管理人员、教练员、学员以及其他相关人员应当积极配合执法人员的监督检查工作,如实反映情况,提供有关资料。

五、机动车驾驶员培训质量信誉考核

省级道路运输管理机构应当建立机动车驾驶员培训机构质量信誉考评体系,制定机动车驾驶员培训监督管理的量化考核标准,并定期向社会公布对机动车驾驶员培训机构的考核结果。

机动车驾驶员培训机构质量信誉考评应当包括培训机构的基本情况、教学大纲执行情况、《结业证书》发放情况、《培训记录》填写情况、教练员的质量信誉考核结果、培训业绩、考试情况和不良记录等内容。

第五节 机动车驾驶人培训考试制度改革

2015年11月,国务院办公厅转发了公安部、交通运输部《关于推进机动车驾驶人培训考试制度改革的意见》,明确了驾驶人培训制度改革目标:2016年上半年,部署驾驶人培训考试制度改革工作,明确各项任务推进步骤,启动重大改革事项试点;2017年,总结试点经验,深入推进改革实施;2018年,完成改革重点工作任务,基本建立开放有序、公平竞争、服务优质、管理规范的驾驶培训市场体系,基本建立公开透明、权责清晰、运转高效、公正廉洁的驾驶考试管理体制,基本解决培训考试中的不便利、不规范、不经济等问题。

改革的主要任务包括以下五点:①创新培训方式,建立开放有序培训新格局,实行驾驶人分类教育培训,实行计时培训计时收费,试点小型汽车驾驶人自学直考;②加强培训管理,促进驾驶培训行业健康发展,进一步开放驾驶培训市场,强化驾驶培训机构培训责任,着力提升驾驶培训专业化水平,建立健全驾驶培训行业诚信体系,加强教练员队伍管理;③利用社会资源,提高考试供给能力,拓宽考试员选用渠道,优化考点布局,改进考试组织,保障考试公开、公平、公正,实行自主报考,严格执行考试评判规定,实行考试随机安排,实行考务公开,优化考试程序;④严格监督问责,保证培训考试规范廉洁,健全驾驶培训监督机制,完善考试监督机制,严格违规培训责任追究,严格违规考试责任追究,严格执行政府机构不准经办驾驶培训机构的规定;⑤提升服务水平,便利群众学驾领证,保护学员合法权益,完善驾驶人体检制度,允许重新申领驾驶证直接考试,逐步放宽残疾人驾车条件,提高驾驶证国际认可度。

第十章 国际道路运输管理

国际道路运输是我国与"一带一路"沿线国家,特别是与周边国家发展双边关系和增进友好往来的重要桥梁和纽带。加强国际道路运输管理,对规范国际道路运输经营活动,维护国际道路运输市场秩序,保护国际道路运输各方当事人的合法权益,促进我国同邻国的交往具有十分重要的意义。

第一节 概 述

一、国际道路运输的概念和范围

国际道路运输是指出入中华人民共和国边境的道路运输。为促进我国同邻国及港澳地区的经济、文化交流和人员的交往,根据我国有关法律、法规及我国政府与有关国家政府签订的多边、双边汽车运输协定的有关内容,维护正常的国际汽车运输秩序,加强对国际道路运输的管理十分必要。

国际道路运输管理的范围包括:在我国境内注册从事入境汽车旅客(含游客,下同)运输、货物运输,以及与之相关的车辆维修、搬运装卸和运输代理、货物仓储、转运包(换)装的企业、车辆和人员;进入我国境内从事汽车旅客、货物运输的外国及港澳地区的车辆和人员。

二、国际道路运输管理职责

(一)交通运输部的主要职责

交通运输部履行以下国际道路运输管理职责:

(1)根据国务院授权,代表中国政府与有关国家政府签订政府间汽车运输协定、议定书等国际条约和法律文件;

(2)制定国际道路运输发展政策、中长期规划和规范性文件并组织实施;

(3)与有关国家相关部门商定开通国际道路运输线路和国际汽车运输行车许可证交换数量;

(4)与有关国家相关部门协调解决中外汽车运输协定、议定书等条约实施过程中出现的问题;

(5)提出口岸国际道路运输管理机构的设置意见;

(6)负责突发事件的国际道路运输组织协调工作；

(7)负责国际道路运输线路的审批和管理工作；

(8)组织制定国际道路运输单证及标志式样。

(二)省级交通运输主管部门的主要职责

省级交通运输主管部门履行以下国际道路运输管理职责：

(1)实施我国政府与有关国家政府签订的汽车运输协定、议定书等国际条约；

(2)制定本行政区域国际道路运输发展规划；

(3)根据交通运输部或省级人民政府授权，与周边国家政府相关主管部门或地方政府进行会谈，协商双边汽车运输合作事宜；

(4)受交通运输部委托，与有关国家政府交通运输主管部门进行工作洽谈，协调解决国际道路运输有关问题；

(5)审核本行政区域与周边国家间的国际道路运输线路，并按照规定报交通运输部审批；

(6)会同地方政府，向交通运输部和省级人民政府提出本行政区域内口岸国际道路运输管理机构的设置意见等。

(三)省级道路运输管理机构的主要职责

省级道路运输管理机构履行以下国际道路运输管理职责：

(1)负责国际道路运输经营行政许可；

(2)负责国际汽车运输行车许可证的印制、交换、发放和使用管理；

(3)印制、发放国际汽车运输单证、国籍识别标志；

(4)与有关国家执行机构交换有关运输企业、车辆、驾驶员等信息，协调解决国际道路运输有关问题；

(5)受理外国运输车辆进入我国境内进行超限运输或危险品运输的申请及国际汽车运输特别行车许可证的发放；

(6)维护国际道路运输市场秩序；

(7)报送国际道路运输统计资料等。

(四)口岸国际道路运输管理机构的主要职责

口岸国际道路运输管理机构应作为省级道路运输管理机构的派出机构履行以下国际道路运输管理职责：

(1)查验国际道路运输行车许可证、国籍识别标志、国际道路运输有关牌证；

(2)监督检查国际道路运输的经营活动；

(3)协调出入口岸运输车辆的通关事宜；

(4)受省级道路运输管理机构委托在口岸发放国际道路运输单证；

(5)负责有关统计工作；

(6)负责了解出入口岸运输车辆通关情况等。

第二节　国际道路运输经营许可

一、国际道路运输经营许可事项及实施主体

省级道路运输管理机构负责实施国际道路运输经营许可。

国际道路运输经营许可事项包括国际道路旅客运输（定期国际道路旅客运输、不定期国际道路旅客运输）、国际道路货物运输（普通货物运输、货物专用运输、大型物件运输）和国际道路危险货物运输。

二、国际道路运输经营许可条件

申请从事国际道路运输经营活动的，省级道路运输管理机构应当审查申请人是否具备下列条件。

（1）已经取得国内《道路运输经营许可证》的企业法人。

（2）从事国内道路运输经营满3年，且近3年内未发生重大以上道路交通责任事故。

（3）人员符合以下条件：

①驾驶人员取得相应的机动车驾驶证和营运驾驶员从业资格证，年龄不超过60周岁；

②从事旅客运输的驾驶人员3年内无重大以上交通责任事故记录；

③从事危险货物运输的押运员、装卸管理员取得从业资格证。

（4）有与其经营业务相适应并经检测合格的国际道路客货运输车辆。

①投入国际道路运输经营的客货运输车辆技术性能应当符合国家标准《营运车辆综合性能要求和检验方法》（GB 18565—2016）的要求。

②投入国际道路运输经营的客货运输车辆技术等级应当达到《营运车辆技术等级划分和评定要求》（JT/T 198—2016）规定的一级。

③投入国际道路运输经营的客货运输车辆外廓尺寸、轴荷和载质量应当符合国家有关标准和车辆拟到达国家的有关标准要求，或符合中外政府商定的车辆技术标准要求。

④投入国际道路旅客运输经营的客车类型等级应当达到《营运客车类型划分及等级评定》（JT/T 325—2013）规定的中级以上。

⑤从事国际道路大型物件运输经营的超重型车辆，应当与所运输的大型物件相适应。超重型车辆是指运输长度在14米以上或宽度在3.5米以上或高度在3米以上货物的车辆，或者运输重量在20吨以上的单体货物或不可解体的成组（捆）货物的车辆。

⑥从事国际道路冷藏保鲜、罐式容器等专用运输的专用车辆，应当与运输货物相

适应,专用容器、设备、设施应当固定在专用车辆上。

⑦从事国际道路集装箱运输的车辆,应当与运输的集装箱相适应,并有固定集装箱的转锁装置。

⑧从事国际道路危险货物运输的危险品运输车辆,除了应当符合国内道路危险货物运输要求外,还应当符合车辆拟到达国家的有关法律规定。

(5)有健全的国际道路运输安全生产管理制度。

国际道路运输安全生产管理制度包括国际道路运输安全生产责任制度、国际道路运输安全生产操作规程、国际道路运输安全生产监督检查制度、驾驶员和车辆安全生产管理制度、国际道路运输应急预案等。

三、国际道路运输经营许可程序

(一)要求提交的申请材料

(1)申请从事国际道路运输经营的,应当向所在地省级道路运输管理机构提出申请,并提交以下材料:

①《国际道路运输经营许可申请表》;

②《道路运输经营许可证》及复印件;

③法人营业执照及其复印件;

④企业近3年内无重大以上交通责任事故的证明;

⑤拟投入国际道路运输经营的车辆的道路运输证,或机动车行驶证、机动车综合性能检测报告单、车辆技术等级评定表,或拟投入车辆承诺书(承诺书包括车辆数量、类型及等级、技术性能、座位数或吨位数、车辆外廓尺寸以及购置时间等内容);

⑥已聘用或拟聘用驾驶员的机动车驾驶证和从业资格证及其复印件,驾驶员近3年内无重大以上道路交通责任事故的证明;

⑦国际道路运输安全生产管理制度文本。

(2)申请从事定期或不定期国际道路旅客运输的企业,应当具备从事国内一类客运班线经营的条件,提供国际道路旅客运输的可行性报告。可行性报告的内容应包括市场需求预测、对方国家相关法律法规规定、车辆技术标准要求、具体的运输线路(起讫站点、通过口岸)、沿线公路等级、公路里程、服务设施、经过的主要城市、旅游景点、运营班次、预计票价、有关国家对开运输承运人情况以及经济社会效益分析等内容。

(3)申请从事国际道路危险货物运输的,还应当提交押运员、装卸管理员的从业资格证。

(4)已取得国际道路运输经营许可,申请新增定期或不定期国际道路旅客运输线路的,应当提交下列材料:

①《道路运输经营许可证》及复印件;

②新增定期或不定期国际道路旅客运输的可行性报告,内容与(2)相同;

③拟投入车辆的道路运输证,或机动车行驶证、机动车综合性能检测报告单、车辆

技术等级评定表,或拟投入车辆承诺书,承诺书包括车辆数量、类型及等级、技术性能、座位数、车辆外廓尺寸以及购置时间等内容;

④已聘用或者拟聘用驾驶员的机动车驾驶证和从业资格证及其复印件,驾驶员近3年内无重大以上道路交通责任事故的证明。

(二)申请材料形式审查及处置

省级道路运输管理机构应当按照以下要求对申请材料的完整性进行审核。

(1)申请材料不齐全或者不符合法定形式的,应当要求申请人当场补全或者更正,当场不能补全或者更正的,应当场或在5个工作日内出具注明日期且加盖道路运输管理机构专用印章的《交通行政许可申请补正通知书》,一次性告知需补正的全部内容。

(2)申请材料齐全有效的,应出具《交通行政许可申请受理通知书》。

(3)申请事项依法不需要取得行政许可或申请事项依法不属于本级道路运输管理机构职权范围的,应出具《交通行政许可申请不予受理决定书》。

(三)许可前公示和现场审查

对已受理的国际道路运输经营申请,省级道路运输管理机构应当将申请的有关情况在其网站或办公场所进行公示,公示期限为5日。

公示期间或结束后,受理申请的省级道路运输管理机构应当组织有关人员对申请人申请从事国际道路运输经营的有关条件和所提供的申请材料的真实性进行实地审查。

(四)许可决定

省级道路运输管理机构对申请人提交的材料进行审查后,应当自受理申请之日起20个工作日内,根据公开、公平、公正的原则,经集体研究讨论,做出许可或不予许可的决定。

1. 边境口岸地省级道路运输管理机构做出许可决定

口岸地省级道路运输管理机构对国际道路运输经营申请做出许可决定的,按照以下程序办理。

(1)对符合法定条件的国际道路运输经营申请做出准予行政许可决定的,向申请人出具《国际道路运输经营许可决定书》,并明确许可事项。

(2)对不予行政许可的,向申请人出具《不予交通行政许可决定书》,并说明理由。

(3)因需要延长许可申请处理时间的,须经省级道路运输管理机构负责人批准,向申请人出具《延长交通行政许可期限通知书》,并说明理由,但延长时间不得超过10个工作日。

2. 非边境口岸地省级道路运输管理机构做出许可决定

非边境口岸地省级道路运输管理机构对国际道路运输经营申请做出许可决定的,按照以下程序办理。

(1)在做出许可决定前,应当与运输线路拟通过边境口岸所在地的省级道路运输

管理机构发函协商,协商内容如下:

①申请经营国际道路运输及新增国际道路运输线路的,非口岸省级道路运输管理机构应向运输线路拟通过口岸地的省级道路运输管理机构通报拟申请企业名称、运输线路、公路里程、起讫站点、途经线路、中途停靠站点、日发班次、车辆类型及数量、经营方式等相关内容,同时附上加盖省级道路运输管理机构公章的"国际道路运输线路经营申请表"复印件;

②变更原许可事项的,还应向边境口岸地省级道路运输管理机构通报申请企业申请变更的理由、拟申请变更的许可事项及内容等,并附上原《国际道路旅客运输班线经营许可决定书》复印件或原《变更国际道路运输行政许可事项决定书》复印件。

(2)边境口岸地省级道路运输管理机构应当自收到非边境口岸地省级道路运输管理机构的函件之日起15个工作日内,对符合法定条件、完整有效的申请事项,依法做出"同意"或"不同意"的审定意见并函复非边境口岸地省级道路运输管理机构。超过时间未函复的,视为同意。对不符合法定条件、申请材料信息出现错漏的申请事项,须及时与非边境口岸地省级道路运输管理机构沟通或函复说明。

(3)与边境口岸所在地省级道路运输管理机构协商一致,并对符合法定条件的国际道路运输经营申请做出准予行政许可决定的,向申请人出具《国际道路运输经营许可决定书》,并明确许可事项。

(4)与边境口岸地省级道路运输管理机构协商不成的,由非边境口岸地省级交通运输主管部门报交通运输部裁定。交通运输部按照规定的程序做出许可或者不予许可的决定,通知申请人所在地省级交通运输主管部门,同时抄送相关边境口岸地省级交通运输主管部门,并由申请人所在地省级道路运输管理机构按照规定颁发许可证件或者做出《不予交通行政许可决定书》。

(5)对不予行政许可的,向申请人出具《不予交通行政许可决定书》,并说明理由。

(6)因需要延长许可申请处理时间的,须经省级道路运输管理机构负责人批准,向申请人出具《延长交通行政许可期限通知书》,并说明理由,但延长时间不得超过10个工作日。

(五)《道路运输经营许可证》发放

申请从事国际道路运输的《道路运输经营许可证》,由省级道路运输管理机构核发。省级道路运输管理机构在做出行政许可决定后,应当在10个工作日内向被许可人颁发新的《道路运输经营许可证》,并在《道路运输经营许可证》上注明国际道路运输或国际道路旅客运输或国际道路货物运输经营范围。

申请从事国际道路运输经营的当事人,如还有其他道路运输经营项目,则须到省级道路运输管理机构换发《道路运输经营许可证》。省级道路运输管理机构在换发新的《道路运输经营许可证》时,应当收回原县级或市级道路运输管理机构核发的《道路运输经营许可证》,并将其退回原核发《道路运输经营许可证》的道路运输管理机构,存入道路运输经营业户的管理档案中。

（六）监督履行投入运输车辆承诺

被许可人做出投入运输车辆承诺的，道路运输管理机构应当监督被许可人按照承诺书的承诺期限投入运输车辆。超过承诺期限未履行投入运输车辆承诺的，道路运输管理机构应当通知被许可人 180 天内投入车辆；超过承诺期限 180 天还不履行投入运输车辆承诺的，其经营条件已不具备，自动终止经营资格，道路运输管理机构应当撤销其做出的国际道路运输经营许可决定书，并收回《道路运输经营许可证》。

（七）配发《道路运输证》

省级道路运输管理机构应当核实被许可人购置的车辆或者已有的车辆，符合条件的，配发《道路运输证》。

（八）《道路运输经营许可证》和《道路运输证》中"经营范围"的填写

从事国际道路旅客运输经营的，其"经营范围"按照省级道路运输管理机构行政许可决定的内容，分别填写"定期国际道路旅客运输""不定期国际道路旅客运输"。

从事国际道路货物运输经营的，其"经营范围"按照省级道路运输管理机构行政许可决定的内容，分别填写"国际道路普通货物运输""国际道路货物专用运输（项目）""国际道路大型物件运输（类别）""国际道路危险货物运输（类别、项别）"。

（1）"国际道路货物专用运输"的"项目"中，应当在括号内分别标注相应项目（"集装箱""冷藏保鲜""罐式"）。

（2）"国际道路大型物件运输"的"类别"中，应当在括号内分别标注一、二、三、四类。

（3）"国际道路危险货物运输"的"类别""项别"中，应当在括号内分别按《危险货物分类和品名编号》（GB 6944—2012）的规定标注相应类别和项别。危险货物分为 1~9 类，每一类中又分为若干项。

四、国际道路运输企业设立子公司许可程序

国际道路运输企业设立子公司的，应当向省级道路运输管理机构提出申请，省级道路运输管理机构应当按照国际道路运输企业许可程序予以办理。

五、国际道路运输企业设立分公司报备程序

（1）国际道路运输企业设立分公司的，如总公司与分公司属同一省级道路运输管理机构管辖的，按照以下程序办理。

①国际道路运输企业应当向原《道路运输经营许可证》核发机关报备，提供分公司登记注册的营业执照等相关证件。

②省级道路运输管理机构在原《道路运输经营许可证》副本上"分支机构"栏予以注明，同时向分公司核发新的《道路运输经营许可证》副本，并出具分公司备案证明。

（2）国际道路运输企业设立分公司的，如总公司与分公司分属不同的省级道路运输管理机构管辖的，按以下程序办理。

①国际道路运输企业应当向分公司注册地的省级道路运输管理机构报备,并提供总公司《企业法人营业执照》《道路运输经营许可证》正本复印件和《道路运输经营许可证》副本(原件)。

②经核实,国际道路运输企业提供的材料真实,且符合从事国际道路运输经营活动条件的,省级道路运输管理机构应出具分公司备案证明,并向分公司核发《道路运输经营许可证》副本,同时函告总公司注册地省级道路运输管理机构。

③分公司在取得所在地省级道路运输管理机构核发的分公司备案证明、分公司《道路运输经营许可证》副本后,按照有关规定办理工商、税务登记手续。

④分公司需新增运输车辆的,分公司所在地的省级道路运输管理机构审核车辆条件后,符合要求的,配发《道路运输证》;也可根据实际情况,委托车籍所在地市级道路运输管理机构审核车辆条件后配发国际道路运输车辆《道路运输证》。

六、国际道路运输企业经营许可变更

国际道路运输企业变更许可事项、扩大经营范围的,按照有关许可规定办理。

国际道路运输企业变更名称、法定代表人、地址等的,应当向做出原许可决定的省级道路运输管理机构备案,并提交变更事项报告、变更后的《营业执照》复印件和原《道路运输经营许可证》正本及副本。省级道路运输管理机构根据变更的事项重新更换新的《道路运输经营许可证》。

国际道路运输企业扩大经营范围需按国际道路运输经营许可程序重新申请办理。

许可变更后,原证件发放的省级道路运输管理机构应当按照证件发放程序重新换发《道路运输经营许可证》《道路运输证》,同时收回原证件,并书面告知车籍所在地道路运输管理机构。也可根据实际情况,委托车籍所在地市级道路运输管理机构配发国际道路运输车辆《道路运输证》。

七、国际道路旅客运输线路经营许可变更

国际道路旅客运输线路变更许可事项按照有关许可规定办理。

国际道路运输企业变更起讫站点、途经线路、中途停靠站点、日发班次、临时途经、延期投入运营等线路许可事项的,应当向做出原许可决定的省级道路运输管理机构申请,并提交:

(1)《变更国际道路运输行政许可事项申请书》;

(2)原《国际道路旅客运输班线经营许可决定书》或原《变更国际道路运输行政许可事项决定书》复印件;

(3)原《国际道路客运线路标志牌附卡》复印件;

(4)现有营运车辆《道路运输证》《机动车行驶证》复印件;

(5)经办人的身份证明和委托书。

申请有变更起点站、讫点站、中途停靠站点的,还要提交"进站方案"。该方案应

包括拟进始发站、讫点站、中途停靠站点的名称、发班班次、发班时间等内容。已与起讫站和停靠站签订进站协议的,应当提供进站协议。

八、国际道路运输经营许可报备

省级交通主管部门应每半年将国际道路运输经营许可情况向交通运输部备案,备案内容包括取得国际道路运输经营许可企业的基本情况、许可内容等。

九、国际道路运输企业终止经营

国际道路运输企业拟终止经营的,应当在终止经营之日起提前30日告知原许可的省级道路运输管理机构,并由道路运输管理机构收回《道路运输经营许可证》《道路运输证》等证件。

如属核减经营范围的,省级道路运输管理机构应当为国际道路运输企业换发《道路运输经营许可证》正、副本等证件,并书面告知车籍所在地道路运输管理机构。

如属终止经营的,省级道路运输管理机构应当在国际道路客运经营者终止经营后10日内,收回国际道路运输企业的《道路运输经营许可证》正、副本,《道路运输证》和《国际道路旅客运输线路标志牌》等有关证件,办理注销手续,书面告知车籍所在地道路运输管理机构,并在其网站或办公场所予以公布。

国际道路客运经营者在取得国际道路客运经营许可证件后,无正当理由超过180日不投入运营或者运营后未经批准连续180日以上停运的,视为自动终止经营,原许可的省级道路运输管理机构应在10日内收回其《道路运输经营许可证》等证件,并予以公布。

十、定期国际道路旅客运输班线经营期满延续经营程序

国际道路客运班线经营期限届满,需要延续客运班线经营的,应当在届满之日起提前60日重新提出申请。

原许可的道路运输管理机构应当在该班线有效期届满前按照新增定期国际道路旅客运输班线的许可程序办理,做出许可或者不予许可的决定。予以许可的,重新办理有关手续;逾期未做出决定的,视为准予延续。

国际道路客运班线经营期限届满仍未提出延续经营申请并办理相关手续的,视为放弃,其客运班线经营权自动终止。

十一、暂停国际道路客运班线经营程序

国际道路客运班线经营者在经营期限内申请暂停经营的,省级道路运输管理机构应当要求国际道路客运经营者提前30日提交《国际道路客运班线暂停申请表》。

原许可的省级道路运输管理机构接到申请后,应当根据客运市场运行情况,做出准予或不准予暂停的决定。准予暂停的,应当在《国际道路客运班线暂停申请表》上

签注"同意"的意见,并暂时收回《道路运输证》和《国际道路旅客运输线路标志牌》,在其网站或办公场所予以公布;恢复经营时,退还有关证件。不准予暂停的,应当在《国际道路客运班线暂停申请表》上签注"不同意"的意见,并说明理由。

国际道路客运班车每年的报停时间累计不得超过口岸开关天数的一半。

十二、开通国际道路运输线路程序

开通国际道路旅客、货物运输线路,按照以下程序办理。

(1)道路运输企业根据市场需要向所在地省级道路运输管理机构提出拟开通国际道路运输线路的书面申请报告,并提交对拟开通的国际道路运输线路的可行性报告。省级国际道路运输管理机构对企业申请报告及拟开通的国际道路运输线路进行审核,并向省级交通运输主管部门提出审核意见。

(2)对国外政府或有关部门、运输企业正式提出的拟开通的国际道路运输线路,由运输线路经过口岸所属地的省级运输管理机构组织对线路进行调研,并形成调研报告或可行性报告报省级交通运输主管部门审核。

(3)省级交通运输主管部门审核同意后报省级人民政府批准,对拟开通运输线路尚未对外开放的,应发函征求当地省军区作战部门同意后报省级人民政府批准。运输线路跨省军区管辖范围的,报请省级人民政府征求大军区作战部门或报请交通运输部征求总参谋部作战部意见。

(4)省级人民政府批准同意后,应当由省级交通运输主管部门报交通运输部审批,并提供以下材料:

①省级交通运输主管部门关于开通国际道路运输线路的请示;

②开通国际道路运输线路的可行性报告;

③省级人民政府和军方对开通国际道路运输线路的意见。

(5)交通运输部审批同意后,组团或授权省级交通运输主管部门与有关国家的相关部门进行会谈,签署会谈纪要或协议,向社会公告拟开通的运输线路。

(6)公告发出后,由省级道路运输管理机构采取招投标方式确定运输经营企业,投标企业不足2家的,可以由省级道路运输管理机构指定符合条件的运输企业参与运输线路经营。

十三、建档

省级道路运输管理机构对国际道路运输经营申请做出行政许可后,应当将以下材料存入业户管理档案中:

(1)《国际道路运输经营申请表》;

(2)原国内《道路运输经营许可证》复印件;

(3)法人营业执照复印件;

(4)委托办理的,需存档经办人的身份证明复印件和授权委托书;

(5)企业近3年内无重大以上交通责任事故的证明;

(6)已聘用或拟聘用驾驶人员的机动车驾驶证和从业资格证复印件,驾驶人员近3年内无重大以上道路交通责任事故的证明;

(7)投入车辆情况(已购置车辆的,需存档机动车辆照片、机动车辆行驶证复印件、机动车综合性能检测报告单、车辆技术等级评定表、车辆类型等级评定表和车辆强制保险凭证复印件;拟投入车辆的,需存档拟投入车辆的承诺书);

(8)国际道路运输安全生产管理制度文本;

(9)需补全或更正申请材料的,存档《交通行政许可申请补正通知书》;

(10)《交通行政许可受理通知书》;

(11)道路运输管理机构的审核意见(同意或不同意的意见);

(12)《国际道路运输行政许可决定书》或《不予交通行政许可决定书》;

(13)道路运输行政许可文书(证件)送达回证;

(14)《道路运输经营许可证》复印件;

(15)《道路运输证》复印件;

(16)其他需存档的材料。

第三节　国际道路运输市场管理

一、国际道路运输企业管理

(一)对我国国际道路运输企业管理

各级道路运输管理机构应当加强对国际道路运输企业的监督与管理。从事国际道路运输的车辆应当按照规定的口岸通过,进入对方国家境内后,应当按照规定的线路运行。

1. 定期国际道路旅客运输管理

(1)国际客运班车应按照许可的线路、班次、站点运行,在规定的途经站点进站、上下旅客,无正当理由不得改变行驶线路。

(2)国际道路客运经营者应对从业人员进行经常性的安全、外事纪律、职业道德、业务知识及相关操作规程培训,并做好培训记录。

(3)检查国际客运车辆是否在车厢内显著位置公示道路运输管理机构监督电话、票价和里程表。

(4)国际道路客运经营者应采取有效措施,防止驾驶人员疲劳驾驶。

(5)国际道路旅客运输车辆在装运行包时,行李舱须封闭,不得客货混装。

(6)严禁国际道路旅客运输车辆装运危险货物。

(7)国际道路旅客运输车辆必须配备完善的消防、安全设备,驾驶人员须能熟练使用。

2.不定期国际道路旅客运输管理

国际客运包车应当按照约定的时间、起始地、目的地和线路运行,并持有包车票或者包车合同,不得按班车模式定线经营,不得招揽包车合同外的旅客乘车。

3.国际道路货物运输管理

(1)国际道路货物运输企业应当加强对从业人员进行经常性的安全、外事纪律、职业道德教育和业务知识、操作规程培训。

(2)国际道路货物运输企业应当在营运车辆上安装、使用行驶记录仪。

(3)道路运输管理机构应当在货运站、货物集散地实施监督检查,发现货物运输车辆有超载行为的,应当予以制止,装载符合标准后方可放行。

(4)严禁使用货物运输车辆运输旅客。

(5)国际道路货物运输企业和货物托运人应当按照《合同法》的要求,订立道路货物运输合同。

(6)国际道路货物运输经营者应采取有效措施,防止货物脱落、扬撒等情况发生。

(7)严禁普通货物与危险货物混装,严禁未经许可的运输车辆承运危险货物。

(8)国际道路货物运输企业应当建立健全车辆安全生产管理制度,提高车辆的安全性,加强对国际道路货物运输车辆的安全管理。

(二)对外国国际道路运输企业管理

(1)外国国际道路运输企业的车辆在我国境内行驶,应当具有本国的车辆登记号牌、登记证件,驾驶人员应当持有与其驾驶的车辆类别相符的本国或国际驾驶证件。

(2)外国国际道路运输企业的车辆在我国境内应当在规定的站点上下旅客或者按照运输合同商定的地点装卸货物,并按照我国道路运输管理机构指定的停靠站(场)停放。

(3)进入我国境内从事国际道路运输的外国运输车辆,应当符合我国有关运输车辆外廓尺寸、轴荷以及载质量的规定。我国与外国签署有关运输车辆外廓尺寸、轴荷以及载质量具体协议的,按协议执行。

(4)进入我国境内运载不可解体大型物件的外国国际道路运输企业的车辆超限的,应当遵守我国超限运输车辆行驶公路的相关规定,办理相关手续并取得特别行车许可证后,方可在我国境内运输。

(5)进入我国境内运输危险货物的外国国际道路运输企业的车辆,应当符合我国危险货物运输有关法律、法规和规章的规定,办理相关手续并取得特别行车许可证后,方可在我国境内运输。

(6)禁止外国国际道路运输企业从事我国国内道路旅客和货物运输经营。

(7)禁止外国国际道路运输企业在我国境内自行承揽货物或者招揽旅客。

(8)持有我国核发的特别行车许可证的外籍运输车辆,在离开我国国境前,应将特别行车许可证交还给口岸国际道路运输管理机构。

二、国际道路运输市场管理

(一)运输市场管理

道路运输管理机构应当加强国际道路客货运输管理,规范经营行为,维护公平竞争,保障各方当事人的合法权益:

(1)查处违反国际道路运输经营许可的行为;

(2)查处违反国际道路运输经营规范的行为;

(3)查处违反国际道路运输车辆管理规定的行为;

(4)查处违反国际道路运输从业人员管理规定的行为等。

(二)运价及费收管理

国际道路旅客运输的价格,按交通运输部或者省级交通运输主管部门与相关国家政府交通运输主管部门或授权部门签订的有关协议执行;没有协议的,按口岸所在地省级物价、交通运输主管部门核定的运价执行。

国际道路货物运输的价格,由国际道路货物运输企业自行确定。

对进出我国境内从事国际道路运输的外国运输车辆的收费,应当按照我国与相关国家政府签署的有关协定或协议执行。协定或协议没有规定的,按各自国家的有关法律规定执行。

(三)企业档案管理

省级道路运输管理机构应当建立国际道路运输企业管理档案。企业管理档案应包括以下内容:

(1)《国际道路运输经营申请表》;

(2)法定代表人身份证明复印件;

(3)委托办理的,需存档经办人的身份证明复印件和授权委托书;

(4)企业近3年内无重大以上交通责任事故的证明;

(5)投入国际道路运输车辆情况;

(6)国际道路运输从业人员情况;

(7)国际道路运输安全生产管理制度文本;

(8)需补全或更正申请材料的,存档《交通行政许可申请补正通知书》;

(9)《交通行政许可受理通知书》;

(10)道路运输管理机构的审核意见;

(11)《国际道路运输行政许可决定书》;

(12)道路运输行政许可文书(证件)送达回证;

(13)《道路运输经营许可证》复印件;

(14)《道路运输证》复印件;

(15)《企业法人营业执照》《税务登记证》复印件;

(16)国际道路运输企业质量信誉考核资料;

（17）国际道路运输车辆异动资料；

（18）违法行为记录等。

三、国际道路运输车辆管理

（一）车辆技术管理

（1）道路运输管理机构应当督促国际道路运输企业建立车辆技术管理制度，按照《汽车维护、检测、诊断技术规范》（GB 18344—2001）等有关标准对国际道路运输车辆进行定期维护和检测，确保运输车辆技术状况良好。

（2）道路运输管理机构应当督促国际道路运输企业按规定到机动车综合性能检测站进行检测，并依据检测报告，对照《营运车辆技术等级划分和评定要求》（JT/T198—2016）评定车辆技术等级。对从事国际道路运输的车辆，其车辆技术等级应当达到一级。

从事国际道路旅客运输的客运车辆，其车辆类型等级还应当达到行业标准《营运客车类型划分及等级评定》（JT/T 325—2013）规定的中级以上。

（3）对达到国家规定的报废标准或者经检测不符合国家标准要求的国际道路运输车辆，道路运输管理机构应当及时收回《道路运输证》或变更其《道路运输证》的经营范围。

（二）车辆审验

国际道路运输车辆实施定期审验制度，审验工作由市级以上道路运输管理机构实施。

1. 审验时间

国际道路运输车辆每年审验一次，具体审验时间由各省自行确定。

2. 审验内容

主要审验内容包括：车辆技术状况；车辆技术档案；车辆维护和检测情况；车辆结构及尺寸变动情况；客货运车辆、危险货物运输车辆按规定安装、使用符合国家标准的GPS或行车记录仪设备情况；国际道路运输企业为其运输车辆投保机动车交通事故责任保险和为旅客或危险货物投保承运人责任险情况；车辆违章记录；其他按规定需审验的内容。

3. 审验程序

（1）省级道路运输管理机构发布国际道路运输车辆审验公告。

（2）国际道路运输企业应当按规定填写《国际道路运输车辆审验表》，该表可向车籍地设区的市级道路运输管理机构领取，或在机动车综合性能检测站领取，或在道路运输管理机构网站上下载。

（3）国际道路运输企业应当在规定时间内到机动车综合性能检测站对运输车辆进行检测。

（4）机动车综合性能检测站按照国家标准《营运车辆综合性能要求和检验方法》（GB 18565—2016）和《道路车辆外廓尺寸、轴荷及质量限值》（GB 1589—2016）的规定进行检测,出具全国统一式样的检测报告。

(5)市级道路运输管理机构对车辆检测报告等进行审核,评定车辆技术等级和客车类型等级,检查车辆结构及尺寸是否变动,是否存在违法行为等。审验合格的,在《道路运输证》"车辆审验及技术等级记录"栏内加盖注有"一级"车辆技术等级的年度审验专用章;客运车辆还须在《道路运输证》"备注"栏内打印或加盖客车类型等级的实际评定情况,但类型等级应当是中级以上;审验不符合要求的,应当责令限期改正。限期改正后仍不符合要求的,原发证道路运输管理机构应当收回《道路运输证》。

(6)审验结束后,市级道路运输管理机构应当及时在审验台账中作相应记录,对审验资料进行整理并装入车辆管理档案。《道路运输证》上有违章记录的,应当将违章记录转登至国际道路运输企业的业户档案中。

(7)对已通过审验的国际道路客货运输车辆,市级道路运输管理机构应当按照审验公告规定的时间,向省级道路运输管理机构报送本辖区的《国际道路客货运输车辆年度审验备案表》和相关资料。

(8)省级道路运输管理机构接到市级道路运输管理机构报送的《国际道路客货运输车辆年度审验备案表》和相关资料后,对其车辆和资料进行审定,对符合规定要求的车辆,发布国际道路运输车辆审验公告,并抄送口岸各联检部门,统一规范国际道路运输车辆的出入境秩序。对不符合规定要求,没有通过审验的车辆,收回车辆的《道路运输证》。

(三)车辆异动

1. 新增国际道路客货运输车辆

(1)新增货车的办理程序如下所述。

①国际道路货物运输企业应当填写《国际道路运输车辆申请表》。

②省级道路运输管理机构应当要求国际道路货物运输企业提供《道路运输经营许可证》副本、机动车行驶证及复印件、机动车综合性能检测报告单、车辆技术等级评定表、车辆类型等级评定表、《机动车驾驶证》和《从业资格证》复印件等。

③符合条件的,省级道路运输管理机构配发《道路运输证》。

④国际道路运输企业应当建立车辆技术档案。

(2)新增或更新客车的办理程序如下所述。

①国际道路旅客运输企业应当填写《国际道路运输车辆申请表》。

②在经营期限内,国际道路旅客运输企业申请新增、更新客运车辆的,原许可的省级道路运输管理机构应当要求国际道路旅客运输企业提交车辆新增或更新方案、《道路运输经营许可证》副本、机动车行驶证及复印件、机动车综合性能检测报告单、车辆技术等级评定表、车辆类型等级评定表、经营性道路旅客运输驾驶员《机动车驾驶证》和《从业资格证》复印件等材料,考虑市场供求状况等因素,在10个工作日内做出准予或不准予的决定。

③更新车辆与原车辆客车等级类型、技术等级相当,或者比原车辆技术类型、等级

更高的,应当准予更新。

④符合条件的,省级道路运输管理机构通知车籍地市级道路运输管理机构配发《道路运输证》。

⑤更新车辆比原车辆技术等级低的,应当不予更新。

⑥新增或更新客车结束后,国际道路运输企业应当建立该车技术档案。

2. 减少国际道路客货运输车辆

对达到国家规定的报废标准或经检测不符合国家标准要求的客货运输车辆,以及国际道路运输企业拟退出国际道路客货运输经营的车辆,原发证道路运输管理机构应当收回车辆的《道路运输证》。

3. 转籍或过户国际道路客货运输车辆

国际道路客货运输车辆转籍、过户的办理程序如下所述。

(1)国际道路运输企业要求将国际道路客货运输车辆转籍、过户的,应当向原发证道路运输管理机构提出申请。

(2)道路运输管理机构接到申请后,原发证道路运输管理机构应当收回车辆的《道路运输证》等,并向国际道路运输企业出具其客货车辆转籍、过户证明,将车辆变动情况登记在国际道路运输企业的车辆档案中。

(3)对国际道路客货运输车辆转籍、过户,属不同管辖区域的,原发证的道路运输管理机构应当向转入地的道路运输管理机构移交车辆管理档案。

(4)国际道路客货运输车辆转籍、过户后,拟继续从事国际道路客货运输经营的,其客货运输车辆的新所有人应当凭客货运输车辆转籍、过户证明和车辆档案,向道路运输管理机构重新申请办理《道路运输证》。

(5)国际道路客货运输车辆转籍、过户后,未办理相关经营手续继续从事国际道路客货运输经营的,视为无《道路运输经营许可证》或《道路运输证》从事道路运输经营活动。

4. 国际道路客货运输车辆报停

国际道路客货运输车辆报停的办理程序如下所述。

(1)国际道路运输企业拟报停运输车辆的,需持拟报停车辆的《道路运输证》到原发证机构办理车辆报停手续,道路运输管理机构暂时收回车辆的《道路运输证》等。

(2)国际道路客货运输车辆报停后拟恢复运营的,国际道路运输企业应当向道路运输管理机构申请领回车辆的《道路运输证》。

5. 国际道路运输车辆被终止经营

国际道路运输企业因违反规定被吊销《道路运输经营许可证》的,原发证道路运输管理机构应当收回车辆的《道路运输证》以及其他运营标志。

(四)国际道路运输车辆档案管理

(1)道路运输管理机构应当建立国际道路客货运输车辆管理档案。国际道路客货运输车辆管理档案坚持"一车一档",档案包括以下具体内容:车辆基本情况、二级维护和检测情况、技术等级记录、类型等级记录、车辆变更记录、交通事故记录、车辆审验记录、其他按规定要求归档的资料等。

(2)道路运输管理机构应当监督国际道路运输企业建立国际道路客货运输车辆技术档案。国际道路客货运输车辆技术档案坚持"一车一档",档案包括以下具体内容:车辆基本情况、主要部件更换情况、修理和二级维护记录(含出厂合格证)、技术等级评定记录、类型等级记录、车辆变更记录、行驶里程记录、交通事故记录、车辆审验记录、其他按规定要求归档的资料。

(3)国际道路运输车辆管理档案和技术档案内容记载应当及时、完整和准确,不得随意更改。

(4)道路运输管理机构应当督促国际道路运输企业将交通事故等动态信息及时报送备案。

四、国际道路运输单证与标志管理

(一)单证与标志种类

国际道路运输单证和标志包括五类:国际汽车运输行车许可证、国际道路运输国籍识别标志、国际道路旅客运输行车路单、国际道路货物运单、国际道路旅客运输线路标志牌。

(二)单证与标志管理权限

国际道路运输单证与标志由省级道路运输管理机构按交通运输部统一格式印制、发放、管理和监督使用。

(三)行车许可证

1. 分类

国际汽车运输行车许可证分为国际汽车运输普通行车许可证和国际汽车运输特别行车许可证两种。

(1)国际汽车运输行车许可证,用于旅客运输(含定期、不定期)和货物(含行包)运输,一车一证,在规定期限内往返一次或多次有效,车辆回国后,由口岸国际道路运输管理机构回收。普通行车许可证由省级国际道路运输管理机构或授权的口岸国际道路运输管理机构发放和填写。

(2)国际汽车运输特别行车许可证,用于大型物件运输或危险货物运输,一车一证,在规定期限内往返一次有效。特别行车许可证由省级国际道路运输管理机构或授权的口岸国际道路运输管理机构发放和填写。

2. 印制、发放管理

国际汽车运输行车许可证由省级道路运输管理机构按照交通运输部统一式样印制(实行承印轮值制的行车许可证,由本省承印时,需与其他省区根据上年度同期的使用量协商确定中方各省年度分次需用行车许可证的种类和数量),并根据两国交通运输主管机关协商确定的年度行车许可证交换种类和数量定期交换。

（1）省级道路运输管理机构和口岸国际道路运输管理机构，应当建立健全行车许可证登记台账。

（2）省级道路运输管理机构应当按规定发放行车许可证，并要求国际道路运输企业按规定使用。

（3）口岸国际道路运输管理机构应当对行车许可证进行检查。

3.使用管理

（1）我国从事国际道路运输的车辆进出有关国家境内，应当持有有关国家的国际汽车运输行车许可证；外国从事国际道路运输的车辆进出我国境内，应当持有我国国际汽车运输行车许可证。

（2）国际汽车运输行车许可证不得转让、伪造、倒卖。

（3）国际汽车运输行车许可证一车一证，在有效期内使用。运输车辆为半挂汽车列车、全挂汽车列车时，仅向牵引车发放国际汽车运输行车许可证。

（4）非边境省区的国际道路运输企业，应当向拟通过口岸所在地的省级道路运输管理机构申领国际汽车运输行车许可证。口岸所在地省级道路运输管理机构根据企业运输车辆数、班次、线路以及上年使用情况发放或委托口岸国际道路运输管理机构发放。

（四）国籍识别标志

我国国际道路运输国籍识别标志为"CHN"。

我国国际道路运输国籍识别标志分为长期性和一次性两种：长期性国籍识别标志宜为铝制标志牌，长期从事国际道路运输的客货车辆每车应使用一副标志牌，固定在车前、车后显著位置，也可在车辆左右两侧的适当位置进行喷涂，每侧仅限一个；一次性国籍识别标志为纸质标志卡，短期从事国际道路运输的客货车辆每车使用一面纸质标识卡，放置于驾驶室前挡风玻璃右侧，具体参照《中华人民共和国国际道路运输车辆国籍识别标志》（GB/T24419—2009）。

我国国际道路运输国籍识别标志由省级国际道路运输管理机构或者由其委托的口岸国际道路运输管理机构发放。

（五）国际道路旅客（旅游）运输行车路单

从事定期和不定期国际道路旅客运输的车辆应当使用国际道路旅客运输行车路单，一车一单，在规定期限内往返一次有效，车辆回国后，由口岸国际道路运输管理机构收回存档。行车路单由省级国际道路运输管理机构或其委托的口岸国际道路运输管理机构发放。

驾驶员在出（入）国境前应当认真核对行车路单上的各项内容是否完整、准确，实际乘坐人数与行车路单所附旅客清单是否相符，如有不符的情况要及时向口岸国际道路运输管理机构及海关、边检部门报告。

（六）国际道路货物运单

从事国际道路货物运输的车辆应当使用国际道路货物运单，一车一单，在规定期限内往返一次有效。国际道路货物运单由承托双方填写并签字盖章，随车同行。

国际道路货物运单由省级国际道路运输管理机构或者其委托的口岸国际道路运输管理机构发放。

(七)国际道路旅客运输线路标志牌

国际道路旅客运输线路标志牌分定期、不定期两种,只限于从事定期、不定期国际道路旅客运输车辆使用。国际道路旅客运输线路标志牌由省级道路运输管理机构制作、发放和管理。

第四节　外商投资道路运输业管理

一、外商投资道路运输业管理职责

省级地方人民政府交通运输主管部门负责本辖区的外商投资道路运输业的立项及相关事项的批准。

设区的市级交通运输主管部门负责本行政区域的外商投资道路运输业的立项及相关事项申请工作,包括提出初审意见和报级省交通运输主管部门审批。

二、外商投资道路运输业的范围和形式

(一)外商投资道路运输业的范围

外商在中华人民共和国境内投资道路旅客运输经营、道路货物运输经营和道路运输相关业务。道路运输相关业务包括站(场)经营和机动车维修经营。

外商投资企业在境内再投资道路旅客运输经营的,应按照《外商投资道路运输业管理规定》等有关规定进行审批、管理。

香港特别行政区、澳门特别行政区和台湾省的投资者以及海外华侨在中国内地投资道路运输业的适用本办法。

(二)外商投资道路运输业的形式

外商投资道路运输业有外商独资、中外合资、中外合作以及并购、外商投资企业再投资等形式。

三、外商投资道路运输业许可管理

(一)外商投资道路运输业的审批时限

交通运输主管部门按下列程序对外商投资道路运输业立项、增项和变更申请进行审核和审批。

(1)市级交通运输主管部门自收到申请材料之日起15个工作日内,依据《外商投资道路运输业管理规定》提出初审意见,并将初审意见和申请材料报省级交通运输主管部门。

(2)省级交通运输主管部门自收到上报材料之日起30个工作日内,对申请材料

进行审核。符合规定的,颁发立项等批件;不符合规定的,退回申请,书面通知申请人并说明理由。

(3)省级交通运输主管部门制发的外商投资道路运输业批件应当明确批件有效期限。立项批件有效期一般为18个月,其他批件有效期一般为6个月。取得外商投资道路运输业批件后在有效期内未完成工商注册登记手续的,批件自行失效。

(二)外商投资道路运输业的申请者办理相关手续

根据《外商投资道路运输业管理规定》,申请人收到批件后持此批件和相关材料到其他有关部门办理相关手续。

申请人在收到外商投资企业批准证书后,应当在30日内持立项批件和批准证书,向拟设立企业所在地道路运输管理机构申请领取道路运输经营许可证,并依法办理工商登记后,方可按核定的经营范围从事道路运输经营活动。县级以上道路运输管理机构应当根据《道路运输条例》设定的许可权限及外商投资道路运输业批件核定的经营范围,为企业颁发《道路运输经营许可证》并配发营运车辆《道路运输证》,或者根据许可权限及外商投资道路运输业批件核定的变更事项,为企业办理相应的变更手续。

(三)外商投资道路运输业的变更手续

申请人收到变更的外商投资企业批准证书后,应当在30日内持变更批件、变更的外商投资企业批准证书和其他相关的申请材料向原道路运输经营许可部门和工商行政管理部门办理相应的变更手续。

(四)外商投资道路运输业的备案

申请人在办理完有关手续后,应将企业法人营业执照、外商投资企业批准证书以及道路运输经营许可证影印件报省级交通运输主管部门备案。

外商投资企业更名后,应到省级交通运输主管部门(原许可部门)备案。

(五)外商投资道路运输业的经营期限

外商投资道路运输企业的经营期限一般不超过12年。但投资额中有50%以上的资金用于客货运输站场基础设施建设的,经营期限可为20年。

(六)外商投资道路运输业的延期

经营业务符合道路运输产业政策和发展规划,经原审批机关批准,可以申请延长经营期限,每次延长的经营期限不超过20年。

申请延长经营期限的外商投资道路运输企业,应当在经营期满6个月前向企业所在地的市级交通运输主管部门提出申请,由省级交通运输主管部门批复。

(七)外商投资道路运输业的停业手续

外商投资道路运输企业停业、歇业或终止,应当及时到省级交通运输主管部门、商务主管部门和工商行政管理部门办理相关手续。

(八)外商投资道路运输业审批情况报备

省级交通运输主管部门应当于每年3月31日前将本省上年度《外商投资道路运输业审批明细表》报交通运输部运输服务司。

第十一章　道路运输行政执法管理

道路运输行政执法管理是一种行政管理,它是运用国家权力对道路运输服务领域的一种管理活动。道路运输行政执法管理理念是依法行政、规范诚信、高效便捷、服务群众、以人为本。现代道路运输行政执法管理就是道路运输管理机构运用国家赋予的道路运输管理职能对道路运输领域进行有效管理,使道路运输资源达到有效的开发和利用,以促进道路运输的健康、有序、高效发展。

第一节　道路运输行政执法人员资格

一、道路运输行政执法人员执法资格

道路运输行政执法人员资格是指道路运输行政执法人员通过自己的具体行政行为行使相应的执法权和承担相应的行政执法义务的能力或资格。

从事道路运输行政执法工作的人员,具备以下条件方可参加交通运输行政执法人员资格培训与考试,取得《交通运输行政执法证》:

(1)年龄十八周岁以上,身体健康;

(2)具有国民教育序列大专以上学历;

(3)具有交通运输行政执法机构正式编制并拟从事道路运输行政执法工作;

(4)品行良好,遵纪守法;

(5)符合法律、行政法规和规章规定的其他条件。

已经持有《交通运输行政执法证》但不符合上述规定的第(2)项、第(3)项条件的人员,可以通过申请参加交通运输行政执法人员资格培训和考试,取得《交通运输行政执法证》。

下列人员不得申请参加交通运输行政执法人员资格培训和考试:

(1)曾因犯罪受过刑事处罚的;

(2)曾被开除公职的。

符合下列条件之一的人员申请交通运输行政执法资格,经省级交通运输行政执法主管部门审核合格,可免予参加交通运输行政执法人员资格培训和考试:

(1)在法制管理或交通运输行政执法岗位工作15年以上,且具有大学本科以上学历;

(2)在法制管理或基层执法岗位工作10年以上,且具有法学专业本科以上学历。

二、道路运输行政执法人员及证件的管理

（1）各级道路运输管理机构执法人员应当持有由交通运输部统一制发的《交通运输行政执法证》。

（2）持证人应当按照其所持《交通运输行政执法证》中注明的道路运输管理执法门类在法定职责和辖区范围内从事行政执法工作；同时应当妥善保管证件，不得损毁、涂改或者转借他人。

（3）持证人遗失交通运输行政执法证件的，应当立即向其所属主管部门报告，由其所属主管部门逐级报告至发证机关；发证机关审核属实的，于3日内通过媒体发表遗失声明，声明后通过执法证件管理系统补发新证。

（4）持证人有下列情形之一的，所在单位逐级上报至发证机关，由发证机关注销交通运输行政执法证件：

①持证人调离执法单位或者岗位的；

②持证人退休的；

③其他应当注销交通运输行政执法证件的情况。

（5）交通运输行政执法证件执行年度审验制度，未经发证机关年度审验的交通运输行政执法证件自行失效。

（6）持证人有下列情形之一的，由发证机关做出暂扣其交通运输行政执法证件的决定，并由其所在的主管部门收缴其证件：

①年度考核为不合格的；

②无故不参加岗位培训或考核的；

③涂改交通运输行政执法证件或者将交通运输行政执法证件转借他人的；

④其他应当暂扣交通运输行政执法证件的情形。

被暂扣交通运输行政执法证件的，在暂扣期间不得从事交通行政执法活动。

（7）持证人有下列情形之一的，由发证机关做出吊销其交通运输行政执法证件的决定，并由其所在县级以上交通运输主管部门收缴其证件：

①受到刑事处罚、行政拘留或者开除处分的；

②利用交通运输行政执法权牟取私利、从事违法活动的；

③利用职务收受贿赂、以权谋私等行为受到行政记大过及以上处分的；

④以欺诈、贿赂等不正当手段取得交通运输行政执法证件的；

⑤因违法执法导致行政执法行为经行政诉讼败诉、行政复议被撤销、变更，并引起国家赔偿，造成严重后果的；

⑥违反执法人员工作纪律，造成严重不良社会影响的；

⑦连续两年考核等次为不合格的；

⑧违反交通运输行政执法禁令，情节严重的；

⑨其他应当吊销交通运输行政执法证件的情形。

第二节 道路运输行政执法管辖与回避

一、道路运输行政执法管辖

行政处罚由违法行为发生地的县级以上(含县级,下同)道路运输管理机构管辖。法律、行政法规另有规定的除外。

行政执法管辖恒定(即主管恒定),是指在查处违法案件时,行政案件的主管权以立案时为标准,立案时对案件享有主管权的行政机关,一般情况下不因确定主管的事实在查处案件的过程中发生变化而影响其主管权。所谓"一般情况下"是指,根据《行政处罚法》第二十条规定,行政处罚由违法行为发生地的县级以上地方人民政府具有行政处罚权的行政机关管辖。但在法律、行政法规另有规定时除外。

对当事人的同一违法行为,两个以上道路运输管理机构都有管辖权的,由最先立案的道路运输管理机构管辖。

两个以上道路运输管理机构因管辖权发生争议的,应当协商解决,协商不成的,报请共同上一级道路运输管理机构指定管辖。

道路运输管理机构发现所查处的案件不属于自己管辖时,应当及时将案件移送有管辖权的道路运输管理机构。受移送的道路运输管理机构对管辖权有异议的,应当报请共同上一级道路运输管理机构指定管辖,不得再自行移送。

上级道路运输管理机构认为必要时可以直接查处下级道路运输管理机构管辖的案件。下级道路运输管理机构认为应当由其管辖的案件属重大、疑难案件,或者由于特殊原因,难以办理的,可以报请上一级道路运输管理机构确定管辖。报请上一级道路运输管理机构确定管辖权的,上一级道路运输管理机构应当在收到报送材料之日起5个工作日内确定案件的管辖机关。

跨行政区域的行政处罚案件,共同的上一级道路运输管理机构应当做好协调工作。相关道路运输管理机构应当积极配合异地办案的道路运输管理机构查处案件。

道路运输管理机构发现所查处的案件属于其他行政机关管辖的,应当依法移送其他有关机关。道路运输管理机构发现违法行为涉嫌犯罪的,应当依照有关规定将案件移送司法机关。

二、道路运输行政执法回避

为了加强道路运输行政执法监督,保障道路运输执法工作环境的公正,维护行政相对人的合法权益,在执法中道路运输管理机构适用回避制度。

道路运输管理机构负责人、办案执法人员、听证主持人、听证员、书记员有下列情形之一的,应当回避,且案件当事人及其法定代理人有权申请回避:

(1)是本案的当事人或者当事人的近亲属的;

(2)本人或者其近亲属与本案有利害关系的;

(3)与本案当事人有其他关系,可能影响案件公正处理的。

道路运输管理机构负责人的回避,由所属交通运输行政主管部门决定;办案执法人员的回避,由其所属的道路运输管理机构决定。

道路运输管理机构负责人、办案执法人员提出回避申请的,应当说明理由。

当事人及其法定代理人要求道路运输管理机构负责人、办案执法人员回避的,应当提出申请,并说明理由。口头提出申请的,道路运输管理机构应当记录在案。对当事人及其法定代理人提出的回避申请,道路运输管理机构应当在2个工作日内做出决定并通知申请人。

办案执法人员具有应当回避的情形之一,本人没有回避,当事人及其法定代理人也没有申请回避的,有权决定回避的道路运输管理机构负责人可以指令回避。在道路运输管理机构做出回避决定前,办案执法人员不得停止对行政案件的调查。

在行政案件调查过程中,鉴定人和翻译人员需要回避的,参照以上所述。被决定回避的道路运输管理机构负责人、办案执法人员、鉴定人和翻译人员,在回避决定做出以前所进行的与案件有关的活动是否有效,由做出回避决定的道路运输管理机构根据案件情况决定。

第三节 道路运输监督检查

一、道路运输监督检查概念和内容

道路运输监督检查,是指行政机关或法定授权的组织依法对管理相对人遵守法律、法规和规章的情况进行督促检查。检查的具体内容主要是道路运输行政相对方遵守道路运输法律、法规、规章,执行道路运输管理机构的决定和命令的情况。对不遵守道路运输法律、法规和规章或不执行道路运输管理机构的决定和命令的行政相对方,道路运输管理机构有权依照有关规定进行处理。

道路运输行政执法人员对客货运输企业、客货运输站场、汽车维修企业、机动车驾驶员培训机构等道路运输市场经营主体贯彻落实《中华人民共和国道路运输条例》等有关道路运输法律、法规、规章情况的监督检查都属于道路运输监督检查内容。

二、道路运输监督检查前准备工作

(1)制定执法工作方案,重大执法活动前应召开准备工作会议,做好部署、协调、落实工作,注意做好保密工作。

(2)明确检查重点、执法区域及人员职责分工。

(3)执法人员按照有关规定着装整齐,佩带执法证件。

(4)备齐检查执法用摄像机、录音笔、执法车辆、示警牌、通讯器材等设备。

(5)备齐执法文书、法律法规原文。
(6)保持联系畅通,行动服从统一指挥和调度。

三、道路路口车辆检查

道路运输管理机构在实施监督检查过程中,应当在道路运输企业、客货运输站场、客货集散地等加强源头管理,同时可以在公路路口检查运输车辆,查处道路运输违法行为。道路运输管理机构在公路路口实施监督检查时,应当符合以下要求。

(1)在公路路口现场检查的执法人员不得少于2名。
(2)根据道路条件和交通状况,选择安全和不妨碍通行的地点进行检查,避免引起交通堵塞。
(3)在距离检查现场安全距离范围连续摆放发光或者反光的示警灯、减速提示标牌、反光锥筒等警示标志。
(4)采用徒手指挥和使用停车示意牌(灯)两种方式指挥停车,夜间一律使用停车示意灯进行指挥。
(5)执法人员指挥停车,应站在道路中线的左端,面向来车,在安全距离,连续发出停车检查信号,指挥车辆到达指定的停靠位置。
(6)被检车辆停稳后,执法人员应表明身份,出示执法证件。
(7)在公路路口检查车辆,应全面收集证据。经查未发现违法行为的,应交还有关证件,立即放行,做好检查登记;发现有违法行为的,按立案和调查取证程序处理。

四、对道路运输相关业务经营场所的监督检查

各级道路运输管理机构应当定期或不定期对道路运输企业、客货站(场)、机动车维修经营场所、机动车驾驶员培训机构等经营场所进行监督检查。监督检查必须有2名以上执法人员参与并经执法单位负责人批准方可进行。在监督检查前,应出示执法证件,告知检查项目,并做好记录。

五、道路运输监督检查程序

(一)监督检查主体

道路运输行政监督的主体是县级以上道路运输管理机构。《中华人民共和国道路运输条例》第五十九条规定,道路运输管理机构的工作人员应当严格按照职责权限和程序进行监督检查,不得乱设卡、乱收费、乱罚款。道路运输管理机构的工作人员应当重点在道路运输及相关业务经营场所、客货集散地进行监督检查。

(二)监督检查的对象

道路运输行政监督的对象,是作为道路运输行政相对方的道路旅客运输经营者、道路货物运输经营者、道路客运站经营者、道路货物运输站(场)经营者、机动车维修经营者和机动车驾驶员培训机构及道路运输从业人员。

(三)监督检查原则

1. 主体合法原则

主体合法原则指道路运输监督检查的范围和内容必须严格遵守法律法规的规定。各级道路运输管机构只能依照法定职权范围实施监督检查,不得超越权限;否则该监督检查行为属于违法行政,管理相对人有权拒绝接受检查。

2. 程序正当原则

程序正当原则是指道路运输管理机构在实施行政执法检查时必须严格遵守法定程序,应按照法定的方式和步骤实施行政执法检查。如在相对人进行调查时,应有两名以上行政执法人员,并表明执法身份,主动出示交通行政执法证件。对证据实施先行登记保存措施的,应经道路运输行政执法机关负责人批准。

3. 效率原则

效率原则是指道路运输管理机构实施行政监督检查要在实现行政管理目的的前提下做到检查的高效率。

(四)监督检查的方法

1. 书面检查

书面检查是道路运输管理机构通过查阅有关书面资料和材料对管理相对人进行监督检查。例如,查看管理相对人有关文件和材料,调阅运输企业的日常制度和工作记录,对管理相对人原始账簿、单据报表进行审核等。

2. 实地检查

实地检查是道路运输管理机构通过实行现场的检查或勘查对管理相对人有关守法情况进行调查了解。例如,道路运输管理机构在道路上对营运车辆进行检查,了解管理相对人是否具有营运资格,相应从业人员是否具有从业资格等。

3. 其他检查方法

除了书面检查和实地检查外,道路运输管理机构还可以通过听取汇报、调查、要求定期上报统计数据等方式实施监督检查。

(五)监督检查的实施程序

监督检查的实施程序如下所述。

(1)表明执法主体身份。《中华人民共和国道路运输条例》第六十条规定,道路运输管理机构的工作人员实施监督检查时,应当有2名以上人员参加,并向当事人出示执法证件。

(2)提取证据。证据是证明案件真实情况的一切事实。

(3)说明执法检查理由依据。道路运输管理机构在做出不利于相对方的检查结论前,应当允许相对方陈述和申辩,并说明做出监督检查结论的理由和依据。

(4)告知当事人权利。道路运输管理机构在做出不利于相对方的监督检查结论后,应告知相对方相应的救济权利。

(5)实施监督检查。

第四节 道路运输行政执法证据

一、道路运输行政执法证据种类与基本要求

按照不同的标准,可从不同的角度将行政执法证据分成不同的种类。根据《交通行政处罚行为规范》第十二条规定,证据包括以下几种:书证、物证、视听材料、证人证言、当事人陈述、鉴定结论、勘验笔录、现场笔录。

根据 2015 年新修订的《行政诉讼法》,证据增加了一种"电子数据",并将"鉴定结论"修改为"鉴定意见"。

各类证据按要求制作提供。

(一)书证

书证是指以文字、符号、图形等所表达的思想和记载的内容证明行政执法案件事实的证据。书证可以分为原本、正本、副本、记录本、影印本和译本。例如,询问笔录、现场笔录、举报记录、营业执照、经营许可证、控告、投诉、信访的信件、领导签批办理的信件、行政调查时的会谈、会议纪要,以及与案件有关的报表、图纸、会计账册、专业技术资料、科技文献等均属于书证范畴。

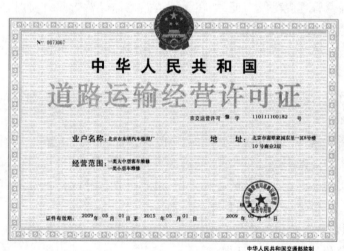

道路运输经营许可证

(1)取得书证的原件。原本、正本和副本均属于书证的原件。收集证据原件时,应当收集以下能够印证案情的书证。

①反映各种民事经济关系的书证。

②可以表明从事经营性活动的文件、资料。

③运输经营者及乘客、货主持有的运输合同、各种收据、车票;从事经营性活动的广告、宣传单、客运经营者私自制作的班线牌等,并注明证据的名称、时间、份数和页

数;取得原件确有困难的,可以取得与原件核对无误的复印件、照片、节录件等。

(2)取得由有关单位或个人保管的书证原件的复制件、影印件的,应当注明出处,由原件保管单位或个人签注"与原件核对无误"字样和提供日期并签名盖章。一份证据多页的,应当在每一页及骑缝处加盖印章或按指印。

(3)取得书证原件的节录件的,应当保持文件内容的完整性,节录时不得断章取义。节录件应当注明出处和节录地点、日期,并有节录人的签名。原件保管单位或个人核对无误后加盖印章或签名。

(4)取得工商、公安、税务等有关部门出具的证明材料作为证据的,证明材料上应当加盖出具部门的印章并注明日期。

(5)被调查对象拒绝在证据复制件、各式笔录及其他需要其确认的证据材料上签章或押印时,道路运输管理机构可以邀请有关基层组织或者被调查对象所在单位、公证机构、法律服务机构、公安机关代表到场,说明情况,在相关证据材料上记明被检查人拒绝确认事由和日期,由道路运输行政执法人员、见证人签名或签章;另外,可以通过现场摄像的方式将被调查对象拒签的情形固定。

从行政执法实践来看,在道路运输行政执法过程中,常见的书证主要有:

①反映行为人和物主身份的书证,如车辆行驶证、机动车驾驶证等;

②从事经营性活动的书证,如线路牌、运输合同等;

③反映经营管理规范的书证,如在受理道路运输经营行政许可时,须审查是否有健全的安全生产管理制度;

④反映技术检验、验证的书证,如车辆综合性能检测站对营运车辆出具的检测报告单等;

⑤反映行政管理活动的书证,如行政机关的处理决定和其他文件等。

(二)物证

物证是指能够以物品的内在物质属性、外部特征和存在状况证明行政执法案件的真实情况的实物证据。物证以物品、痕迹等客观物质实体的外形、性状、质地、规格等证明案件事实的证据。如伪造的各种票据、营运证件、路线牌等,非法营运车辆、非法教练车、改装车、拼装车、假冒出租车都是物证。

(1)提供原物。提供原物确有困难的,可以提供与原物核对无误的复制件或者证明该物证的照片、录像等其他证据。

(2)原物为数量较多的种类物的,提供其中的一部分。抽样取证时,应当有被抽样物品的持有人或者见证人在场,并开具抽样取证证据清单。原物复制件、照片、抽样取证证据清单应由持有人或者见证人签字确认。

(3)下列不宜提供的实物证据,应当同时附相关证明材料:

①鲜活、易腐烂变质或者易失效的商品、货物;

②危险货物或危险化学品;

③保管困难或者需要保管费用过大的驾驶员培训设备;

④保管困难或者需要保管费用过大的维修工具。

(4)道路运输行政执法实践中常见的物证主要有：

①违法工具，如无证营运案件中的车辆，无证经营的维修厂家从事违法经营的修理设备和维修工具，驾培机构使用的教学仪器和教学设备等。

②现场遗留物品，如扬撒货物案件中货运车辆在行驶中扬撒的货物等。

随着科学技术的不断发展，可以作为证据使用的物品和痕迹逐步扩大。在行政执法实践中，看眼现场拍摄的现场照片，对某些难以移动或易于消失的物品、痕迹复制的模型或拍摄的照片都属于物证的范畴。

(三)计算机数据或者录音、录像等视听资料

视听资料(见下图)是指以录音、录像、电子信息证明行政执法案件真实情况的资料。道路运输行政执法实践中大量通过录像、录音、拍照、监控摄像、卫星定位装置产生的运行轨迹等取得的证据均是视听资料。

提供的视听资料应当符合下列要求。

(1)提供有关资料的原始载体。提供原始载体确有困难的，可以提供复制件。

(2)注明制作方法、制作时间、制作人和证明对象等。

(3)声音资料应当附有该声音内容的文字记录。

视听资料

(四)证人证言

证人证言是指证人就自己知道的行政执法案件事实情况向行政执法机关所做的陈述。证人证言是了解行政违法行为的人，以口头或书面的方式向行政机关或组织所做的陈述，是行政处罚中使用比较普遍的证据形式。例如在查处非法营运案件过程中，对于乘客所制作的《询问笔录》就是比较典型的证人证言。

提供的证人证言应当符合下列要求。

(1)写明证人的姓名、年龄、性别、职业、住址、联系电话、身份证号等基本情况。

(2)有证人的签名。不能签名的，应当以盖章或加盖指印等方式证明。

(3)注明出具日期。

(4)附有居民身份证复印件等证明证人身份的文件。

道路运输行政执法实践中常见的证人证言有口头形式和书面形式。口头证言，即证人以口头叙述的方式向行政执法机关提供证言。证人提供口头证言，道路运输管理机构应当制作笔录或进行录音、录像。证言笔录虽然具有书面形式，但从性质上说，仍然属于口头证言。记录证人陈述的录音、录像也不属于视听资料,而是证人证言。书面证言,即证人以书面陈述的方式向行政机关提供证言。

(五)当事人陈述

当事人陈述是指当事人就自己所经历的案件事实情况等向行政执法机关所做的陈词和叙述。行政处罚案件中当事人陈述主要指行政违法行为人的陈述,包括陈述、申辩、听证程序中当事人所做的辩解。例如在查处非法营运过程中,车辆驾驶人自行书写的营运经过就是典型的当事人陈述。

提供的当事人陈述应当符合下列要求。

(1)写明当事人的姓名、年龄、性别、职业、住址、联系电话、身份证号等基本情况。

(2)有当事人的签名。不能签名的,应当以盖章或加盖指印等方式证明。拒绝签名或者盖章的,由询问人在询问笔录上注明情况,并可以邀请在场的其他人员签字。

(3)注明出具日期。

《行政处罚法》中明确规定,"当事人有权进行陈述和申辩。行政机关必须充分听取当事人的意见,对当事人提出的事实、理由和证据,应当进行复核;当事人提出的事实、理由或者证据成立的,行政机关应当采纳。"因此,收集、运用当事人的陈述,对于提高行政执法办案水平非常重要。

(六)鉴定意见

鉴定意见是指鉴定人根据行政执法机关的指派或委托,运用专门的技术手段和专业知识,就与案件有关的专门性问题进行科学检定后所做出的技术性书面意见,如道路运输行政执法人员对于机动车维修厂使用的假冒伪劣配件送交专门的鉴定机构所做的"鉴定意见"。

鉴定意见应当载明委托人和委托鉴定的事项、向鉴定部门提交的相关材料、鉴定的依据和使用的科学技术手段、鉴定部门和鉴定人鉴定资格的说明(证明),并应有鉴定人的签名和鉴定部门的盖章。通过分析获得的鉴定结论,应当说明分析过程。

(七)勘验笔录和现场笔录

勘验笔录指行政执法人员对行政违法案件的现场,以及不便移动的物证进行勘查、检查后做出的能够证明案件情况的记录。《现场笔录》是行政机关在依法行使职权做出具体行政行为过程中,对有关的现场、物品、事件、人员进行调查所做的事实性描述记录,由行政执法人员在当事人的参与下制作,其内容是正在发生或刚刚发生的现场事实,既不能提前做好,也不能在事后予以补记。

勘验笔录应当记载勘验的时间、地点、勘验人、在场人、勘验的经过和结果,由勘验人、当事人、在场人签名。勘验现场时绘制的现场图,应当注明绘制的时间、方位、绘制人姓名和身份等内容。

现场笔录应当载明时间、地点和事件等内容,并由执法人员和当事人签名。当事人拒绝签名或者不能签名的,应当注明原因。有其他人在现场的,可由其他人签名。

勘验笔录与现场笔录的区别有以下三点。

(1)两者所反映的实施不同。勘验笔录是在行政执法过程中对于案件有关的场所、物品和现场进行勘查、检测、测量、拍照、绘图后所做的笔录,所表述的多是客观情况;而现场笔录则是对行政执法机关执法现场当时的情况所做的记录,一般是动态的事实,所反映的是制作笔录当时的情况。

(2)两者制作的时间阶段不同。勘验笔录一般是案件发生以后制作的;而现场笔录是在行政执法现场当时制作的。

(3)两者包含的内容不尽相同。现场笔录可以包含行政机关对违反行政法规当事人进行讯问的笔录,而勘验笔录不包括讯问当事人的笔录。

(八)电子证据

电子证据,是指以电子形式、电磁形式、光学形式或类似形式储存在计算机存储器中的信息,包括计算机程序及程序所处理的信息,如各种系统软件、应用软件、文本、图形等。对于电子证据的概念,目前并无定论,以上定义只是帮助我们初步了解其性质和特征。

当事人可以向人民法院提供电子数据证据证明待证事实,相关电子数据证据应当符合下列要求。

(1)无法提取电子数据原始载体或者提取确有困难的,可以提供电子数据复制件,但必须附有不能或者难以提取原始载体的原因、复制过程以及原始载体存放地点或者电子数据网络地址的说明,并由复制件制作人和原始电子数据持有人签名或盖章,或者以公证等其他有效形式证明电子数据与原始载体的一致性和完整性。

(2)收集电子数据应当依法制作笔录,详细记载取证的参与人员、技术方法、步骤和过程,记录收集对象的事项名称、内容、规格、类别以及时间、地点等,或者将收集电子数据的过程拍照或录像。

(3)收集的电子数据应当使用光盘或者其他数字存储介质备份。监管机构为取证人时,应当妥善保存至少一份封存状态的电子数据备份件,并随案移送,以备法庭质证和认证使用。

(4)提供通过技术手段恢复或者破解的与案件有关的光盘或者其他数字存储介质、电子设备中被删除的数据、隐藏或者加密的电子数据,必须附有恢复或破解对象、过程、方法和结果的专业说明。对方当事人对该专业说明持异议,并且有证据表明上述方式获取的电子数据存在篡改、剪裁、删除和添加等不真实情况的,可以向人民法院申请鉴定,人民法院应予准许。

道路运输电子数据,在实践中包括道路运输车辆卫星定位系统数据等。

二、行政执法证据证明效力

(一)证明同一事实的数个证据的证明效力

(1)国家机关以及其他职能部门依职权制作的公文文书优于其他书证。

(2)鉴定结论、现场笔录、勘验笔录、档案材料以及经过公证或者登记的书证优于其他书证、视听资料和证人证言。

(3)原件、原物优于复制件、复制品。

(4)法定鉴定部门的鉴定结论优于其他鉴定部门的鉴定结论。

(5)法庭主持勘验所制作的勘验笔录优于其他部门主持勘验所制作的勘验笔录。

(6)原始证据优于传来证据。

(7)其他证人证言优于与当事人有亲属关系或者其他密切关系的证人提供的对该当事人有利的证言。

(8)出庭作证的证人证言优于未出庭作证的证人证言。

(9)数个种类不同、内容一致的证据优于一个孤立的证据。

(二)不能单独作为定案依据的证据

(1)未成年人所做的与其年龄和智力状况不相适应的证言。

(2)与一方当事人有亲属关系或者其他密切关系的证人所做的对该当事人有利的证言,或者与一方当事人有不利关系的证人所做的对该当事人不利的证言。

(3)应当出庭作证而无正当理由不出庭作证的证人证言。

(4)难以识别是否经过修改的视听资料。

(5)无法与原件、原物核对的复制件或者复制品。

(6)经一方当事人或者他人改动,对方当事人不予认可的证据材料。

(7)其他不能单独作为定案依据的证据材料。

(三)不具有证明效力的证据

(1)严重违反法定程序收集的证据材料。

(2)以偷拍、偷录、窃听等手段获取侵害他人合法权益的证据材料。

(3)以利诱、欺诈、胁迫、暴力等不正当手段获取的证据材料。

(4)当事人无正当理由拒不提供原件、原物,又无其他证据印证,且对方当事人不予认可的证据的复制件或者复制品。

(5)被当事人或者他人进行技术处理而无法辨明真伪的证据材料。

(6)不能正确表达意志的证人提供的证言。

(7)不具备合法性和真实性的其他证据材料。

(四)不能作为具体行政行为合法的依据

(1)行政执法机关及其诉讼代理人在做出具体行政行为后或者在诉讼程序中自行收集的证据。

(2)行政执法机关在行政程序中非法剥夺公民、法人或者其他组织依法享有的陈述、申辩或者听证权利所采用的证据。

(3)行政执法机关在行政程序中未作为具体行政行为依据的证据。

(五)可以直接认定的事实

(1)众所周知的事实。

(2)自然规律及定理。

(3)按照法律规定推定的事实。
(4)已经依法证明的事实(或人民法院生效判决确定的事实)。
(5)根据日常生活经验法则推定的事实。

其中(1)、(3)、(4)、(5)项,当事人有相反证据足以推翻的除外。

关于证据证明的效力和认定,本节以查处非法营运客车为例,叙述相关证据的认定。

第一,"一对一证据"。"一对一证据"指在非法营运案件中,只是违法行为人和一位乘客的询问笔录,而且该两份笔录的内容是相对立的情况。有的认为"一对一证据"认定的非法营运案件属事实不清,证据不足,不能据此做出行政处罚决定。然而,这是对法律的侧面理解,目前任何法律都没有否定"一对一证据"的适用性,只是有证明效力强弱之分。因此,通过综合分析,只要"一对一证据"能够证明违法行为人存在违法事实,就可以认定该违法行为存在。非法营运案件也不例外。只要乘客的询问笔录能够反映行为人非法营运经过即可,如被询问人的基本情况及联系方式,被询问人于何时、何地乘坐被查车辆,车上人员有无喊价行为,运输费用如何约定,被询问人与行为人有无利害关系等,只要能证明非法营运事实,即使是"一对一证据"也是可以对非法营运行为人予以处罚。但是,最好是在不侵害他人的合法权益情况下,应尽量利用照相机、摄像机等取证设备,收集视听资料作为辅证,以克服"一对一证据"的不利之处。

第二,出现乘客翻供情况。在查处非法营运活动中,执法人员在许多情况下能够收集的证据只是乘客的询问笔录,但非法营运行为人往往不会配合执法人员调查取证,反而会想方设法阻碍乘客作证,以各种人情关系和私下给钱,甚至采取威胁等手段,要求乘客到运管机构去推翻原来的询问笔录,实际上只要我们的执法人员在做询问笔录时,客观、全面、详尽地记录了非法营运经过,没有纰漏之处,乘客的翻供就很难成立,而且即便乘客翻供,根据行政诉讼证据规则有关规定,也会因其效力低而不被采纳。同时,执法人员利用照相机、摄像机等拍下的现场的违法证据,如广告性质的名片、汽车运输补充客票、收支记账本、自制线路标志牌以及运输凭证、结账收据等更是难以翻供的证据。若旅客不愿做询问笔录,也可以采取询问方式,由另一名执法人员拍摄谈话经过,以此作为定案证据。在采集视听证据时,应尽可能反映查处整个案件的全过程,避免剪辑嫌疑。

第三,乘客使用假身份。个别乘客在做询问笔录时使用假的姓名、年龄、性别、职业、住址等行为,这样就带来了所提供的证据效力问题。但是在特定条件下如有视听资料则可以强化其他证据的证明效力。假身份的另一种是,有很多面的车、出租小汽车以及下线后的无证客车,其就非法营运行为事先告之乘客,"一旦被运管机构查到,就说是走亲戚的一家人"。如乘客拒不配合,则将给取证和认定是否非法营运带来很大的难度。

第四,"线人"(即执法人员的耳目)证据。"线人"没有引诱("套笼子""钓鱼")

他人实施违法行为的,该"线人"与一般乘客身份一样,其证言应予以采信。如"线人"引诱他人(例如,请人从A县租车到查扣地)实施违法行为的,该"线人"的证言不应采集。因此,道路运输管理机构,特别是乡镇交管所、交管站必须严格防止"线人"引诱他人实施违法行为,特别是对职业举报人的举报应慎重调查处理,确实维护执法的严肃性,维护执法机构的信誉。

三、行政执法证据收集的一般要求

道路运输行政执法人员调查、收集证据,必须遵守下列规定。

(1)适用道路运输行政处罚一般程序进行调查取证的执法人员不得少于2名。

(2)询问证人和当事人,应当个别进行并告知其作伪证的法律责任。

(3)对与案件有关的物品或者现场进行勘验检查的,应当通知当事人到场,制作《勘验检查笔录》。当事人拒不到场的,可以请在场的其他人员见证。

(4)对需要采取抽样调查的,应当制作《抽样取证凭证》,需要妥善保管的应当妥善保管,需要退回的应当退回。

(5)对涉及专门性问题的,应当指派或者聘请有专业知识和技术能力的部门和人员进行鉴定,并制作鉴定意见书。

(6)在证据可能灭失或者以后难以取得的情况下,经行政机关负责人批准,可以对证据先行登记保存,制作《证据登记保存清单》,并应当在7日内做出处理决定。证据登记保存是行政机关依职权主动采取的措施,对证据加以确定和保护的制度。

四、调查取证程序

调查取证程序如下所述。

(1)2名以上执法人员进行调查取证:调查时分工明确,各司其职,一人询问,一人同时记录。在法律文书中有2名以上执法人员的签名,案件卷宗中有2名以上执法人员共同执法的记录。

(2)询问证人和当事人,应当个别进行并告知其作伪证的法律责任。

(3)证据提取与保存。

(4)执法人员应当制作道路运输违法行为调查报告,对调查报告审核后,做出审批意见。

由于取证难,打击非法营运的执法环境不利,许多地方非法营运者嚣张,甚至出现暴力执法事件,不少交通行政执法人员因执法受伤。非法营运的"黑车"危害严重。自从上海"钓鱼"执法事件成为社会焦点话题后,各地道路运输行政部门面临更加复杂的执法环境。道路运输行政执法人员处于极为尴尬的两难境地、面临着极大的心理、社会与工作的压力。为此收集证据应注意以下几点。

第一,收集证据应当全面客观,做到实事求是。

道路运输行政违法具有客观性。运政执法人员在收集证据时,必须从实际情况出发,尊重客观事实,切忌先入为主地主观臆断,或随意取舍,更不能断章取义,歪曲事实,制造假证据。凡是与案件有关的证据材料,无论是物证、书证,还是视听证据、现场证人证词都应收集。目前我们的证据收集,除《证据登记保存申请书》,其他证据收集缺一不可。在实际工作中,应不拘泥于形式,着眼于证据的客观性,尽可能多地收集与案件有关的证据,使收集到的证据不仅在类型上多样,且内容上完整、充实,从而为结案打下坚实的基础。

第二,收集证据应当周密计划,做到有的放矢。

收集证据就是要把违法行为的时间、目的、动机、手段等事实根据,与现行法律、法规依据联系起来进行调查取证,查明发生了的行为事实是否符合违法的构成要件,认定这个违法行为需要哪些证据,可能会遇到哪些问题,应当采取哪些方法和步骤等,都应当尽可能做到心中有数。必要时,可以事前策划,避免盲目性,增强自觉性,从而使收集证据的活动更有成效。

第三,收集证据应当及时迅速,做到不失时机。

稽查人员查处非法营运案件时,应第一时间在现场及时隔离非法营运司机和乘客,利用拍照、摄像、证人证言获取尽可能多的证据材料。

第四,收集证据应当合法规范,做到依法行政。

《最高人民法院关于行政诉讼若干问题的规定》和《中华人民共和国道路运输条例》释义明确规定,证据的取得必须符合法律、法规、司法解释和规章的要求,只有来源合法的证据才能被法律认可。因此,稽查执法人员在收集证据时,必须遵循法定程序,将一切取证工作置于法制的轨道,依法取得证据。

五、道路运输管理机构行政处罚的取证方式

道路运输管理机构行政处罚的取证方式如下所述。

(1)向有关单位和个人调取证据,包括物证和书证、视听资料等,可以提取原物,也可以查阅、复制有关资料。

(2)进入现场检查,制作相关证据材料。

(3)采取登记保存措施。

(4)通过固定监控系统及移动摄像设施拍摄现场情况。

(5)经执法单位负责人批准,运用暗访设备拍摄现场情况。

第五节　道路运输行政强制程序

一、道路运输行政强制的概念及分类

行政强制是行政机关为了实现行政目的,对相对人的人身、财产和行为采取的强制性措施。行政强制分为行政强制措施和行政强制执行。行政强制措施包括扣押财物等,行政强制执行包括代履行和金钱给付义务的执行等。

道路运输行政强制,是指道路运输管理机构或者道路运输管理机构申请人民法院对不履行行政决定的公民、法人或者其他组织依法强制履行义务的行为。

根据《中华人民共和国道路运输条例》规定,道路运输行政强制措施只有暂扣车辆。《中华人民共和国行政强制法》第四十六条第三款规定,"没有行政强制执行权的行政机关应当申请人民法院强制执行。但是,当事人在法定期限内不申请行政复议或者提起行政诉讼,经催告仍不履行的,在实施行政管理过程中已经采取查封、扣押措施的行政机关,可以将查封、扣押的财物依法拍卖抵缴罚款。"就是说,虽然道路运输管理机构没有行政强制执行权,但是,如果相对人在法定期限内不申请行政复议或者提起行政诉讼,经催告仍不履行的,在实施道路运输行政管理过程中已经采取扣押措施的道路运输管理机构,可以将扣押的财物依法拍卖抵缴罚款。

二、道路运输行政强制的基本原则

(一)行政强制合法性原则(行政强制法定原则)

行政强制的"设定和实施"应当依照法定的"权限、范围、条件和程序"。

(二)行政强制适当原则(合理性原则)

行政强制的设定和实施应当适当、合理,应当符合比例原则。

1."设定"行政强制应当适当

法律、法规的立法机关设定行政强制时,应当保持谨慎的态度,在维护公共秩序和保护公民权利之间掌握平衡。

2."实施"行政强制应当适当

(1)能不实施就不实施。

①违法行为情节显著轻微或者没有明显社会危害的,"可以不"采取行政强制措施;

②对没有明显社会危害,当事人确无能力履行,中止执行满3年未恢复执行的,行政机关"不再"执行。

(2)查封、扣押、冻结的财物价值应当适当。

①查封、扣押的限于涉案的场所、设施或者财物,不得查封、扣押与违法行为无关的场所、设施或者财物;

②不得查封、扣押公民个人及其所扶养家属的生活必需品;

③冻结存款、汇款的数额应当与违法行为涉及的金额相当。

(3)选择适当的强制手段。

①当事人不依法履行行政决定时,应当优先使用非强制手段;

②行政机关应当优先使用间接强制手段(代履行、执行罚),在代履行和执行罚无法实现行政目的时,才适用直接强制执行;

③多种强制手段都可以实现行政目的,应当选择对当事人损害最小的方式,即符

合"比例原则"的要求。

(三)教育与强制相结合原则

经教育能达到行政管理目的的,不再实施强制;先行催告。

(四)禁止利用行政强制权谋取利益原则

禁止利用行政强制权谋取利益原则包括以下几方面:

(1)不得使用被查封、扣押的财产;

(2)不得收取保管费;

(3)收支两条线;

(4)合理确定代履行费用。

(五)保障当事人程序权利和法律救济权利原则

1.陈述权、申辩权

做出对当事人不利的决定前,应当听取当事人的意见。

2.申请行政复议、提起行政诉讼和申请行政赔偿的权利

(1)当事人对基础行政决定没有异议,只认为行政强制执行违法的,应当单独就行政强制执行提出行政复议或诉讼。

(2)当事人对基础行政决定不服的,可以对基础行政决定和行政强制行为提出行政复议或诉讼。

(3)针对"在法定期限内既不申请复议又不提起诉讼才可强制执行"的情况,由于基础行政决定的救济期限已过,当事人只能就行政强制执行行为寻求救济。

(4)针对"当事人对基础行政决定不服,提起诉讼后,法院维持了行政决定或者驳回了当事人诉讼请求"的情况,如果进入强制执行阶段,当事人又对强制执行决定提起行政诉讼的,法院应当集中审查强制执行行为本身的合法性。

3.申请司法赔偿的权利

(1)行政机关申请人民法院强制执行后,如果法院裁定并执行,且没有变更基础行政决定,因基础行政决定违法导致法院的司法强制执行行为违法,且损害当事人合法权益的,应当由"申请执行的行政机关"承担主要赔偿责任。

(2)公民、法人或者其他组织因人民法院在强制执行中有违法行为或者扩大强制执行范围受到损害的,也有权依法要求其给予赔偿。

三、道路运输行政强制措施实施程序

(一)实施主体

县级以上道路运输管理机构依照法律、法规的规定,在职责范围内实施道路运输行政强制措施。道路运输行政强制措施权不得委托。

依据《中华人民共和国行政处罚法》的规定行使相对集中处罚权的交通运输行政执法机关,可以实施法律、法规规定的与道路运输行政处罚权有关的行政强制措施。

(二)行政强制措施程序规定

(1)执法人员认为有必要实施行政强制措施的,实施前应当制作《交通运输行政强制措施审批表》,向本道路运输管理机构负责人(主要领导或分管领导,下同)报告并经批准后实施。

(2)由2名以上执法人员实施。

(3)出示执法身份证件。

(4)通知当事人到场。

(5)告知当事人采取行政强制措施的理由、依据以及当事人依法享有的权利、救济途径。

(6)听取当事人的陈述和申辩。

(7)制作行政强制措施现场笔录。

(8)当事人不到场的,邀请见证人到场,由见证人和执法人员在行政强制措施现场笔录上签名或者盖章。

(9)制作并当场交付《交通运输行政强制措施决定书》和暂扣物品清单。

(10)法律、法规规定的其他程序。

(三)扣押期限

扣押期限不得超过30日;情况复杂的,应当制作《延长扣押期限审批表》,经道路运输管理机构负责人批准,可以延长,但是延长期限不得超过30日。

(四)解除扣押

扣押物品有下列情形之一的,道路运输管理机构应当及时做出解除扣押决定,并制作《解除行政强制措施通知书》,送达当事人:

(1)当事人没有违法行为;

(2)扣押的财物与违法行为无关;

(3)对违法行为已经做出处理决定,不再需要扣押;

(4)扣押期限(包含延长期限)已经届满;

(5)其他不再需要采取扣押措施的情形。

当事人取回被扣押财物的,道路运输管理机构应当制作《退还被扣押财物凭证》,由当事人签收。

四、申请人民法院强制执行程序

(一)申请强制执行的案件范围

做出行政处罚决定后,当事人在法定期限内不申请行政复议或提起行政诉讼,又不履行处罚决定,道路运输管理机构自期限届满之日起3个月内,依法申请人民法院强制执行。

当事人对人民法院做出的行政案件的生效判决、裁定拒绝履行的,或经复议的案件当事人逾期不起诉又不履行行政复议决定的,按照《行政诉讼法》《行政复议法》等相关法律法规规定申请人民法院强制执行。

(二) 申请人民法院强制执行程序规定

制作并向当事人送达《交通运输行政强制执行催告书》，催告当事人履行义务。催告书送达 10 个工作日后当事人仍未履行义务的，道路运输管理机构可以向所在地有管辖权的人民法院申请强制执行。

道路运输管理机构申请人民法院强制执行，应当提供下列材料：

(1)《行政强制执行申请书》，经道路运输管理机构负责人签名，加盖单位印章，并注明日期；

(2)《行政处罚决定书》及做出决定的事实、理由和依据；

(3) 当事人的意见及道路运输管理机构催告情况；

(4) 申请强制执行标的情况；

(5) 法律、行政法规规定的其他材料。

(三) 裁定异议的处理

道路运输管理机构对人民法院不予受理(或不予执行)的裁定有异议的，可以自收到裁定之日起 15 日内向上一级人民法院申请复议。

第六节　道路运输行政处罚程序

一、道路运输行政处罚程序的分类

道路运输行政处罚程序分为简易程序和一般程序。

违法事实清楚并有法定依据，对公民处以 50 元以下、对法人或者其他组织处以 1000 元以下罚款或者警告的行政处罚的，可以适用简易程序，当场做出行政处罚决定。对于适用简易程序当场做出处罚决定的案件，执法人员应当依法制作行政处罚决定书，当场交付当事人，并告知当事人不服行政处罚决定的，可以依法申请行政复议或者提起行政诉讼。

实施道路运输行政处罚，除适用简易程序的以外，应当适用一般程序。

二、立案和调查取证程序

(一) 立案程序

(1) 除依法可以当场做出的行政处罚外，道路运输管理机构通过举报、新闻媒体披露、其他机关移送、上级机关交办等途径，发现公民、法人或其他组织有依法应处以行政处罚的交通行政违法行为，应当自发现之日起 7 日内决定是否立案。

(2) 立案应当填写《立案审批表》，由道路运输管理机构负责人批准。

(3) 对于决定立案的，道路运输管理机构负责人应当指定办案机构和 2 名以上办案人员负责调查处理。

(4)对于不予立案的举报,经道路运输管理机构负责人批准后,将不予立案的理由告知具名的举报人。

(二)调查取证程序

(1)2名以上执法人员进行调查取证;调查时分工明确,各司其职,一人询问,一人同时记录。

(2)询问证人和当事人,应当个别进行并告知其作伪证的法律责任。

(3)证据提取与保存。

(4)执法人员应当制作道路运输违法行为调查报告,法制部门和道路运输管理机构负责人对调查报告审核后,做出审批意见。

三、违法行为通知书送达程序

(1)执法现场负责人认为拟给予当事人行政处罚的,执法人员应当制作道路运输违法行为通知书;告知当事人拟给予的行政处罚内容及其理由和依据,应当听取当事人陈述和申辩。

(2)符合听证条件的,应当制作行政处罚听证告知书,送达当事人。

(3)将道路运输违法行为通知书现场送达当事人,应当要求当事人在"受送达人"栏签收,注明签收日期,并告知当事人在7个工作日内到指定地点接受处理;当事人拒绝签收的,由现场2名以上执法人员在通知书上注明情况并签字,并告知当事人领取道路运输违法行为通知书的地址。

(4)道路运输违法行为通知书没有现场送达当事人的,应当按照《道路运输行政执法工作规范》关于行政处罚决定送达的规定进行送达。

四、案件卷宗的整理和移交程序

(1)在立案和调查取证完毕后,执法人员应当对现场执法文书、证据等材料进行整理。对暂扣或者登记保存的车辆、证照、物品等要按规定妥善保管。

(2)现场执法人员应当将整理好的案件卷宗完整移交给负责卷宗管理的执法人员。

(3)负责卷宗管理的执法人员接收、处理卷宗时,应当检查执法文书、证据等材料。

(4)对于制作不规范的道路运输违法行为通知书,尚未送达的,负责卷宗管理的执法人员应当要求现场执法人员进行更正后送达;已经送达的,在当事人前来接受处理时予以更正并由当事人签名或者盖章。

(5)已经送达的道路运输违法行为通知书适用法律错误、对案件处理结果有实质性影响的,应当重新制作通知书并送达当事人,原通知书收回作废,调查处理时间重新计算。

五、听证程序

(一) 听证的适用范围

道路运输管理机构在做出责令停产停业、吊销证照、较大数额罚款、没收较大数额财产的行政处罚决定之前,当事人要求听证的,案件调查人员应当记录在案,道路运输管理机构必须依法组织听证。

(二) 听证申请

符合听证条件的行政处罚案件,当事人应当在道路运输违法行为通知书送达之日起3个工作日内到道路运输管理机构提出听证申请,并填写听证会申请书。

通知书送达当事人之日起3个工作日内,当事人没有要求听证的,就同一案件不再具有申请听证的权利。

(三) 听证会准备

1. 听证会主持人和书记员

听证会主持人由道路运输管理机构负责人指定的本机构法制工作人员或者其他执法人员担任。由听证会主持人指定书记员,负责听证笔录的制作和其他事务。

2. 听证员和书记员的回避

听证员和书记员有下列情形之一的,必须回避:

(1) 是本案调查人员;

(2) 是本案当事人或当事人、代理人的近亲属,或是案件调查人员的近亲属;

(3) 与本案的处理结果有直接利害关系的人员;

(4) 与本案当事人有其他关系,可能影响对案件公正听证的人员。

以上规定,同样适用于翻译人员、鉴定人或勘验人。

3. 听证会通知书

道路运输管理机构应当在举行听证会7个工作日前向当事人送达听证会通知书,告知当事人组织听证的时间、地点、听证会主持人,并告知其享有申请回避和委托代理人的权利。

(四) 听证会程序

听证活动应当遵循公正、公开、独立听证原则;除涉及国家秘密、商业秘密和个人隐私外,听证公开举行;听证一般应当一次完成,情况特别复杂时,可以举行多次听证。

(1) 听证会主持人工作。

听证会主持人在正式听证前应完成下列工作:

①核对听证参加人的身份;

②宣读听证纪律;

③宣讲听证参加人的权利、义务;

④征询当事人是否申请听证人员或鉴定人、勘验人、翻译人员回避。

(2)听证会举行的步骤。

对符合听证条件的案件,当事人有权向道路运输管理机构提出听证申请。道路运输管理机构必须受理此项申请,并依法组织听证。对属于听证范围,并且当事人提出申请的行政案件,不按规定组织听证的,做出的行政处罚决定无效。当事人要求组织听证,应当在行政机关告知后3日内提出。若当事人未在告知其有权要求组织听证之日起3日内,提出听证申请,即视为放弃此项权利,不能再要求道路运输管理机构组织听证。

①听证会主持人宣布听证会开始。宣读案由和听证会纪律;宣布听证主持人和听证参加人的名单;告知听证参加人在听证中的权利和义务;询问当事人是否申请回避。也可由书记员先查明证参加人员是否到场,宣读听证会纪律,并向听证主持人报告听证会准备就绪后,听证主持人再宣布听证会开始。

②案件调查人员介绍案件的事实和调查过程,宣读或者出示该案件的证据,说明拟做出的行政处罚的内容及依据。

③当事人或者其委托代理人对案件事实进行陈述和申辩。

④第三人发言,证人发言,鉴定人宣读鉴定结论,并做出相应说明。

⑤案件调查人员和当事人或者其委托代理人就案件事实和证据进行辩论、质证。

⑥听证会主持人就案件的有关问题向案件调查人员、当事人、证人、鉴定人等询问。

⑦案件调查人员、当事人或者其委托代理人作最后陈述。

⑧案件调查人员、当事人或其委托代理人以及证人阅读、修改《交通行政处罚案件听证会笔录》,听证主持人应要求其逐页签字或盖章。

⑨听证会主持人宣布听证会结束。

⑩听证参加人审阅听证笔录并签名,可以修正、补充本人发言部分的笔录。

(3)当事人或者其委托代理人无正当理由不按时出席听证会或者中途擅自退席的,视为当事人放弃要求听证的权利,并记入听证会笔录。

(4)听证会主持人应当在听证会结束后将听证情况和处理意见制作成听证会报告书,提交道路运输管理机构负责人做出决定。

听证程序流程图如下所示。

六、行政处罚决定程序

案件调查完毕后,道路运输管理机构或受委托的负责人应当及时审查有关案件调查材料、当事人陈述和申辩材料、听证会笔录和听证会报告书,根据案件的不同情况分别做出如下处理决定:

(1)违法事实清楚,证据确凿充分,且不需要经过听证程序或者在规定期限内当事人没有要求听证的案件,根据情节轻重,做出行政处罚决定;

第十一章 道路运输行政执法管理

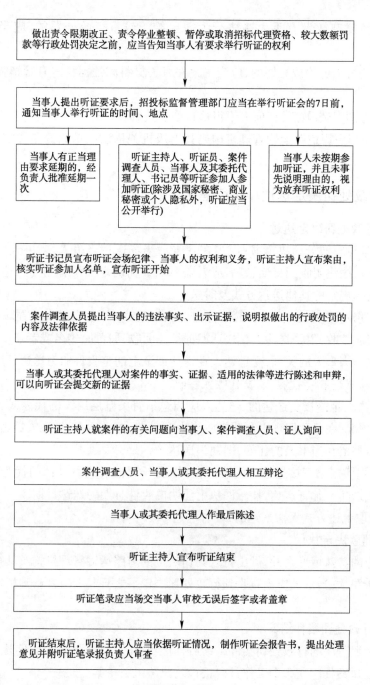

听证程序流程图

(2)符合申请听证的条件,且在规定期限内当事人提出听证申请的案件,应当在适用听证程序后做出处理决定;

(3)案件还需要做进一步调查取证的,责令案件调查人员补充调查;

(4)违法行为轻微,依法可以不予行政处罚的,不予行政处罚;

(5)违法事实不清、证据不足的,不得给予行政处罚;

(6)案情复杂或者有重大违法行为需要给予较重行政处罚的,应当集体讨论决定;

(7)违法行为已构成犯罪的,应当将案件有关材料和证据移送有管辖权的司法机关处理。

行政处罚决定生效后,任何人不得擅自变更或解除。处罚决定确有错误需要变更或修改的,应当由原道路运输管理机构或其上级机关依法撤销原处罚决定,重新做出处罚决定。

七、行政处罚决定送达和执行程序

(一)行政处罚决定送达

《道路运输行政处罚决定书》应当在宣告后当场送达当事人,当事人应当在处罚决定书的送达栏注明收到日期、签名或者盖章。处罚决定书没有当场送达当事人的,应当按照法律规定的其他送达方式及时送达。

(1)处罚决定书做出后7个工作日内应当送达当事人,当事人不在场的,交其同住的成年家属签收,由受送达人在送达回证上注明收到日期、签名或者盖章,并且在备注栏内写明与当事人的关系,受送达人在送达回证上的签收日期为送达日期。

(2)当事人已指定代收人,交代收人签收。

(3)当事人拒绝接受送达的,送达人应当邀请有关基层组织的代表或者其他人员到场,说明情况,在送达回证上写明拒收事由和日期,由送达人、见证人签名或者盖章,把处罚决定书留在当事人的住处,即视为送达。

(4)处罚决定书直接送达有困难的,可以委托其他交通管理部门代为送达,或者以邮寄方式送达。邮寄送达,挂号回执上注明的收件日期为送达日期。

(5)采取上述方式无法送达的,公告送达。

(二)罚款决定执行

除法定的特殊情形之外,做出行政处罚决定的道路运输管理机构及其执法人员不得自行收缴罚款;当事人应当自收到行政处罚决定书之日起15日内,到指定的银行缴纳罚款。

(三)行政处罚案件结案

适用一般程序的行政处罚案件结案后,应当制作行政处罚案件结案报告。简易程序的行政处罚案件应在5个工作日内报行政执法机关备案。

八、逾期不接受行政处罚决定处理程序

当事人逾期不履行行政处罚决定的,可以采取以下措施:

(1)行政处罚决定书送达生效之日起15日后,当事人逾期不履行行政处罚决定,不缴纳罚款的,可依法每日按罚款数额的3%加处罚款;

(2)申请人民法院强制执行;

第十一章 道路运输行政执法管理

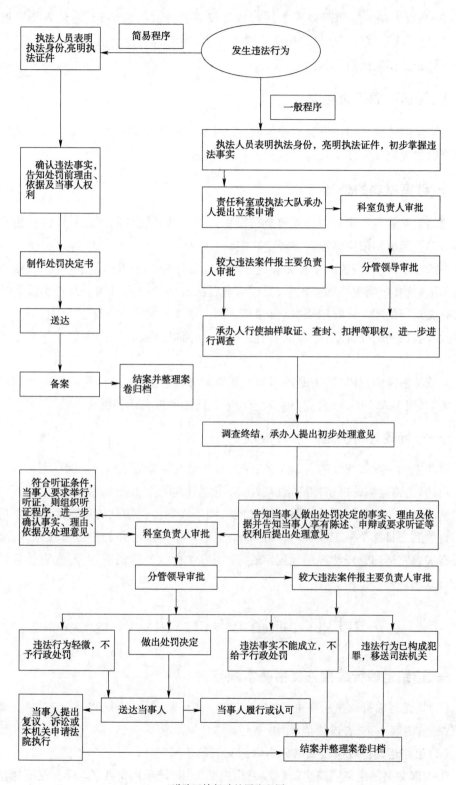

道路运输行政处罚流程图

(3)当事人在法定期限内不申请行政复议或者提起行政诉讼,经催告仍不履行的,在实施行政管理过程中已经依法采取查封、扣押措施的行政机关,可以将查封、扣押的财物依法拍卖抵缴罚款。

九、涉嫌犯罪行为移交

道路运输管理机构在道路运输行政执法中查到涉嫌犯罪行为的,应当及时将案件按照管辖的规定及时移交具有管辖权的司法机关。

十、涉案财物的处理

道路运输管理机构应当建立健全罚没物资的管理和处理制度。具体办法由省级道路运输管理机构依照国家有关规定制定。

销毁违禁物品,按照国家有关规定处理。除依法应当予以销毁的物品外,依法没收的非法财物,应当按照国家规定,委托具有合法资格的拍卖机构公开拍卖或者按照国家有关规定处理。没收的票据交有关部门统一处理。物品处理,应当制作清单。罚没款及没收物品的变价款,必须全部上缴财政,任何单位和个人不得截留、私分或者变相私分。

对依法解除强制措施,需退还当事人财物的,道路运输管理机构应当通知当事人及时领取;当事人不明确的,应当采取公告方式通知当事人认领财物。

十一、行政处罚决定的抄告处理

对非本机关发放牌证的营运车辆、业户和从业人员实施证据登记保存或者做出处罚决定的,道路运输管理机构应当自做出决定之日起7个工作日内,将登记保存或者处罚情况抄送至发放证件的道路运输管理机构。收到抄告信息的道路运输管理机构应当自收到之日起7个工作日内,将抄告信息纳入年审或者作为信誉考核依据;涉嫌违反有关道路运输管理法律法规规定的,应当启动行政处罚调查程序,并以抄告回执单的形式送达抄告单位。

第七节 道路运输行政执法文书

一、道路运输行政执法文书基本规范

(1)道路运输行政执法文书的内容应当符合有关法律、法规和规章的规定,做到格式统一、内容完整、表述清楚、用语规范。

(2)道路运输行政执法文书分为内部文书和外部文书。

①内部文书是指在道路运输管理机构内部使用,记录内部工作流程,规范执法工作运转程序的文书。

②外部文书是指道路运输管理机构对外使用,对道路运输管理机构和行政相对人均具有法律效力的文书。

二、行政处罚文书制作

(一)询问笔录

1. 适用范围

本文书在执法人员调查取证过程中,询问证人或者当事人时使用。

2. 制作

本文书应写明进行询问的起止时间、制作笔录的具体地点、询问人、记录人、被询问人、询问记录内容等。

(二)勘验(检查)笔录

1. 适用范围

本文书适用于执法人员对与案件有关的物品或者对现场与案件有关的事实、证据线索等进行勘验检查记录时使用。具体适用于以下四种情况:

(1)巡查中发现的涉嫌违法的事实,如实记录案发现场的情况;

(2)对投诉举报进行的实地检查复核;

(3)对限期改正的违法行为进行监督检查;

(4)对违法经营的现场进行记录。

勘验检查时,应当通知当事人到场,当事人拒不到场的,可以请在场的其他人员见证。

2. 制作

本文书应写明"案件名称"、勘验时间和场所、天气情况、当事人和组织代表、被邀请人、勘验人和记录人、勘验检查情况及结果等。

(三)证据登记保存清单

1. 适用范围

本文书适用于在调查取证过程中,对证据可能灭失或者以后难以取得,需要先行登记保存时使用。

2. 制作

本文书应写明被取证人、案由、登记保存地点、物品、调查人员、被取证人签名和开始实施先行登记保存行为的日期等。

(四)道路运输违法行为调查报告

1. 适用范围

本文书在道路运输违法行为调查人员初步调查结束后,认为案件事实基本清楚,主要证据齐全,提出处理意见,报道路运输管理机构负责人审查时使用。

2. 制作

应写明案件名称、调查人员、当事人基本情况、车辆所在地和牌证号码、案件调查经过、结论及处理意见等。

(五)道路运输违法行为通知书

1. 适用范围

本文书在道路运输管理机构经调查取证后,认定违法事实清楚,拟做出行政处罚决定前,依法履行告知义务时使用。

2. 制作

本文书应写明当事人、违法时间和地点、案件名称、违法事实、拟给予的行政处罚、理由和依据、当事人提出陈述、申辩的执法单位的名称、申请听证的执法单位地址及期限、实施行政处罚机关的地址和联系方式等。

(六)听证会通知书

1. 适用范围

本文书在当事人有权且要求举行听证,执法单位通知当事人前来参加听证会时使用。

2. 制作

本文书应写明当事人、案件名称、举行的具体时间、具体地点、是否公开、听证会主持人、听证员、记录人、行政机关印章、制作时间、处罚机关地址、联系人、联系电话等。

(七)行政处罚听证笔录

1. 适用范围

本文书在道路运输管理机构举行行政处罚案件听证会的过程中使用。

2. 制作

本文书应写明时间、地点、主持人、记录人、当事人、委托代理人基本情况等。

(八)听证会报告书

1. 适用范围

听证会报告书适用于听证会结束后,听证主持人向道路运输管理机构负责人报告听证会情况并提出案件处理意见时使用。

2. 制作

本文书应写明案件名称、听证主持人、听证员、记录人、听证会基本情况摘要、证据材料清单、听证结论及处理意见、负责人审批意见、附听证笔录等。

(九)道路运输行政案件处罚决定书

1. 适用范围

本文书是用于道路运输管理机构依法适用一般程序,对当事人做出行政处罚决定时使用的文书。

2. 制作

本文书应写明当事人、地址、案件名称、当事人的违法时间、违法地点、违法事实、当事人所违反法律规定、行政处罚决定、履行期限、缴纳罚款地址、行政复议和行政诉讼申请的权利、行政处罚机关印章、处罚决定书制作日期等。

(十)道路运输行政案件结案报告

1. 适用范围

本文书适用于道路运输管理机构依法适用一般程序,对行政处罚案件进行总结报告时使用。

2. 制作

本文书应写明案件名称、调查人员、处理决定、调查人员签字和结案时间等。

(十一)道路运输行政处罚文书送达回证

1. 适用范围

本文书适用于道路运输管理机构将行政处罚违法行为通知书、行政处罚听证会通知书、行政处罚决定书等法律文书送达给当事人时使用。送达当事人其他有关文书时也可使用。

2. 制作

本文书应写明受送达人、案件名称、送达单位、送达地点、送达人、收到人、收到日期等。

三、行政强制文书制作

(一)行政强制措施审批表

1. 适用范围

本文书是执法人员在监督检查过程中,根据查处违法行为的需要,拟对涉案的财物采取行政强制措施前,用以履行报批手续的内部文书。情况紧急,当场采取行政强制措施的,执法人员应在采取行政强制措施后24小时内,补办本文书。

2. 制作

本文书应写明当事人情况、案件基本情况、拟采取的行政强制措施及依据、单位负责人审批意见。

(二)行政强制措施决定书

1. 适用范围

本文书是执法人员在监督检查过程中,为了制止违法行为、防止证据损毁、避免危害发生、控制危险扩大等情形,依法对公民、法人或者其他组织的财物实施暂时性控制时,在执法现场使用的文书。

2. 制作

本文书应写明采取强制措施的主要理由、法律依据、行政强制措施名称、财物清单及基本情况、告知事项等。

(三)延长扣押期限审批表

1. 适用范围

本文书是执法人员在对涉案的财物采取扣押行政强制措施后,因情况复杂,不能在《行政强制措施决定书》确定的扣押期限内处理完毕,需要延长扣押期限时,用以履行报批手续的内部文书。

2. 制作

本文书应写明采取扣押措施的情况、拟延长期限及理由、单位负责人审批意见。

(四)延长扣押期限通知书

1. 适用范围

本文书是执法人员在对涉案的财物采取扣押行政强制措施后,因情况复杂,经道路运输管理机构负责人批准延长扣押期限后,用于通知当事人的文书。

2. 制作

本文书应写明延长期限的原因、延长的期限。

(五)检验、检测或技术鉴定期间通知书

1. 适用范围

本文书是执法人员在对涉案的财物采取扣押行政强制措施后,对扣押物品需要进行检测、检验或技术鉴定的,用于通知当事人的文书。

2. 制作

对物品的检验、检测或技术鉴定期间应根据检验、检测或技术鉴定实际需要的时间确定。

(六)解除行政强制措施决定书

1. 适用范围

本文书是经道路运输管理机构调查核实,依法对被采取行政强制措施的财物解除行政强制措施并告知当事人时使用的文书。

2. 制作

本文书应写明解除行政强制措施的原因。

(七)取回被扣押财物收据

1. 适用范围

本文书是用于记录、证明解除行政强制措施后,领取人取回被扣押财物的文书。

2. 制作

本文书应写明取回财物简况。

(八)行政强制执行申请书

1. 适用范围

本文书是道路运输管理机构向人民法院请求强制执行其行政决定时所使用的文书。

2. 制作

(1)本文书应当附有《行政处罚决定书》《行政强制执行催告书》和案件的其他相关资料等。

(2)本文书必须在当事人的法定起诉期限届满后 3 个月内,且《行政强制执行催告书》发出 10 个工作日后当事人仍未履行义务的,申请法院强制执行。

(3)本文书应当由道路运输管理机构负责人签名,加盖道路运输管理机构的印章,并注明日期。

四、卷宗管理规范

(1)一般程序案件应当按照一案一卷进行组卷;材料过多的,可一案多卷。简易程序案件可以多案合并组卷。

(2)卷内文书材料应当齐全完整,无重份或多余材料。

(3)案卷应当制作封面、卷内目录和备考表。

(4)案件文书材料按照下列顺序整理归档:

①案卷封面;

②卷内目录;

③行政处罚决定书;

④立案审批表;

⑤询问笔录、现场检查(勘验)笔录、抽样取证凭证、证据登记保存清单、鉴定意见、行政强制文书等;

⑥案件处理意见书、违法行为通知书等;

⑦行政处罚听证会通知书、听证笔录、行政处罚听证会报告书等听证文书;

⑧执行的票据等材料;

⑨罚没物品处理记录等;

⑩送达回证等其他有关材料;

⑪行政处罚结案报告;

⑫备考表。

(5)不能随文书装订立卷的录音、录像等证据材料应当放入证据袋中,并注明录制内容、数量、时间、地点、制作人等,随卷归档。

(6)当事人申请行政复议和提起行政诉讼或者道路运输管理机构申请人民法院强制执行的案卷,可以在案件办结后附入原卷归档。

(7)卷内文件材料应当用阿拉伯数字从"1"开始依次用铅笔编写页号。

(8)案卷装订前要做好文书材料的检查。

(9)案卷应当整齐、美观、固定,不松散、不压字迹、不掉页,便于翻阅。

(10)办案人员完成立卷后,应当及时向档案室移交,进行归档。

(11)案卷归档,不得私自增加或者抽取案卷材料,不得修改案卷内容。

(12)行政执法文书卷宗必须按照案件分类,区别不同的保管期限,依次编定归档号。交通行政执法文书卷宗保管期限分永久、长期与短期三种。

第八节 道路运输行政法制监督

一、道路运输行政法制监督的概述

(一)概念

道路运输行政法制监督又称监督道路运输行政,或道路运输行政执法监督,指各类有权监督的主体对道路运输管理机构及其执法人员是否依法进行行政管理活动所实施的监督。

(二)道路运输监督行政法制监督的主体

根据《中华人民共和国道路运输条例》第五十四条、第五十六条、第五十七条、第五十八条的规定,道路运输行政法制监督的主体包括:县级以上人民政府交通主管部门、上级道路运输管理机构、其他社会组织和公民。

县级以上人民政府交通主管部门应当加强对道路运输管理机构实施道路运输管理工作的指导监督;上级道路运输管理机构应当对下级道路运输管理机构的执法活动进行监督;道路运输管理机构及其工作人员执行职务时,应当自觉接受社会和公民的监督;任何单位和个人都有权对道路运输管理机构的工作人员滥用职权、徇私舞弊的行为进行举报。根据《交通行政执法监督规定》的规定,交通主管部门、道路运输管理机构的法制工作机构、监察机关,按照职责分工具体负责组织、协调执法监督工作。

(三)道路运输监督行政法制监督的对象

道路运输监督行政法制监督的对象是各级道路运输管理机构及其工作人员,监督内容是道路运输管理机构及其工作人员的行政行为。

其具体内容包括:

(1)法律、法规、规章和规范性文件的实施情况;

(2)规范性文件是否合法;

(3)行政执法主体是否合法;

(4)行政执法程序是否合法;

(5)行政执法文书是否规范;

(6)行政执法中认定事实是否准确;

(7)行政执法中适用法律、法规、规章和规范性文件是否正确;

(8)来信、来访工作的处理情况;

(9)其他需要监督检查的事项。

二、道路运输行政法制监督的实施

道路运输行政法制监督按下列方式进行。

(1)实行法律、法规、规章和规范性文件实施情况报告制度。法律、法规、规章和规范性文件施行一年后,道路运输管理机构应当向上一级道路运输管理机构报告该项法律、法规、规章和规范性文件的实施情况,包括配套规定的制定、实施效果、存在问题及建议。

(2)实行行政执法评议制度。道路运输管理机构每年度对下级道路运输管理机构行政执法工作开展评议考核。

(3)实行行政执法工作情况报告制度。道路运输管理机构应当将年度执法工作情况向上一级道路运输管理机构报告。

(4)实行行政执法检查制度。道路运输管理机构应当定期或者不定期地对下级道路运输管理机构执行法律、法规、规章和规范性文件的情况进行检查。

(5)实行重大行政处罚决定备案制度。道路运输管理机构做出吊销证照、责令停产停业、较大数额罚款的重大行政处罚决定的,应当按有关规定备案。

(6)实行行政赔偿案件备案制度。人民法院判决其做出行政赔偿的案件应当及时向上一级道路运输管理机构备案。

(7)实行错案追究制度。道路运输管理机构应当对下级道路运输管理机构做出的对管理相对人造成严重损害的不当或者违法的具体行政行为进行追究。

(8)道路运输管理机构在职权范围内需要采取的其他方式。

三、执法问题处理

道路运输管理机构对法制监督工作中发现的问题按下列规定处理。

(1)对与法律、法规、规章相抵触的规范性文件,责令发布单位撤销或者修改。

(2)对道路运输管理机构之间发生的行政执法争议,由争议双方共同的上级道路运输管理机构协调处理。

(3)对执法过程中遇到的法律、法规、规章和规范性文件相互冲突,且属于道路运输管理机构职权范围内的,应当负责审查和处理;无权处理的,应当及时向上级道路运输管理机构或者有权处理的行政机关报告。

(4)对道路运输管理机构不履行或者不严格履行法定职责的,责令履行职责或者限期改正。

(5)对下级道路运输管理机构做出的违法或不当的具体行政行为,予以纠正或者责令改正。

(6)行政执法主体不合法的,责令予以纠正。

第九节 道路运输行政复议

一、道路运输行政复议的概念和特征

(一)道路运输行政复议的概念

道路运输行政复议,是指道路运输行政机关在行使道路运输管理职权时与道路运

输行政相对人发生争议,相对人认为道路运输管理机构的具体行政行为侵犯了其合法权益,依法向有管辖权的行政复议机关提出复查该具体行政行为申请,行政复议机关按照法定程序对被申请的具体行政行为进行合法性、适当性的审查,并做出行政复议决定的一种法律制度。

(二)道路运输行政复议的特征

道路运输行政复议的特征有以下几点:

(1)是一种具体的行政行为,也是一种执法行为,更是一种行政制度;

(2)前提必须是道路运输相对人认为其合法权益受到侵害是由道路运输行政管理机关做出的具体行政行为造成的;

(3)被申请复议的只能是做出具体行政行为的道路运输行政管理机关;

(4)复议机关是被申请复议的道路运输行政管理机关的上一级行政管理机关或法定的其他机关;

(5)道路运输行政复议的简便性;

(6)必须按照法定程序进行。

二、道路运输行政复议的范围

(一)概括性受案标准

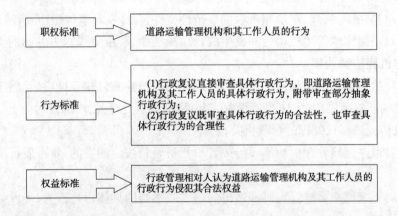

(二)道路运输行政复议的范围

根据《中华人民共和国行政复议条例》的规定,结合道路运输行政执法的具体情况,公民、法人和其他组织对下列具体行政行为不服的,可以申请道路运输行政复议:①对道路运输行政处罚不服;②对道路运输行政强制措施不服;③认为道路运输行政机关侵犯法律规定的经营自主权;④认为符合法定条件申请道路运输行政机关颁发许可证,道路运输行政机关拒绝颁发或者不予答复;⑤申请道路运输行政机关履行保护财产权的法定职责,道路运输行政机关拒绝履行或者不予答复;⑥认为道路运输行政机关违法要求履行义务;⑦认为道路运输行政机关侵犯其他人身权、财产权;⑧法律、法规规定可以提起行政诉讼或者可以申请复议的其他具体道路运输行政行为。

(三)不属于道路运输行政复议的范围

根据《中华人民共和国行政复议条例》第十条的规定,下列事项不属于道路运输行政复议的范围。

(1)抽象道路运输行政行为,即道路运输行政法规、规章或者道路运输行政机关制定、发布的具有普遍约束力的决定、命令。

(2)内部道路运输行政行为,即道路运输行政机关对道路运输行政机关工作人员的奖惩、任免等决定。这类行政行为的监督权分别由其上级行政机关、监察机关、人事机关等行使。

(3)道路运输民事纠纷的仲裁、调解或者处理决定。根据有关法律、法规的规定,对当事人之间的道路运输民事纠纷,如道路运输合同纠纷、道路运输损害赔偿纠纷等,道路运输行政机关可以进行调解或处理。但是,道路运输行政机关解决道路运输民事纠纷的行为与道路运输行政行为在性质上是完全不同的。因此,当事人对道路运输民事纠纷的仲裁、调解或者处理不服的不能申请行政复议,也不得提起行政诉讼,而只能通过民事诉讼程序或其他途径来加以解决。

三、行政复议参与人

(一)道路运输行政复议申请人

道路运输行政复议申请人,是指认为道路运输行政机关的具体行政行为侵害其合法权益,以自己的名义向道路运输行政复议机关提出申请,要求对该具体行政行为进行审查并依法做出裁决的人。根据《行政复议条例》第二十六条第一款的规定,公民、法人或者其他组织只要认为道路运输行政机关的具体行政行为侵犯其合法权益,都可以依法向有管辖权的道路运输行政复议机关申请复议,成为复议申请人。根据《行政复议条例》第二十六条第二款的规定,有权申请道路运输行政复议的公民死亡,其近亲属可以申请复议;有权申请道路运输行政复议的公民为无行为能力或者限制行为能力的,其法定代理人可以代为申请复议。

(二)道路运输行政复议的被申请人

道路运输行政复议的被申请人,是指被道路运输行政复议申请人认为侵犯其合法权益,并由道路运输行政复议机关通知其参加复议的道路运输行政机关,被申请人主要有以下几种情形。

(1)公民、法人或者其他组织对道路运输行政机关的具体行政行为不服的,该道路运输行政机关是被申请人。这是被申请人的最基本方式。

(2)两个或者两个以上行政机关以共同名义做出具体道路运输行政行为的,共同做出该行为的行政机关是共同被申请人。

(3)法律、法规和规章授权的组织做出具体道路运输行政行为的,该组织是被申请人。

(4)道路运输行政机关委托的组织做出具体道路运输行政行为的,委托的道路运输行政机关是被申请人。

(5)做出具体道路运输行政行为的机关被撤销的,继续行使其职权的行政机关是被申请人。

(三)道路运输行政复议第三人

道路运输行政复议第三人,是指与所复议的具体道路运输行政行为有利害关系,为维护自己的合法权益并经道路运输行政复议机关批准而申请参加复议的公民、法人或者其他组织。其特征是:道路运输行政复议第三人是道路运输行政复议申请人和被申请人以外的公民、法人或其他组织;道路运输行政复议第三人与所复议的具体行政行为有利害关系;道路运输行政复议第三人以自己的名义参加复议,目的是维护自己的合法权益;道路运输行政复议第三人参加复议的前提是他人之间的道路运输行政复议活动已经开始,但尚未终结;道路运输行政复议第三人参加复议活动必须由自己申请,并经道路运输行政复议机关审查批准。

四、道路运输行政复议的程序

(一)申请

行政复议的申请应符合下列条件:
(1)有明确的被申请人;
(2)有明确的请求、事实根据;
(3)属于行政复议受案范围;
(4)符合行政复议申请范围。

(二)受理

(1)收到复议申请起5日内决定是否予以受理,对不符合《行政复议法》规定的,书面告知申请人不予受理并说明理由,否则在收到复议申请之日起即视为受理。

(2)符合条件依法受理的,在受理后7日内将复议申请书副本送达被申请人,并要求在收到副本10日内提交答复和提供当初做出具体行政行为的相关证据和有关材料。

(3)在复议机关未做出行政复议决定前,被申请人做出的原具体行政行为不停止执行。

(三)审查

(1)本机关行政复议人员要在收到被复议机关的答辩和提供的有关材料8日内,开始对案件进行审查。

(2)申请人、第三人可以申请查阅相关材料。

(3)根据有关规定,经审查发现有受理不当的或申请人主动撤回复议申请的,经复议机关审查后,制作复议终止通知书。

（四）决定

（1）经审查对符合《行政复议法》规定有权处理的，行政复议人员在20日内做出审查处理意见（维持、变更、撤销、确认违法、责令履行），无权处理的转送有关机关依法处理。

（2）行政复议人员做出审查意见后10日内由复议机关负责人复核或集体讨论做出决定，报送局长（或分管局长）批准，制作行政复议决定书。

（五）送达

行政复议机关将行政复议决定书送达申请人和被申请复议机关，申请人不服行政复议决定的可在复议决定书送达后15日内向法院起诉。

行政复议应当在60日内做出行政复议决定；情况复杂的，经行政复议机关负责人批准，可以适当延长但延长期限最多不超过30日。

五、道路运输行政复议的条件

根据《行政复议条例》第六章的有关规定，提出道路运输行政复议，必须具备以下条件：

（1）道路运输行政复议申请人必须是认为具体道路运输行政行为直接侵犯其合法权益的公民、法人或者其他组织。

（2）有明确的道路运输行政复议被申请人。

（3）有具体的道路运输行政复议请求和事实根据。

（4）属于道路运输行政复议范围。

（5）属于受理道路运输行政复议机关管辖。

（6）符合法定的申请复议期限。公民、法人或者其他组织向有管辖权的道路运输行政复议机关申请复议，应当在知道具体道路运输行政行为之日起15日内提出。

（7）法律、法规规定的其他条件。这是单行法律、法规对申请道路运输行政复议条件的特别规定。

上述七个条件，是公民、法人或者其他组织申请道路运输行政复议必须同时具备的条件，缺少其中任何一个条件，道路运输行政复议机关都不予受理。

六、行政复议申请书

根据《行政复议条例》第三十二条之规定，申请人向道路运输行政复议机关申请复议，应当递交复议申请书。也就是说，不允许口头申请行政复议。复议申请书应当写明下列内容。

（1）复议申请人的基本情况。

（2）被申请人的名称、地址。也就是认为侵犯申请人合法权益的道路运输行政机关的名称和地址。

（3）申请复议的要求和理由。该部分是复议申请书的主要内容。复议申请人务必将此项内容写好、写清楚；道路运输行政复议机关也必须仔细认真地审查该项内容。

(4)提出复议申请的日期。

第十节　道路运输行政诉讼

一、道路运输行政诉讼概述

(一)概念

道路运输行政诉讼,是行政诉讼在道路运输行业的具体运用,指道路运输行政管理相对人认为道路运输管理机构的具体行政行为侵犯其合法权益,在法定的期限内,依法向人民法院起诉,请求人民法院对该具体行政行为的合法性进行审查并做出裁决的活动。

(二)要件

在道路运输行政诉讼活动中,原告是道路运输行政管理相对人,即公民、法人和其他组织；被告是做出具体行政行为的道路运输管理机构。

原告提出诉讼是因为道路运输管理相对人认为道路运输管理机构的具体行政行为侵犯了其合法权益；其诉讼必须是法律、法规明文规定当事人可以向人民法院起诉的行政争议案件；当事人必须在规定的期限内向有管辖权的人民法院提起诉讼。

(三)特征

道路运输行政诉讼的特征包括以下三点：

(1)道路运输行政管理相对人较为集中,多为道路运输经营业户；

(2)道路运输行政管理机关的具体行政行为数量大、种类多,从经营许可到行政处罚,可诉范围广、概率较高；

(3)道路运输行政管理所依据的法律、法规少,部门规章多,且专业性强。

二、道路运输行政诉讼范围

行政诉讼的范围,也称法院的主管范围,是指人民法院受理行政案件的范围,即法律规定的、法院受理审判一定范围内行政案件的权限。目前,各国对受案范围的确定方式主要有三种：概括式、列举式和混合式。

(1)概括式是由统一的行政诉讼法典对受案范围做了原则性、概括性的规定,通常是总体地规定为：公民等乙方认为行政机关的违法或不当行政行为侵犯自己的合法权益时,有权向法院提出行政诉讼。概括式规定的优点是简单、全面、不知发生遗漏。但可能出现规定过于宽泛和不易掌握的问题。

(2)列举式有肯定的列举和否定的列举两种方法。肯定的列举是由《行政诉讼法》和其他单项法律、法规对属于行政诉讼受案范围的行政案件加以逐个列举,凡列举的都在行政诉讼的受案范围之内；否定的列举也称排除式,是对不属于行政诉讼受案范围的事项加以逐个列举,凡列举的都排在行政诉讼的受案范围之外,未作排除列举的则都是行政诉讼的受案范围。列举式的优点是具体、细致,受案或不受案的界限分明,易于掌握。但是,却有烦琐且又难以列举全面的弱点。

(3)混合式是将上述两种方式混合使用,以发挥各种方式的长处,避免各自的不足,相互弥补。因此,混合式不失为确定行政诉讼受案范围的较好方式。

按照《行政诉讼法》第十二条的规定,人民法院受理公民、法人和其他组织对下列具体行政行为不服提起的诉讼:①对行政拘留、暂扣或者吊销许可证和执照、责令停产停业、没收违法所得、没收非法财物、罚款、警告等行政处罚不服;②对限制人身自由或者对财产的查封、扣押、冻结等行政强制措施和行政强制执行不服;③申请行政许可,行政机关拒绝或者在法定期限内不予答复,或者对行政机关做出的有关行政许可的其他决定不服;④对行政机关做出的关于确认土地、矿藏、水流、森林、山岭、草原、荒地、滩涂、海域等自然资源的所有权或者使用权的决定不服;⑤对征收、征用决定及其补偿决定不服;⑥申请行政机关履行保护人身权、财产权等合法权益的法定职责,行政机关拒绝履行或者不予答复;⑦认为行政机关侵犯其经营自主权或者农村土地承包经营权、农村土地经营权;⑧认为行政机关滥用行政权力排除或者限制竞争;⑨认为行政机关违法集资、摊派费用或者违法要求履行其他义务;⑩认为行政机关没有依法支付抚恤金、最低生活保障待遇或者社会保险待遇;⑪认为行政机关不依法履行、未按照约定履行或者违法变更、解除政府特许经营协议、土地房屋征收补偿协议等协议;⑫认为行政机关侵犯其他人身权、财产权等合法权益。

除前款规定外,人民法院受理法律、法规规定可以提起诉讼的其他行政案件。

《行政诉讼法》所列举的上述12种情况,包括了所有行政机关具有可诉性的具体行政行为,范围比较广。但具体到道路运输管理机关,上述部分行政行为在道路运输管理机构执行法定的职能时是不可能出现的(例如,上述关于行政拘留的行为,关于侵犯经营自主权的行为等)。归纳起来,具有可诉性的道路运输具体行政行为大概可以分为以下几类:行政处罚行为、行政强制行为、不履行法定职责和侵犯相对人合法权益的其他具体行政行为。

《行政诉讼法》第十三条规定,人民法院不受理公民、法人或者其他组织对下列事项提起的诉讼:①国防、外交等国家行为;②行政法规、规章或者行政机关制定、发布的具有普遍约束力的决定、命令;③行政机关对行政机关工作人员的奖惩、任免等决定;④法律规定由行政机关最终裁决的行政行为。道路运输行政诉讼同样也适用本规定。

三、道路运输行政诉讼管辖

行政诉讼管辖是指人民法院之间受理第一审行政案件的职权分工。从受理和审理的角度,它解决的是法院内部的分工和权限;从起诉的角度,它解决的是公民、法人或者其他组织认为属于法院受案范围的具体行政行为侵犯了自己的合法权益时,向哪一级、哪一个人民法院起诉的问题。对并不是每一级或每一个人民法院都对有管辖权。《行政诉讼法》对行政案件的管辖权做出具体规定，便于公民、法人或者其他组织提起诉讼，有利于人民法院内部的合理分工及明确人民法院的内部职责，便于有关国家机关及全体人民对法院的工作进行监督。

1. 级别管辖

级别管辖是指上下级人民法院之间受理第一审行政案件的分工和权限。换言之，级别管辖是在人民法院系统内，从纵向上解决那些第一审行政案件应该由哪一级法院审理的问题。级别管辖仅仅解决管辖法院的级别，在具体案件中确定具体管辖的法院，需要与地域管辖结合起来考虑。《行政诉讼法》关于级别管辖的规定如下所述。

（1）基层人民法院管辖第一审行政案件。

（2）中级人民法院管辖下列第一审行政案件。

①对国务院部门或者县级以上地方人民政府所做的行政行为提起诉讼的案件；

②海关处理的案件；

③本辖区内重大、复杂的案件；

④其他法律规定由中级人民法院管辖的案件。

（3）高级人民法院管辖本辖区内重大、复杂的第一审行政案件。

（4）最高人民法院管辖全国范围内重大、复杂的第一审行政案件。

根据《行政诉讼法》的规定，一般情况下，对道路运输管理机构做出的行政行为提起诉讼的案件第一审由基层人民法院管辖。

2. 地域管辖

地域管辖是指同级人民法院之间在其各自辖区内受理第一审行政案件的权限划分。地域管辖是横向地确定同级人民法院在审理第一审行政案件方面的分工，所解决的问题是案件应由哪个地方法院管辖的问题。

根据《行政诉讼法》的规定，道路运输管理机构行政诉讼地域管辖的规则如下。

（1）被告所在地法院管辖。根据《行政诉讼法》第十八条规定，在一般情况下，行政案件由最初做出行政行为的行政机关所在地人民法院管辖。经复议的案件，也可以由复议机关所在地人民法院管辖。

（2）因不动产提起的行政诉讼，由不动产所在地法院管辖。

（3）共同管辖。根据《行政诉讼法》第二十一条规定，两个以上人民法院都有管辖权的案件，原告可以选择其中一个人民法院提起诉讼。原告向两个以上有管辖权的人民法院提起诉讼的，由最先立案的人民法院管辖。

3. 裁定管辖

（1）移送管辖。

根据《行政诉讼法》第二十二条规定，人民法院发现受理的案件不属于本院管辖的，应当移送有管辖权的人民法院，受移送的人民法院应当受理。受移送的人民法院认为受移送的案件按照规定不属于本院管辖的，应当报请上级人民法院指定管辖，不得再自行移送。

(2) 指定管辖。

根据《行政诉讼法》第二十三条规定,有管辖权的人民法院由于特殊原因不能行使管辖权的,由上级人民法院指定管辖。

人民法院对管辖权发生争议,由争议双方协商解决。协商不成的,由双方共同的上级人民法院指定管辖。

(3) 管辖权转移。

根据《行政诉讼法》第二十四条规定,上级人民法院有权审理下级人民法院管辖的第一审行政案件。

下级人民法院对其管辖的第一审行政案件,认为需要由上级人民法院审理或者指定管辖的,可以报请上级人民法院决定。

四、道路运输行政诉讼参加人

(一) 行政诉讼参加人的概念

行政诉讼参加人,是指起诉、应诉或与被诉具体行政行为有利害关系,在整个或部分诉讼过程中参加行政诉讼活动的人。简言之,就是当事人和类似当事人地位的诉讼代理人。

根据《行政诉讼法》规定,行政诉讼参加人具体包括原告、被告、第三人和诉讼代理人四种。行政诉讼参加人与行政诉讼的参与人是不同的,后者比前者的范围要宽。参与人包括参加人、证人、鉴定人、翻译人和勘验人等。参与人与参加人不同,参与人在法律上与本案没有利害关系,参与行政诉讼活动,并在诉讼中享有相应的诉讼权利、承担诉讼义务。

行政诉讼当事人在这里是指狭义的当事人,即行政诉讼每一审程序中的原告和被告、第二审程序中的上诉人和被上诉人、审判监督程序中的申诉人和被申诉人以及在执行程序中的申请执行人和被申请执行人。

(二) 原告

原告是指认为行政机关的具体行政行为侵犯其合法权益,而依法以自己的名义向人民法院起诉的公民、法人或者其他组织。《行政诉讼法若干问题的解释》规定,有下列情形之一的,公民、法人或者其他组织可以依法提起行政诉讼:被诉的具体行政行为涉及其相邻权或者公平竞争权;与被诉的行政复议决定有法律上利害关系或者在复议程序中被追加为第三人;要求主管行政机关依法追究加害人法律责任;与撤销或者变更具体行政行为有法律上利害关系。

通过以上原理分析,以自然人为行政相对人的道路运输行政案件中,该自然人为原告。以法人或其他组织为行政相对人的道路运输行政诉讼案件,根据《行政诉讼法》若干问题的解释的规定,可以列举以下几种情况。

(1) 法人或组织对道路运输具体行政行为不服的,可以以法人或组织的名义提起诉讼,该法人的法定代表人作为诉讼代表人。不具备法人资格的其他组织的主要负责人为诉讼代表人。

（2）合伙企业对道路运输具体行政行为不服向人民法院提起诉讼的,应当以核准登记的字号为原告,由执行合伙企业事务的合伙人作诉讼代表人;其他合伙组织提起诉讼的,合伙人为共同原告。

（3）联营企业、中外合资企业或者合伙企业的各方,认为联营、合资、合作企业权益或者自己一方的权益受道路运输具体行政行为侵害的,可以以各方自己的名义起诉,并且以各自的法定代表人作为诉讼代表人。

（三）被告

行政诉讼的被告,是指由原告起诉其具体行政行为侵害原告的合法权益,并经人民法院通知应诉的行政机关或经法律、法规、规章授权的组织。

在特定的案件中,原告必须确定适合的被告,其所提起的诉讼才有可能被人民法院受理。据此根据实践经验,认定被告规则如下:

（1）道路运输行政相对人直接向法院提起诉讼的,做出具体行政行为的道路运输管理机构是被告;

（2）经上级道路运输管理机构的具体行政行为,在对外发生法律效力的文书署名的道路运输管理机构为被告;

（3）两个以上道路运输管理机构共同做出同一具体行政行为的,各道路运输管理机构是共同被告;

（4）经复议的具体行政行为的,维持原行政行为的,做出原行政行为的道路运输管理机构和复议机关是公共被告;

（5）复议机关改变原行政行为的,复议机关是被告;

（6）复议机关在法定期限内未做出复议决定,公民、法人或者其他组织起诉原行政行为的,做出原行政行为的道路运输管理机构是被告;

（7）起诉复议机关不作为的,复议机关是被告;

（8）道路运输管理机构被撤销,继续行使其职权的道路运输管理机构是被告。

（四）共同诉讼人

共同诉讼人是共同诉讼中人数多于一人的一方或几方的诉讼参加人。行政诉讼的共同诉讼是指当事人一方或双方为两人以上,因同一具体行政行为发生的行政案件,或者因同样的具体行政行为发生的行政案件,人民法院认为合并审理的诉讼。

构成共同诉讼必须具备以下条件:①当事人双方至少有一方是两人以上,且各为独立的诉讼主体;②共同的诉讼标的;③属于同一人民法院管辖;④程序上,人民法院可以合并审理。

道路运输行政诉讼中,共同诉讼情形如下:①两个以上道路运输行政管理相对人受到同一具体行政行为的影响;②两人以上道路运输行政相对人受到同一道路运输管理机构做出的性质相同的行政行为影响。

(五) 第三人

行政诉讼第三人,是指因与被提起行政诉讼的具体行政行为有利害关系,通过申请或法院通知形式,参加到诉讼中的除原告、被告以外的其他公民、法人或者其他组织。道路运输行政诉讼中,第三人有下列情形:①应当追加而原告不同意追加的被告,法院可通知相应的道路运输管理机构以第三人的身份参加诉讼;②同一具体行政行为涉及两个以上相对人,其中一部分作为原告提起诉讼,另一部分人不起诉的,不起诉的那一部分人可以作为第三人;③民事争议一方当事人对行政机关关于民事争议所做的处理或者裁决不服提起诉讼,争议另一方当事人不起诉的,不起诉的另一方当事人可以作为第三人。

(六) 诉讼代理人

道路运输行政诉讼代理人,是代理人的一种,是指以当事人名义,在代理权限内,代理当事人进行诉讼活动的人,分为法定代理人、指定代理人和委托代理人三类。

法定代理人,是指根据法律规定而直接享有代理权限,代替无诉讼行为能力的公民进行行政诉讼的人。指定代理人,是指由人民法院代理无诉讼行为能力的当事人进行行政诉讼的人。委托代理人,是指受当事人、法定代理人委托,代为进行行政诉讼的人。根据《行政诉讼法》规定,当事人或法定代理人,都可以委托1至2人为委托代理人。

五、道路运输行政诉讼的程序

(一) 起诉

起诉是指公民、法人或者其他组织认为行政机关的具体行政行为侵犯其合法权益、依法请求人民法院行使国家审判权给予司法救济的诉讼行为。诉讼的一般原则是不告不理,原告的起诉是行政诉讼程序发生的前提条件。

《行政诉讼法》第四十五条规定,"公民、法人或者其他组织不服复议决定的,可以在收到复议决定书之日起十五日内向人民法院提起诉讼。复议机关逾期不作决定的,申请人可以在复议期满之日起十五日内向人民法院提起诉讼。法律另有规定的除外。"第四十六条规定,"公民、法人或者其他组织直接向人民法院提起诉讼的,应当自知道或者应当知道做出行政行为之日起六个月内提出。法律另有规定的除外。因不动产提起诉讼的案件自行政行为做出之日起超过二十年,其他案件自行政行为做出之日起超过五年提起诉讼的,人民法院不予受理。"第四十七条规定,"公民、法人或者其他组织申请行政机关履行保护其人身权、财产权等合法权益的法定职责,行政机关在接到申请之日起两个月内不履行的,公民、法人或者其他组织可以向人民法院提起诉讼。法律、法规对行政机关履行职责的期限另有规定的,从其规定。公民、法人或者其他组织在紧急情况下请求行政机关履行保护其人身权、财产权等合法权益的法定职责,行政机关不履行的,提起诉讼不受前款规定期限的限制。"

起诉的条件为：
(1)原告是认为道路运输管理机构具体行政行为侵犯其合法权益的公民、法人或者其他组织；
(2)有明确的被告；
(3)有具体的诉讼请求和事实根据；
(4)属于人民法院的收案范围和受诉人民法院管辖；
(5)要在法定的诉讼时效内提起。

(二)受理

道路运输行政诉讼的受理是指人民法院对公民、法人或者其他组织的起诉进行审查，认为符合法律规定的起诉条件而决定立案予以审理的诉讼行为。

《行政诉讼法》第五十一条规定，"人民法院在接到起诉状时对符合本法规定的起诉条件的，应当登记立案。对当场不能判定是否符合本法规定的起诉条件的，应当接收起诉状，出具注明收到日期的书面凭证，并在七日内决定是否立案。不符合起诉条件的，做出不予立案的裁定。裁定书应当载明不予立案的理由。原告对裁定不服的，可以提起上诉。"

(三)第一审程序

1. 审理前的准备

(1)组成合议庭：根据新的《行政诉讼法》第六十八条规定，"人民法院审理行政案件，由审判员组成合议庭，或者由审判员、陪审员组成合议庭。合议庭的成员，应当是三人以上的单数。"

(2)文书传递：根据新的《行政诉讼法》的第六十七条规定，"人民法院应当在立案之日起五日内，将起诉状副本发送被告。被告应当在收到起诉状副本之日起十五日内向人民法院提交做出行政行为的证据和所依据的规范性文件，并提出答辩状。人民法院应当在收到答辩状之日起五日内，将答辩状副本发送原告。"

(3)合议庭阅卷及补充调查、取证。

(4)审查、调整诉讼参加人。

(5)被诉具体行政行为不停止执行。

(6)其他准备活动。

2. 庭审方式

行政诉讼的审理方式是诉讼程序的重要内容，主要有开庭审理与书面审理、公开审理与不公开审理之分。

开庭审理，是指对所有的当事人开放的审理方式，是合议庭全体成员、当事人及诉讼参与人等行政诉讼主体汇集法庭，共同参与案件审理的活动。开庭审理包括公开审理和不公开审理。公开审理，是指向社会、公众及舆论公开的开庭审理方式，允许利害关系人及一般公众到庭旁听，允许记者采访、报道。不公开审理，是指人民法院经审查认为案件涉及国家秘密、个人隐私和商业秘密，不适宜公开审理而决定不公开审理的开庭审理方式。

书面审理,即不开庭审理,审判人员仅以案卷为审理对象,无需当事人到场的审理形式。书面审理适用于事实清楚、证据确凿,仅需对本案涉及的法律问题进行裁判的案件,一般在第二审程序中采用。

3. 庭审程序

庭审程序包括以下六个部分:宣布开庭、介绍案情、法庭调查、法庭辩论、合议庭评议、宣读判决。

4. 审理期限

2015年新的《行政诉讼法》中,审理期间由原来的3个月改为6个月,即人民法院应当在立案之日起6个月内宣告一审裁判。

5. 回避制度

回避有主动回避和依申请的回避两种。审判人员认为自己与本案有利害关系或者有其他关系,应当申请回避;当事人认为审判人员与本案有利害关系或者其他关系可能影响公正审判的,有权申请审判人员回避。当事人申请回避,应当说明理由,在本案开始审理时提出;回避事由是在案件开始审理后才知道的,应当在法庭辩论终结前提出。有关审判人员是否回避,由人民法院决定。在法院做出决定前,被申请回避的人员应当暂停参与本案的工作。

(四)简易程序

《行政诉讼法》增加了简易程序。法院审理认为事实清楚、权利义务关系明确、争议不大的一审行政案件,可以适用简易程序。

1. 适用范围

人民法院审理下列第一审行政案件,认为事实清楚、权利义务关系明确、争议不大的,可以适用简易程序:

(1)被诉行政行为是依法当场做出的;

(2)案件涉及款额2000元以下的;

(3)属于政府信息公开案件的。

除前款规定以外的第一审行政案件,当事人各方同意适用简易程序的,可以适用简易程序。

《行政诉讼法》第八十二条规定了"发回重审、按照审判监督程序再审的案件不适用简易程序"。《行政诉讼法》第八十四条规定了"人民法院在审理过程中,发现案件不宜适用简易程序的,裁定转为普通程序。"

2. 审理期限

适用简易程序审理的行政案件,由审判员一人独任审理,并应当在立案之日起45日内审结。

(五)第二审程序

第二审程序,是指上级人民法院对下级人民法院,就第一审案件所做的判决、裁定,在发生法律效力以前,基于当事人的上诉,依据事实和法律,对案件进行审理的程序。《行政诉讼法》第七条规定,人民法院审理行政案件实行两审终审制度。除了最高人民法院做出的第一审判决、裁定是终审判决、裁定外,当事人不服地方各级人民法院所做的第一审判决、裁定,都有权依法向上一级人民法院提起上诉,从而引起第二审程序的开始。第二审程序是一种独立的审判程序,但并非是每一个行政诉讼案件都必须经过的程序。只有当事人不服一审判决、裁定,在法定期间内,以合法的形式提出上诉的案件,才进入第二审程序,第二审程序又称为上诉审程序。第二审程序有上诉和审理两个阶段。

1. 上诉

上诉是当事人不服人民法院的一审判决、裁定,依法要求第二审人民法院审理的诉讼行为。《行政诉讼法》第八十五条规定,"当事人不服人民法院第一审判决的,有权在判决书送达之日起十五日内向上一级人民法院提起上诉。当事人不服人民法院第一审裁定的,有权在裁定书送达之日起十日内向上一级人民法院提起上诉。逾期不提起上诉的,人民法院的第一审判决或者裁定发生法律效力。"

2. 审理

人民法院对上诉案件,应当组成合议庭,开庭审理。经过阅卷、调查和询问当事人,对没有提出新的事实、证据或者理由,合议庭认为不需要开庭审理的,也可以不开庭审理。

第二审人民法院审理上诉案件,应当对原审人民法院的判决、裁定和被诉行政行为进行全面审查。

第二审人民法院审理上诉案件,应当在收到上诉状之日起3个月内做出终审判决。有特殊情况需要延长的,由高级人民法院批准,高级人民法院审理上诉案件需要延长的,由最高人民法院批准。

(六)审判监督程序

审判监督程序,又称再审程序,是指人民法院对已经发生法律效力的判决、裁定,发现违反法律、法规的规定,依法再次审理的程序。行政诉讼实行二审终审制,审判监督程序并不是每个行政诉讼案件的必经程序,只是对发生法律效力的违反法律、法规的判决、裁定,确实需要再审时所适用的一种特殊程序。

1. 审判监督程序的提起

《行政诉讼法》第九十一条规定,"当事人的申请符合下列情形之一的,人民法院应当再审:

(一)不予立案或者驳回起诉确有错误的;

(二)有新的证据,足以推翻原判决、裁定的;

(三)原判决、裁定认定事实的主要证据不足、未经质证或者系伪造的;

(四)原判决、裁定适用法律、法规确有错误的;

(五)违反法律规定的诉讼程序,可能影响公正审判的;

(六)原判决、裁定遗漏诉讼请求的;

(七)据以做出原判决、裁定的法律文书被撤销或者变更的;

(八)审判人员在审理该案件时有贪污受贿、徇私舞弊、枉法裁判行为的。"

《行政诉讼法》第九十二条规定,"各级人民法院院长对本院已经发生法律效力的判决、裁定,发现有本法第九十一条规定情形之一,或者发现调解违反自愿原则或者调解书内容违法,认为需要再审的,应当提交审判委员会讨论决定。最高人民法院对地方各级人民法院已经发生法律效力的判决、裁定,上级人民法院对下级人民法院已经发生法律效力的判决、裁定,发现有本法第九十一条规定情形之一,或者发现调解违反自愿原则或者调解书内容违法的,有权提审或者指令下级人民法院再审。"

《行政诉讼法》第九十三条规定,"最高人民检察院对各级人民法院已经发生法律效力的判决、裁定,上级人民检察院对人民法院已经发生法律效力的判决、裁定,发现有本法第九十一条规定情形之一,或者发现调解书损害国家利益、社会公共利益的,应当提出抗诉。地方各级人民检察院对同级人民法院已经发生法律效力的判决、裁定,发现有本法第九十一条规定情形之一,或者发现调解书损害国家利益、社会公共利益的,可以向同级人民法院提出检察建议,并报上级人民检察院备案;也可以提请上级人民检察院向同级人民法院提出抗诉。各级人民检察院对审判监督程序以外的其他审判程序中审判人员的违法行为,有权向同级人民法院提出检察建议。"

2. 再审程序

(1)另行组成合议庭。

(2)对原审判决、裁定的处置。按照审判监督程序决定再审的案件,应当裁定中止原判决的执行。裁定由人民法院院长署名,加盖人民法院印章。

(3)审理程序。按照审判监督程序再审的案件,发生法律效力的判决、裁定是由第一审人民法院做出的,按照第一审程序审理,适用第一审案件审理期限,做出的判决、裁定,当事人可以上诉;发生法律效力的判决、裁定由第二审人民法院做出的,按照第二审程序审理,适用二审案件的审理期限,所做的判决、裁定是发生法律效力的判决、裁定;上级人民法院按照审判监督程序提审的,按照第二审程序审理,做出的判决、裁定是发生法律效力的判决、裁定。

第十二章　国外发展经验介绍

第一节　美国发展经验

一、美国道路交通基本情况

美国2010年汽车保有量达2.48亿辆,2015年增长至2.58亿辆,其中乘用车1.21亿辆(平均每人拥有0.39辆),商用车1.37亿辆(占总的汽车保有量的53.1%),并且有逐年上升的趋势。随着近十年美国经济的持续增长,越来越多的生产商要求即时运送,这种需求形成了世界上最庞大的商品运输市场,商品运输越来越依靠重型卡车。目前,美国高速公路上行驶的货运车辆几乎全是厢式半挂长头重型货车,摩托车仅为731.5万辆(只占2.88%)。机动车的整体构成和安全性都很高。

美国道路资源充足,截至2015年,美国高速公路里程已达到10万千米。在美国的交通网络中,州际公路系统贯通全国,已成为美国道路交通的基本骨架,其全称为"艾森豪威尔全国州际及国防公路系统",该系统是由1956年联邦资助公路法案授权修筑,全长75376千米,绝大部分是高速公路。美国公路十分发达,不仅路网纵横交错,路面宽阔,而且交通安全设施、管理设施完善,特别是道路上的交通标志、标线科学、充足,各种管理设施互相衔接、匹配性好。旧金山市有交通标志20万个,全市7000余个路口中,交通流量较大、事故发生率较高的1200个交叉路口装有信号机,其他6000余个路口无信号灯控制,路口的交叉口全部设置了停车让行标志,并施划标志、标线。全国的公路(包括乡村公路)的交叉口都有停车让行的标志标线。严格的执法、驾驶人对通行规则的普遍认同,对法律的尊重与畏惧,以及良好的驾驶习惯,形成了良好的道路通行秩序。人们普遍遵守交通规则,按照交通信号、标志标线通行,遵守限速规定,各种车型保持在均衡的行驶速度,各行其道,不随意并线。特别是在许多没有交通信号灯控制的交叉路口,驾驶人都能够按照让行标志停车瞭望,交替通行。遇有交通事故、道路施工等情况,车辆都能够在本车道内排队等候通行。因为交通秩序良好,车辆通行速度较快,普通道路平均时速在50~70千米/小时,高速公路时速不低于100千米/小时,保持了较高的通行效率。

二、美国道路客运相关经验

(1)交通信号密度大、自动配时,提高了通行效率。美国城市路网密度高、交通信号密集。通常,交叉路口都会对不同方向、不同车道设置单独的信号灯,旧金山市1200个路口信号机只有15%实现了光纤通信,但基本实现自动配时。信号机不经由指挥中心配置信号,而是由路口信号机的交通流量自适应系统对路口的交通流量统计,自动调整路口时段信号周期,避免信号延迟导致交通拥堵,最大限度地确保车辆高效率通行。

(2)交通标志标线设置简单、明晰、易懂,且充足、完善。旧金山市交通局官员介绍,交通信号、标志的设置要让人们看懂,特别是指路标志要明确。在美国,无论城市道路或公路,指路标志设置规范、清晰、连续设置,只要按指路标志就可到达目的地。

(3)交通紧急事件实行预案管理。出现交通事故、道路维护等情况,除了有相应的工作预案,还有交通信号控制应急预案,通过变更信号配置、电子显示屏提示、设置路障、交通广播等措施疏导交通,基本不用警力上路指挥。2005年,为防范飓风袭击,路易斯安那州政府、交通局、警察局、国土安全和应急准备局等部门,共同制定了路易斯安那州居民紧急情况撤退路线图(含各阶段撤退时间、路线图),在飓风来临时使用道路隔离设施、指示灯等设备引导车辆,将11条主要高速公路全部改为向周边安全区域单向通行,疏散人员。2008年9月1日,"古斯塔夫"飓风袭击路易斯安那州新奥尔良市时,新奥尔良市120万人口、40万辆机动车在25小时内全部撤离。

(4)实行公交优先、合乘车辆优先原则。为了减轻交通拥堵,美国政府积极倡导并实施公交优先的政策,除在城市设置公交专用道外,还在公交车辆顶部装置优先通行控制器,当公交车辆通过路口时,控制器向路口信号机发射信号,遥控路口信号灯变成放行信号,使公交车辆优先通过路口。同时,鼓励市民合乘车辆,允许载有3名以上驾乘人员的车辆进入专用合乘快速车道行驶,并免收通行费和过桥费等相关费用。这些措施的推行,为城市交通的顺畅提供了有力保障。

三、美国道路货物运输相关经验

(一)统一道路货运车型

美国公路货运车辆基本采用拖挂运输并以厢式半挂车为主,厢式半挂车的保有量、销量占所有挂车的70%左右,其中比例最大的是长头6×4牵引车,匹配2轴厢式半挂车的汽车列车以及部分双半挂列车,预计分别约占到厢式半挂车的90%和8%。

厢式半挂车的长度已由过去的14.63米到现在的约16.15米,目前美国正在探讨将长度放大到18.3米的可能性。牵引车全部是长头车,长头车的安全性、舒适性、风阻、经济性、价格均优于平头车。厢式半挂车是流动的仓库,免除了许多建筑仓库,减少了占地,节省了土地资源;同时其采用托盘运输,也增加了装卸效率。

(二)对货运车辆重量、尺寸进行限制

建设高速公路初期就应考虑到防止车辆超载的问题。20世纪70年代提出了桥梁承载车辆总质量的公式,确定了轴荷对桥梁的影响,并把轴距和质量联系在一起。到了20世纪80年代,在质量的基础上又出台了车辆外形尺寸标准,但此前各州都有各自的车辆质量和车辆外形尺寸的规定,根据美国法律,原有各州的标准在各州仍然有效,联邦的规定各州不执行也不违法,但享受不到联邦政府的资金支持。

(三)政府对车辆和车辆制造商进行管理

美国政府对车辆实行注册备案制,政府并不负责车辆制造商的生产资质和生产车辆的审批,而是实行车辆制造商必须按照联邦政府机动车道路安全法律、法规和技术标准,严格自律的管理制度。

美国的法律和法规要求车辆制造商必须自律和自行验证,确保每台车辆100%符合联邦政府机动车道路安全法规的要求,车辆拥有者和使用者要严格自律,确保车辆处于安全运行状态。国家公路运输交通安全局、客户和任何感兴趣的美国公民,甚至竞争对手,对车辆提出存在有缺陷或不符合邦政府机动车标准的异议时,车辆制造商要么提供足够的证明材料证明自己的产品符合标准,要么就必须接受美国法律、法规的裁决。

(四)严格管理危险品运输

美国对危险品运输管理非常严格,其相关规则仍在不断更新。在美国,并不是所有的道路都可以通行运输危险物品的车辆,可通行的道路由政府划出,警察拦车检查,要选择适当的地点,不能影响周围群众,必须确保安全。

典型案例:

美国对大货车的管理

大货车是美国的标志。高速公路上风驰电掣、威风凛凛的大货车到处可见,司机们个个膀大腰圆,是现代工人阶级的代表。

美国对大货车有严格的管理制度,州际公路上设有专门的货车监控站(休息站)。运输车辆必须进站停靠,打卡入站,休息,到时间打卡出站,继续上路。到下一站重复以上程序。如有越站行驶的情况,就将受到处罚。这些监控站中的一部分还有测重功能,控制货车的载重量不超标。凡是特种运输车辆,如超宽、超长、危险品运输等,美国公路部门均会派出前导车和押后车同行,前导车开路,押后车用各种方式标示护送车辆的性质,提醒其他车辆注意避让。如超宽运输车,押后车的两侧就会伸出横臂状的装置,危险品车辆则有醒目提示标志。这种措施既控制特种车辆的行驶速度和路线,又避免了追尾等直接碰撞危险品的可能。

第二节 日本发展经验

一、日本道路运输行政管理体制

日本作为典型的岛国,如何应对城市人口密集(根据日本总务省统计局推算,2015年东京人口为13,506,607人,人口密度为6,160人/平方千米)、人多地少以及众多建筑物造成的交通运输压力带来的问题,成为日本国家发展中不得不面对的问题。快捷、高效、立体化的交通体系构建成功的应对了上述问题,日本在全国范围内构建的海、陆、空紧密合作的现代立体化运输系统,已经成为世界关注的焦点。研究日本交通运输管理体制运行的特点,为解决我国道路运输行政管理体制问题提供有益借鉴。

作为君主立宪制国家的典型代表,日本在二战后为适应战后经济发展的需要,行政管理体制经历了数次变革。日本交通运输行政管理体制为适应全国行政体制改革要求和交通运输行业快速发展变化,经历了"分散管理、各自为政、向集中统一和综合管理的方向发展的改革的过程"。在经历数次改革和调整后,国家层面的交通运输管理主管部门最终由原来运输省、建设省、国土厅和北海道开发厅四个省厅整合而成国土交通省,国土交通省是日本统管交通运输行业的中央部门,主要履行对全国的公路、铁路、民航、水路等交通运输业以及国土整合、土地开发等多个行业管理的职能,国土交通省是日本现行设置的12个中央省部门中规模最大的一个。

现行的日本交通运输管理体制强调纵向和横向管理相结合、以横向为主的管理模式,这种模式的选择强化了国土交通省以及其他行政管理机构对道路运输的规划、管理、监督和建设,更有利于适应交通运输行业的发展。

二、道路运输行业发展经验

(一)严格市场准入

1.道路货运市场准入

日本以《自动车六法》对汽车运输业进行规范。道路货物运输市场准入从企业的经营场所、企业拥有的车辆数、信息场所的建设、运作资金、保险等方面进行了严格规定。例如:①经营场所要有明确的地点;②要求每个经营企业至少拥有5辆以上汽车;③车库原则上设立在经营场所,或者在2千米范围内,车库里车辆间隔在50厘米以上;④休息场所原则上设立在经营场所或者车库所在地,休息场所面积不小于9.9平方米;⑤运营管理机构,一般要求30辆车配备一名管理人员,管理者须具有职业资格,具备相应的能力;⑥资金方面,要求业主自有资金占50%以上;⑦保险方面,要求每个经营者开业一年内签订汽车运输赔偿责任保险和意外保险,并投保5000万日元以上的责任险。申请从事货运经营的,只要达到规定的开业条件,运输局就批准。

货运价格由企业定价,并向运输局报备,而实际货运价格由运输经营者和货主自行协商。

2.道路客运市场准入

日本道路旅客运输市场准入条件也有明确具体的规定。例如:①经营者无犯罪记录,有固定的经营场所,车辆额定载客人数在11人以上,最少车辆数客车6辆(其中常用5辆,备用1辆),有适宜的停车场所,车库里的车辆间隔50厘米以上,休息场所原则上设立在经营场所或者车库内;②配备具有职业资格的运行管理者和设备管理者;③驾驶员须符合客车驾驶条件,有大型乙种以上驾驶执照,并在规定的劳动时间内工作;④除自有资金外,还应有能保证企业在2个月内正常运营的基本资金;⑤了解并遵守运输法规,签订旅客意外伤害保险和任意险,给每位旅客投3000万日元的保险;⑥长途客运线路、班次由企业申请,运输局批准;⑦客运价格由运输局制定,企业不得随意调整。

对驾驶员培训的准入条件也有严格的规定。获准开业的日本驾驶培训机构都必须有设施完善的驾驶训练场地,教练场地的车道划分、交通管制设施与信号与城市交通实际情况相同,要求教练车的车容及车内的辅助教练装置完好,数量能满足教练的需要。

(二)加强对运输经营过程的监督与处罚

日本运输局对运输经营者经营行为的监督主要以户检户查为主。由运输局支局对其辖区内的运输经营者进行循环检查,一般是一个检察官查一个辖区。如发现有违规违法经营行为,立即下达限期整改的通知。在公路上出现的违规违法经营行为由警察负责监管。如发现有违反运输规定的行为,由警察通知运输局或者所属机构,由运输局或其所属机构对违规者及其所属公司进行调查处理,但运输局没有罚款的权力,也没有在公路上检查车辆的权力。对于违法违章的公司,每违法违章一次,记录一定的点数,累计到80点及以上时,则吊销其经营许可证,永久不得经营公路运输业务。

(三)发挥行业协会的指导作用

日本道路运输行政管理服务非常重视发挥协会的作用。全日本卡车协会作为社团组织,积极开展推动交通安全与环保、指导经营者规范经营、提高运输效率、组织企业管理人员培训考试、为车主和货主双方提供信息、为长途司机与乘客提供服务等活动。

典型案例1:

日本雅玛多的"最后一公里"城市配送服务

全球的"最后一公里"物流,日本宅配可以说是做到了极致。不仅仅在配送网络上、系统上、标准化的工具上,还是人效上,皆堪称标杆。

东京是一个人多地少的城市,但城市配送的效率堪称全球第一。东京大部分私家车周一到周五是不使用的,白领都是乘坐轨道交通上班。所以在早高峰,大家在城市街道看到的不是满街的小车,而是各大物流公司的城市配送车辆。

城市配送车辆在东京最繁华的街头是这样作业的,标准化的单元转载,街边快速集货。

典型案例2:

日本利用民间组织对道路货物运输企业进行安全性评价

根据日本《道路货物运输事业法》第42条的规定,受日本国土交通大臣指定的全日本卡车协会作为日本全国道路运输合理化业务的实施机构。全国道路运输合理化业务实施机构的主要业务是,制定统一的标准指导地方道路运输合理化实施机构(各都道府县的卡车协会)、道路货物运输企业的业务,以及培训指导人员等工作。据此条,日本卡车协会定期到各家企业进行评价,确认法律法规的遵守情况。

实施考评的安全性评价委员会隶属于全日本卡车协会组织,是从外部召集的各种有学识的学者等人员组成的委员会,这里面也包括有国土交通省的负责人员。全日本卡车协会是公益社团法人,是日本对国内实施"全国货物运输车辆业务合理化"评价的机构。其以每个企业为单位,对卡车运输的企业和人员的交通安全对策等方面进行工作评价。全日本卡车协会定期走访货运企业,指导其开展合法的、科学的运营,并实施评价。在指导、评价后仍未见整改时,通知国家监管机构,由监管机构实施督查、处分。

第三节 新加坡发展经验

一、新加坡基本情况

新加坡是典型的城市型国家,素有"城市花园"之称。除了其独特的地理位置与港口外,新加坡没有更多的自然资源,因此,新加坡一直采取以政策吸引外资进行制造业、金融业、商业等方面的投资。新加坡的城市交通特色在于,其快速轨道交通、公共汽车和出租汽车共同构成了一个高效的公共交通网络。目前,快速轨道中地铁 MRT(Mass Rail Transit)与轻轨 LRT(Light Rail Transit)共达到 128 千米,92 个车站;公共汽车共 3300 辆,共计 250 条运营线,出租汽车总量为 18300 辆。

世界银行 2012 年度全球工商企业运营环境评价中,新加坡的经商便利度为第一名。因此,新加坡旅游商务等流动人口较多,2012 年新加坡日出行人数已超过 1100 万。新加坡的交通是基于城市的交通,主要以城市内部的道路交通为主。但是,作为全球人口最密集的国家之一,新加坡有效解决了城市的交通拥堵问题。

二、新加坡道路交通管理政策

道路运输是新加坡的主要运输形式,交通管理政策是公路运输政策中最基本的部分,基于新加坡国家的特殊性,为满足新加坡日益增长的交通需求,并提供高标准的运输服务,新加坡陆路交通运输局在 1996 年发表了名为《世界级的陆路交通系统》的交通政策白皮书,为实现公共交通出行比例达到 75% 的目标,最大程度地发挥现有交通网络的运输能力,最优化地建设未来的交通网络系统,努力做到人口增长和经济发展不受制于有限的空间。白皮书中提出了四项基本政策,即交通系统与土地利用规划的综合发展、建设完善的道路网络系统、交通需求管理措施以及加强公共交通系统的建设。

(1)交通系统与土地利用规划政策。新加坡规划的制定着眼于长远发展,进行综合性的土地利用及开发、土地使用、交通以及规划可持续发展时进行综合协调,加强政府部门间协调与衔接,将交通作为城市发展的骨架。交通沿线的发展往往成为城市潜在的繁荣点,在城市制定发展战略阶段就要吸收交通规划制定者、交通规划决策者和交通规划专家参与,对城市总体规划介入阶段越早,越有利于制定科学的城市规划。

(2)建设完善的道路网络系统。将"公共交通枢纽"建设作为城市交通建设的首要任务,通过不断完善公共交通枢纽提升公共交通的品质,吸引更多的居民选择公共交通。

(3)交通需求管理措施以及加强公共交通系统的建设方面。一方面主要体现在通过相应优先政策方便公共交通的畅通运行的同时,加强对公共交通服务意识的提升,使公共交通更加安全、舒适。另一方面,通过政策制定和经济手段的调节限制小汽车保有量的增长。

三、新加坡城市交通管理的具体措施

(1)政策引导的同时加强服务,让便捷、舒适的公共交通成为居民的出行首选。通过制定长期综合性规划,将"公共交通枢纽"概念融入交通设施建设之中,使乘客享受便捷的服务。

一方面,推广巴士优先政策,提升巴士的快捷性。制定相关措施,加快公交车的运行速度。比如设立"巴士专用道"、设置"公交车优先交通信号灯"、制定一些相应规定,禁止小汽车在规定的时间和路线上停靠在巴士专用路线和专用区域之中。这些措施使目前公共交通通行速度提高了7%。

另一方面,提供实时交通信息,提升公共交通便捷性。坚持通勤者需求导向原则,新加坡陆路交通管理部门通过提供实时交通信息,让乘客能够随时了解公交车实时信息,减少候车或转车时间。新加坡全岛的4500个巴士公交车站提供电子显示屏,乘客可以方便查询巴士路线信息。从2008年7月起,乘客也可通过手机短信、互联网或热线查询实时巴士抵站信息。另外,在每一个地铁和公交站准备了更详尽的交通图。方便乘客了解线路,便捷乘坐。

(2)通过经济手段与制度约束对机动车保有量进行有效控制。

一方面,通过拥车证制度限制机动车的增长。目前,新加坡的小轿车总数已超过60万辆,由于城市汽车容量基本饱和,政府通过发放拥车证的方式限制新增车辆。拥车证数量取决于每年报废车辆的数量,报废车辆多,拥车证就多;报废的车辆少,拥车证就少。拥车证不仅要通过投标竞买,而且有一定的使用年限。每个拥车证对应1辆车,有效期为10年,到期后,车主可通过支付到期前3个月拥车证的平均价格,将有效期延续5年或10年,这样自然提高了购车成本。同时,在汽车拥有环节使用税费收取进行调控。新加坡队国内小汽车征收如下税费:①关税,通过关税调节车辆进口量;②车辆注册费;③附加注册费,根据汽车价格等级征收附加注册费;④特惠附加注册费,为了体现政府的鼓励意图,1975年12月31日起,对符合指定条件者减征或者免征附加注册费,减征后的附加注册费称为特惠附加注册费;⑤公路税,每辆小汽车年缴纳公路税的标准是依据发动机功率大小差别征收的。通过这些限制措施新加坡成功限制了汽车保有量的增长。自2009年到2011年,新加坡车辆增长率控制在1.5%。

另一方面,借助电子收费系统征收拥堵费,增强对小汽车的约束,引导民众乘坐公共交通工具出行。

新加坡拥堵收费出现于20世纪70年代,从当时的区域通行证制度(ALS:Area License Scheme)和快速路收费系统(RPS:Road Pricing System)已发展到现在的电子收费系统。1998年9月,新加坡政府开始采用电子收费系统来代替区域通行证制度和快速路收费系统,整个计费过程全部由计算机控制完成,车辆通过时无须停车或减速。进入电子收费系统时代,道路收费系统获得了更大的灵活性。首先,基于每一次通行进行收费,体现了污染者/使用者付费原则,更为公平;其次,它更方便,能够即时确定并扣除费用,不需购买日/月许可证;再次,由于自动电子控制消除了人工误差的可能,更为可信。

(3)及时了解居民需求,加强公共交通的合理运营。

一方面,不断完善公交相关设施。积极投身社区,开展咨询和合作的服务,了解社区居民的需要,有针对性地开展项目建设,发展更"以人为本"的交通系统。例如:①修建大量的自行车停靠点,拓宽更多的自行车专用道,鼓励折叠自行车上地铁和公交车;②改善人行道,包括一些带顶的长廊和过街天桥;③公共汽车站配备了良好的服务设施,大约90%的公共汽车站设有座位和遮挡篷,有的甚至有高屋顶,以保护双层公共汽车的乘客免受雨淋,方便乘客乘车。

另一方面,合理调整价格及激励机制。负责公交定价的新加坡公共交通理事会通过定期追踪每个家庭的公交支出与收入的平均比例,确保公交票价不至于过高。同时,给予较低收入家庭更多的公交费用援助,包括政府援助的"工作福利计划",社会援助"交通礼券"等。

四、新加坡交通管理政策的启示

新加坡的经验表明,解决城市交通问题是一个系统问题,一个很好的交通发展战略和规划是综合解决城市交通的关键。新加坡交通白皮书提出的协调土地利用与交通系统、优先发展公共交通、强化道路基础设施建设和加强交通需求管理的交通发展战略与政策,具有普遍意义。它也进一步印证了综合解决城市交通问题应该从土地利用、道路网的科学建设与充分利用以及交通结构三个层次、从供给和需求两个方面、从战略、政策、规划以及建设使用众多环节去系统的思考和解决问题。

典型案例:

新加坡的 ERP 系统

ERP 系统是公认的维持新加坡交通顺畅的"最大功臣"。ERP 系统共包括三个部分,车载阅卡器(In - Vehicle Unit / IU)、ERP 收费闸门和控制中心。

新加坡所有车辆都装有电子信息卡。车载阅卡器是固定于汽车内或摩托车上的收费器,与每辆车的车牌号对应。驾驶者可以在公共交通"一卡通"充值后插入自己的阅卡器内,阅卡器将显示"一卡通"内余额和驶过路段收费额。为方便"一卡通"充值,大部分 ATM 机、加油站、银行、地铁站都可以对其进行充值。

ERP 收费闸门设置在限制路段入口处。当车辆经过闸门时,随着无线探测器"嘟"的一声,计费开始!车辆无需停车拿卡交钱,十分方便。

对于"一卡通"内费用不足或者未插"一卡通"的车辆(如忘记插卡),收费闸门会自动将车牌数据传送到控制中心,由控制中心的计算机在比对处理后生成违规记录。一次余额不足的违规记录罚款 10 元。因此,无论是私家车还是摩托车的车主,及时充卡都是要切切记牢的事情。

新加坡 ERP 系统自实行以来,已经有了诸多改善。最早的时候,ERP 还是一个相当"僵硬"的系统,只要在电子公路收费时间内进入繁忙路段的车辆,都要"论次收费",难以根据实际车流量来进行即时调控。

第十二章 国外发展经验介绍

随着技术的发展,ERP 系统也越来越灵活了。近几年来,已经 ERP 系统可以根据车辆平均速度来调整收费标准,平均车速快时则少收,平均车速慢时则多收。

正是由于 ERP 系统取得的较大成功,近年来,向新加坡"取经"的城市络绎不绝。伦敦自从 2003 年开始,也实行了这套限制区交通拥堵缴费计划。

第四节 德国发展经验

一、德国道路货物运输业基本情况

德国的道路交通十分发达,纵横交错,四通八达。德国的公路系统由联邦远程公路、州级公路、县市级公路和乡镇级公路组成,公路总里程约 65 万千米(其中,高速公路 1.2 万千米),公路面积约占国土面积的 4.8%,货运车辆约 80 万辆(其中,90% 以上都是集装箱或 20 吨以上大型厢式运输车辆)。道路货运管理非常专业、规范,保证了货物运输高效、快捷、安全。

二、德国道路货物运输业发展经验

1. 货运车辆专业化

德国在载货汽车中专用车辆占有相当大的比重,高速公路上运输货物的车辆几乎都是大型半挂车、汽车列车等专用载重车。使用专用化的载货车辆,可以提高装卸效率,保证运输质量,节省包装材料,减少货损货差,为运输经营专业化提供有效的手段。

2. 采用智能化手段、对驾驶员进行严格监督

德国有关部门对驾驶员驾驶及休息时间的监管非常严格。欧洲的货物运输车辆,所有 3.5 吨(含)以上的货运车辆必须安装行车记录仪,它能够监控驾驶员驾驶时间、休息时间以及计算车辆行驶速度。如果车上没有行车记录仪,可处罚款 2000 欧元。采用卫星定位控制的全自动收费系统,不停车收取高速公路通行费,有效地免除了收费站点前排队堵车的局面,解决了高速公路收费与物流畅通快捷之间的结构性矛盾。

3. 对货运车辆进行严格检查、工作高效化

德国有关部门采用流动检查车辆对高速公路、国道上货运车辆进行检查。每台检查车辆是一个移动的办公室，配有笔记本电脑、打(复)印机、POS 机及办公设备等，配有 1~2 名工作人员。在高速公路和国道上每 5 千米或 10 千米设一个停车场，是车辆停放、检查和驾驶员休息的场所。对国内货运车辆违法处罚可以事后缴纳罚款，现场只开罚单；但国外违法车辆必须当场缴纳部分罚款，现场可交现金或使用银行卡通过 POS 机缴纳，其余部分由不来梅等 3 个分局制作罚单，进行事后缴纳。

4. 货运单证规范化

在德国从事道路货运，车辆行驶证和道路运输证合二为一，普货驾驶员没有从业资格证，只有危货驾驶员有从业资格证。营运车辆必须使用运单：一是它可以有效区分专业经营性运输和非经营性运输；二是它详细记载了发货单位、收货单位、运输单位、运输货物名称、种类、重量、装载、运输中的注意事项等，起到了运输合同作用；三是它可以有效避免车辆超限、超载。

5. 道路运输管理法规健全、处罚明确

在德国，基本上所有的道路货运管理规定都有相应的、具有可操作性的处罚条文（包含有规定、有手段、有措施）。如在一次检查中，发现一台没有年检的货运车辆，一个轮胎已坏，有关部门立即终止车辆运行，并强制将其带到附近的一个检测站（TU-EV）进行全面综合检测，检测结果发现许多地方坏损，又强制其到附近具有修理资格的修配厂进行修理，所需费用全部由车主承担，同时对车辆进行依法处罚。德国的道路货运管理法条制定非常严格，每项违法行为罚款都有固定的数额，而不是给出大概的范围自由裁量。

第五节 英国发展经验

一、英国城市公交管理经验

1. 对城市公交企业的进入与退出进行严格管理

英国的公交以私营为主，政府统一管制，设计公交车通行线路、确定班次、价格，监督运行质量等，具体运营由若干私营公交公司承担，他们通过竞标的方式申请运营，如果运营方案够好，服务质量够高，便能获得线路运营权。政府设置了私人公交公司的退出机制，服务质量低劣、事故不断、乘客投诉量大的公交公司，将受到处罚乃至勒令退出；而服务好的公司会获得政府的奖励。

2. 加强法律建设、禁止车辆超载

根据英国《道路交通法》，机动车辆使用者必须保证车辆不超载。如果发现超载，司机和车辆运营商将会被警告或者起诉。立法规定每一起违规案将处以 5000 英镑（约 5 万元人民币）以下罚款；如果车辆严重超载，司机将会以"危险驾驶"的名义被控

告,情节严重者,将会被判入狱两年;如果有人因超载死亡,司机和运营商将会以"杀人"的罪名坐牢。因此,在英国,公交车都严格遵守行业规定,乘客量达到一定数额就不再上人,以确保乘客安全。

3. 严格驾驶员管理

疲劳驾驶一直是公交车祸的最大原因之一,为了防止司机疲劳驾驶,保证安全,英国对司机的工作时间做了严格的限制。根据英国政府规定,如果客车的运输距离不超过 50 千米,则按照司机的工作时间参照英国国内标准;如果超过 50 千米,则参照 EU/AETR 的标准执行。

根据欧盟标准,在驾驶不超过 4.5 小时后必须休息不少于 45 分钟。司机每天的驾驶时间不超过 9 小时,最少休息 11 个小时,每天驾驶 10 小时的情况一周不能超过两次。每周驾驶时间不得超过 56 个小时,休息至少 45 个小时。英国国内的标准规定,在驾驶 5.5 个小时后必须休息至少 30 分钟,或者在 8.5 小时的工作时间内,司机累计休息的时间至少有 45 分钟以确保持续驾驶的时间不超过 7 小时 45 分钟,并且开完这段旅程后至少要休息 30 分钟,除非开完之后直接下班。

二、道路货运管理经验

1. 加强道路运输安全管理

英国的道路运输市场管理是通过运输营运执照制度展开的。1933 年之前铁路是承担货物运输的主要运输方式,为防止铁路的垄断,铁路受到政府的严格管制,而道路运输实际上是处于自然发展时期;1933 年开始实行的控制运输能力的执照制度,主要是限制持有营运执照的专业运输企业车队规模和经营范围,使道路运输与铁路运输平衡协调地得到发展。

在对道路运输市场实行严格管制阶段,尽管经历了第二次世界大战,以及战后的经济恢复和发展时期,对严格管制的政策做了一些放宽限制的调整,但直到 1980 年运输法的出台,才取消了对道路运输营运执照的数量控制,采取了质量控制措施,开放了运输市场。

经过半个多世纪的发展,英国的道路运输营运执照制度经历了从以保护铁路为目标到以安全、效率和环保为目标的演变过程,以及从着重数量控制的执照制度到着重质量控制的执照制度的演变过程。为了实现以安全、效率和环保为目标,1977 年成立了道路运输营运执照调查委员会,调查从 1933 年以后的情况,特别是 1968 年运输法关于运输营运执照制度执行后的情况。调查报告的结论指出,营运执照制度的目标应当是:促进安全、有助于保护环境和防止道路遭到过度的损坏。

英国目前的道路运输营运执照制度主要关心的是安全,通过对进入道路运输行业的经营者的质量控制而达到安全管理的目的,在道路运输安全方面充分体现"以人为本"的理念。

2. 相关政策的支持

在英国,物流的主要要素中,只有库存不受约束,而道路运输、保管计划等受到政府和地方自治团体的管理。

英国的道路运输被分成两个部分,一是营业性运输,二是自有运输。1968年运输法公布之前,货物运输业的准入门槛很高。希望进入这一领域的卡车公司必须自定服务标准,然后据此进行报批。政策宽松后标准有所改变,只要满足以下标准即可获得批准:①有信用、讲诚信;②拥有运输资源;③具备专业能力,或具有该方面的人才;④对运输劳动时间充分理解;⑤经常进行车辆维护;⑥利用适当的土地和车辆进行运作。运输政策的宽松对整个卡车运输业起到了积极的促进作用,门槛降低后并未出现大量运输公司的倒闭、转产,而且竞争的加剧也没有对安全性造成损失。反之,却提高了卡车运输的服务标准。

3. 发挥地方自治团体的监督管理作用

运输业的政策虽然是由政府制定,但对仓库业的管理、监督则由地方自治团体负责。英国的地方自治团体的管理权限相当大,它的管理范围不仅包括对现有基础设施的管理,而且也包括仓库建设计划的管理,其管理权限可以对仓库的建设方案进行否决。另外,企业为了提高效率,构建物流网络时,即使是临时中转库的建设也必须得到地方自治团体的同意。

第六节 法国发展经验

法国发达而又畅通的交通网络与其具体国情、城市规划理念、交通参与者的国民素质、交通的智能化投入有很大的关系。其中,大多数城市的路网结构、路网规模、信号控制率、支路停车方式等特点并不能完全适用我国的具体国情,但其"以公共交通发展为主导"的城市交通发展理念是值得我国大中城市学习的。此外,还要在道路交通建设时期重视支路系统的疏通、城市公共停车设施的建设、大容量快速公共交通的建设、城市道路指示系统的人性化设计等。

一、法国公路交通基本情况

法国公路分为国家公路、地区公路和汽车公路,并分别冠以绿、黄、蓝三种标志。绿色和黄色公路是公用,因为这两种公路的建设和保养均使用车主缴纳的税款。蓝色的汽车公路均按被私人购得的长度而分为若干路段,每段的起始处设有收费站,收费站的收费通道规模庞大常常是实际通行车道数的10倍左右。不同的收费通道按照付款方式进行指示,提示车主该通道属于窗口付现金、支付信用卡、电子付款或自动投币付款4种方式的一种或几种的组合。

法国的公路交通网四通八达,交通安全设施简洁实用,比较完善。一是整体规划,分步建设。高速公路与国、省道的连环处都留了一个豁口,平时用隔离杆封闭着,遇到特殊情况能够迅速启动,确保交通畅通无阻。二是高速公路和省道上专用车道、应急车道标线清晰,小车、客车、货车按道行驶,一般不随意变道,行车井然有序,公路沿线的交通标志会根据使用时效不断进行审查,对于不在使用时间内的交通标志,工作人员会将其标志内容旋转朝外(车行道上看不到标志内容),保障驾驶员看到的标志内容不会出现相互矛盾。

二、法国道路运输经验

1. 加强交通信号指示灯的控制

法国的信号灯不是设在行使车辆对面的路口,而是设在车右侧的人行道上。信号灯杆子上有两组相同的红黄绿三色信号灯;顶部一组大的信号灯是为远处行使来的车辆设计的;在杆子的中部,与驾驶员视线平行的位置有另一组信号灯,这是为在路口等信号的车辆设计的。在法国很少看到有十字路口,一般的路口都有多个方向供驾驶员选择。可能是因为这个特点,法国的信号指示灯都装在驾驶员座位的一侧。

2. 安全理念的培养

汽车在法国人生活中占据着重要的位置,法国人无论男女老少(甚至是七八十岁的老人)几乎每人都会开车。在法国无论你是驾驶车辆还是搭乘车辆,不管你是坐前排还是坐后排,上车后的第一件事情,就是系好安全带。法国人认为,这既是对自己生命安全负责,更是对驾驶员的尊重,无需被别人监督管理和强迫。

3. 严格的机动车驾驶证考试制度

严格的机动车驾驶证考试制度,可以说是法国低交通事故率的基础。在法国考机动车驾驶证,须通过交通规则考试和道路驾驶考试。交通规则学习需要历时半年,考题设计交通规则的每一个细节和汽车机械常识;道路考试在马路上进行,只要出现一个明显失误就会被判不及格。由于对驾驶员的交通知识和驾驶技术要求很高,能一次通过两项考试的法国人较少。但也正因如此,法国新驾驶员的事故率并不比老驾驶员高。

4. 醒目的路标设计

法国不仅道路状况好,而且其公共交通标志设置在世界上也堪称首屈一指。在什么地方需要让行、什么路段禁止超车、什么道路需要减速,一切都标示得清清楚楚。最可贵的是,即使在巴黎这样的大都市,几乎每个交叉路口都设有指示近、中、远的醒目路标,外来驾驶员一目了然,不会因为找路分散注意力而造成事故。行驶在巴黎的环城道路上,人们经常看到电子显示牌上写着"距下一个出口××分钟""前方雷达测速""绕开市中心道路""前方××千米处发生车祸"等提示,在发生突发事件和交通拥堵的时候,驾驶员最容易因事先准备不足或情绪急躁而造成事故。因此,及时向驾驶员提示交通信息,是减少事故以及缓解车辆拥堵的有效手段之一。

5. 违法违规惩处严

法国法律规定,超速50千米/小时以上被视为犯罪行为,严重超速者被判以3个月监禁及3750欧元罚款,一旦被查出酒后驾车,驾驶员至少被扣6个驾驶分(驾驶员机动车驾驶证实行终身制,12个驾驶分被扣光时司机必须重新考取机动车驾驶证),严重的则被当场吊销机动车驾驶证。如果是酒后驾车导致过失杀人,则会被判处7年监禁和10万欧元罚款。在法国,参加聚会、宴会等需要喝酒的活动时,多数人都能自觉地乘坐出租车前往。

法国交通法规定,长途驾驶员运营每隔2小时必须休息30分钟,每天运营不得超过12小时,客车最高时速不得超过100千米/小时。为进行有效监管,每一辆长途汽车的转向盘下有装有电动扫描仪,扫描仪在长途汽车发动时即自动刻录,将车辆的行驶时间、行驶速度进行全天候记录,以备交通警察检查。违规者,警察根据法规进行罚款或者强制休息。

6. 严格车辆检测

法国的汽车检测工作是由各私营车检中心负责,而不是交通运输管理部门负责。车主根据自己的车况,必须在有关单据上签字。检测通过的车辆如在一定期限内因车况问题导致事故,检测人员将负法律责任。这一制度使作为执法者的交通运输管理部门与车检服务商的角色严格分离,私营车检中心因法律责任重大对车辆进行严格检测,从而保证上路车辆都是"安全车"。

典型案例:

欧盟诸国统一客运车辆的管理制度

欧洲有申根协议,协议国之间过境不需护照、签证。这些国家有统一的客运班车管理制度。

首先是对家庭私用车辆的座位限制,禁止一定座位数(不多于十一座)以上车辆为家庭所用。所有规定座位数以上车辆均视为客运车辆,统一强制安装GPS定位监视系统。

其次,所有在申根协议范围内行驶的客运车辆都在控制中心监督之下,车辆的位置、时速、连续行驶时间均一目了然,甚至连内外车道都能显示到监控中心。

再次,所有营运车辆必须定时停车休息,除了监控中心之外,各国各地交警也会抽查,取出客运车辆上的数码卡片检查行驶时间。如连续行驶超时,第一次警告,同一天的第二次就会扣车。

此外,所有客运车辆和驾驶员都有工作时间限制,绝对禁止超时工作。因此,有时旅游团晚间有活动,但车辆运行已经超时,则必须换车换人。在欧洲,绝对不可能有"红眼班车"这样的概念。

参 考 文 献

[1] 交通运输部运输司.道路运输管理工作规范[M].北京:人民交通出版社股份有限公司,2014.

[2] 交通运输部政策法规司.交通运输行政执法基础知识[M].北京:人民交通出版社,2012.

[3] 交通运输部政策法规司.交通运输行政执法管理与监督[M].北京:人民交通出版社,2012.

[4] 交通运输部政策法规司.交通运输行政执法证据收集与运用[M].北京:人民交通出版社,2012.

[5] 交通运输部政策法规司.交通运输行政处罚自由裁量权行使实务[M].北京:人民交通出版社,2012.

[6] 交通运输部政策法规司.交通运输行政执法程序与文书实务[M].北京:人民交通出版社,2012.

[7] 交通运输部政策法规司.交通运输行政执法常用法规汇编[G].北京:人民交通出版社,2012.

[8] 郝恩崇.道路运输行政管理学[M].2版.北京:人民交通出版社,2006.

[9] 郭洪太.运输市场管理[M].北京:人民交通出版社股份有限公司,2015.

[10] 交通运输部道路运输司.城市公共交通管理概论[M].北京:人民交通出版社,2011.

[11] 交通运输部.中国道路运输发展报告(2014)[R].北京:人民交通出版社股份有限公司,2015.

[12] 交通运输部道路运输司.起步之举发展之路:新时期道路运输业发展大调研成果汇编[G].北京:人民交通出版社,2010.

[13] 交通运输部道路运输司.道路运输事故典型案例评析(一)[M].北京:人民交通出版社,2013.

[14] 交通运输部公路科学研究院.道路运输事故典型案例评析(二)[M].北京:人民交通出版社股份有限公司,2015.

[15] 郭洪太,刘雅杰.交通运输管理[M].北京:人民交通出版社,2005.

[16] 交通运输部公路司.道路运政管理知识读本[M].北京:人民交通出版社,2003.

[17] 《交通部行政史》编委会.交通部行政史[M].北京:人民交通出版社,2008.

[18] 中国交通年鉴2014[G].北京:人民交通出版社,2014.

[19] 交通运输部道路运输司.中国出租汽车发展问题理论研究[M].北京:人民交通出版社,2013.

[20] 陈明艺.国外出租车市场规制研究综述及其启示[J].外国经济与管理,2016.

[21] 陈燕申.当前影响出租汽车行业稳定与发展的相关问题分析[J].城市管理,2009.

[22] 陈燕申.出租汽车行业稳定与发展探讨[J].城市交通,2009.

[23] 程赐胜,刘中,马振东.城市出租车管理模式的改革建议[J].政策论坛,2005.

[24] 韩彪,聂伟,何玲.出租汽车市场体系研究:理论与实践[M].北京:人民交通出版社,2010.

[25] 韩彪.对深圳出租汽车市场10个热点问题的解释[J].深圳大学学报(人文社会科学版),2010.

[26] 胡子健.出租汽车经营权管理问题及建议[J].城市交通,2009.

[27] 李寒.对出租汽车经营权数量管制问题的研究[D].北京:北京交通大学,2011.

[28] 交通运输部道路运输司.汽车租赁概论[M].北京:人民交通出版社,2012.

[29] 冯瑞林.汽车租赁业六大问题及解决办法[J].中国物流与采购,2006.

[30] 谷增军.浅谈我国汽车租赁风险控制模式的构建[J].交通企业管理,2007.

[31] 郭基元.汽车租赁经营与管理[M].北京:人民交通出版社,2000.

[32] 梁东.上海汽车租赁行业发展战略研究[D].上海:复旦大学,2007.

[33] 交通运输部.综合运输服务"十三五"发展规划[EB].北京:交通运输部,2016.

[34] 交通运输部.城市公共交通"十三五"发展纲要[EB].北京:交通运输部,2016.

[35] 交通运输部.全面深化交通运输行业改革工作指导意见[EB].北京:交通运输部,2014.

[36] 交通运输部.交通运输部关于印发全面深化交通运输改革试点方案的通知[EB].北京:交通运输部,2015.

[37] 交通运输部道路运输司.货运与物流企业转型发展典型案例[M].北京:人民交通出版社,2013.

[38] 危险货物道路运输安全管理手册(法规篇)(2014版)[M].北京:人民交通出版社,2014.

[39] 交通运输部运输服务司.危险货物道路运输行业管理工作指南[M].北京:人民交通出版社股份有限公司,2015.

[40] 严季,刘浩学.危险货物道路运输从业人员培训教材(基础篇)[M].北京:人民交通出版社,2014.

[41] 严季,刘浩学.新颁危险货物道路运输企业安全管理标准(JT/T 911-914—2014)释义[M].北京:人民交通出版社,2014.

[42] 交通运输部运输服务司.《道路旅客运输企业安全管理规范(试行)》释义[M].北京:人民交通出版社股份有限公司,2016.